データ・ドリブン・マーケティング

Data-Driven Marketing
Mark Jeffery

ノースウェスタン大学
ケロッグ経営大学院 非常勤教授
マーク・ジェフリー 著
佐藤純／矢倉純之介／内田彩香 共訳

最低限知っておくべき15の指標

ダイヤモンド社

Data-Driven Marketing
by Mark Jeffery

Copyright © 2010 by Mark Jeffery.
All rights reserved.

Japanese translation rights arranged with John Wiley & Sons International Rights, Inc.,
Hoboken, New Jersey
through Tuttle-Mori Agency, Inc., Tokyo

日本版への序文

私にとってなじみ深い日本で、*Data-Driven Marketing: The 15 Metrics Everyone in Marketing Should Know* が発売されるというニュースを聞いて、本当に喜んでいます。

本書は2010年の発売以来、好評を博し、アメリカ・マーケティング協会（AMA）の最優秀マーケティング・ブック（2011）に選ばれました。また、2013年には、アマゾン・ドットコムのCEOであるジェフ・ベゾスが選ぶビジネス書12タイトルのうちの1冊にもなりました。自分の書いた本が『ビジョナリー・カンパニー2』などの優れた本たちと並び称されたことは、大変光栄で、私にとっては大きな出来事でした。

そして、ついに日本語版をお届けできるにあたっては、特別な感慨があります。
　というのも、博士課程を修了したばかりの1990年代初頭、私と妻は日本に住んでいたからです。2人で理化学研究所に勤務していた2年間、さらにその後の度重なる日本訪問の際に、素晴らしい人たちと出会い、楽しい思い出が数多くあります。
　日本に住み、学びたいと思うようになったきっかけは、当時の日本企業の製造とイノベーションの素晴らしさでした。それから20年以上たった今、翻訳された本書が日本におけるデータ・ドリブン・マーケティングを進化させる助けになることを願っています。私が仕事をしたことのある日産自動車など、日本企業の例もケーススタディとして多く含まれています。
　本書を執筆した数年後、私はゲーム関連のスタートアップ企業Aquimo（www.Aquimo.com）のCEOとなりました。本書に記した内容がビジネスに与えるインパクトを自らの事業でも実証することができています。

本書を翻訳することを決めプロジェクトを指揮してくれた佐藤純さん、翻訳を進めてくれた矢倉純之介さん、内田彩香さん、編集を担当してくれた木山政行さんにお礼を申し上げます。

マーク・ジェフリー
アメリカ合衆国アリゾナにて
2017年3月3日

はじめに

　2008年10月、米大手投資銀行ベアー・スターンズ社の急速な経営悪化を皮切りに世界金融危機が始まってから数カ月が経ったある日、私はフォーチュン500社に名を連ねる企業の最高マーケティング責任者（CMO）とミーティングをしていた。マーケティング指標についての相談であったのだが、真意を正しく理解しておくために、どんなことで頭を悩ませているのかについて質問してみたところ、そのCMOは浮かない顔で答えた。
「実を言うと、昨日会長からマーケティング予算を36％削るように言われました。最初は冗談だと思ったんですが、どうやら会長は本気のようで……」
　翌朝8時にそのCMOから私の携帯に電話があった。
「ジェフリー教授！　今日午後2時から会長と会議があるので、ぜひ教授のお知恵を貸していただけませんか？」
　過去20年以上の中で最も厳しい経済状況において、このCMOと同様の課題に直面している人は大勢いる。マーケティング部門はより小さな予算でより大きな効果をあげることを日々求められ続け、費用の正当性の説明に苦労している。他部門の経営幹部は、マーケティング部門は無駄金を使っているのではないかと、しばしば疑いの目で見てくる。そして、業績が悪くなると真っ先に予算を削られるのがマーケティング部門だ。ブランディングや認知率向上という売上高に直接的に結びつかない活動に取り組むマーケティング・マネジャーたちは、具体的な成果をどう見せるかという難題に直面している。
　年間マーケティング費用の総額が530億ドルにのぼる252社に対して行った私の調査によると、多くのマーケティング担当者がマーケティング指標で苦労していることが判明した。マーケティング部門幹部の55％は、自分が率いる部門のスタッフたちが重要なマーケティング指標を理解できていないと感じており、企業の80％ではデータ志向のマーケティング（データ・ドリブン・マーケティング）を実践できていない。しかし、適切な指標を適切に

活用することにより、企業は大規模な投資をすることなく、データ・ドリブン・マーケティングを実践することが可能だ。

　本書は主に2種類の読者を想定している。まずは、マーケティングの成果を大きく向上させ、費用の正当性を示したいと願うあらゆるマーケティング担当者、それから、マーケティング以外の部門に身を置きながらもマーケティングがもたらすものについての理解を深め、より大きな成果を引き出したい方々である。本書ではマーケティング指標例を50も100も挙げるのではなく、重要度の高い15の指標に絞って取り上げる。この15の指標を使って実際にどのようにマーケティングの成果を測り、また成果を劇的に向上させることができるかを解説する。私の調査において、データ・ドリブン・マーケティングを習得した企業は、競合よりも著しく業績が良いことが示された。指標を15に絞り込んだことで、読者はそれらを深く理解した上、自社で実践することが容易になっている。そのためにも企業規模の大小を織り交ぜた具体例を詳述するとともに、紹介する定量分析例を実践につなげるためのテンプレートファイルもエクセル形式でダウンロード可能にしている（訳注：www.agileinsights.com/book 英語のみ。本URLは恒久的なものではなく、原著者の事情でリンクが切れたり、予告なくサイトがクローズすることがある）。

　本書は以下の3部構成となっている。第Ⅰ部：データ・ドリブン・マーケティングのアウトライン、第Ⅱ部：マーケティングの成果を劇的に向上させる15の指標、第Ⅲ部：データ・ドリブン・マーケティング上級編である。本書はデータ・ドリブン・マーケティングやマーケティング効果測定について体系的かつ実践的に論じているが、第Ⅱ部以降は読者の興味に応じて好きな順序で読んでもらって構わない。第Ⅰ部：データ・ドリブン・マーケティングのアウトラインは3つの章で構成される。第1章では、限られた企業がデータ・ドリブン・マーケティングをモノにできているのに対して、残りの多くの企業はまだできていないという「マーケティング格差」を論じ、15の重要指標を紹介する。第2章は「何から始めるべきか？」の疑問に答え、データ・ドリブン・マーケティングを実践するにあたって直面するであろう5つの障壁とそれらを乗り越えるための戦略を論じる。第3章では、伝統的

な10の重要指標を用いた戦略的マーケティング効果測定のフレームワークを解説する。

15の最重要指標については第Ⅱ部でより詳しく論じているが、あなたの関心の強い指標から読み進めてもらって構わない。現在のマーケティング・キャンペーンにおいてインターネットはますます不可欠な要素になっていることに鑑み、15の指標のうち5つはインターネットに特化したものとなっている。第7章では、インターネット・マーケティングと新時代の5指標について深く論じている。もし読者が自身のファイナンス理論や知識が錆びついていると感じるならば、第5章のマーケティング担当者向けファイナンス講座を読んだ上で、マーケティング投資収益率（ROMI）や第6章の顧客生涯価値（CLTV）の議論へと読み進めることをお勧めする。

第Ⅲ部ではデータ・ドリブン・マーケティングの上級向けトピックスを扱う。ここでは第Ⅱ部までで紹介したデータ・ドリブン・マーケティングの考え方や評価指標のさらなる活用方法について紹介する。4つの章にわたり、アジャイル・マーケティング、解析手法やイベント・ドリブン・マーケティング、データ・ドリブン・マーケティングで求められるITインフラ、成果向上のために不可欠なマーケティング・プロセスおよびクリエイティブ要素といった項目を論じる。本書は教科書として書かれたものではないが、データ・ドリブン・マーケティングを教える講座における有益な副読本として使えるはずだ。

本書を通じ、読者がマーケティングはいかにして価値を生み出しているかの理解を深め、また15の重要指標を活用して自社の成果を改善する洞察を得られることを願ってやまない。

マーク・ジェフリー
イリノイ州エバンストンにて

日本版への序文　　　i
はじめに　　　iii

第I部　データ・ドリブン・マーケティングのアウトライン　　1

第1章　マーケティング格差　　3

なぜ、データ・ドリブン・マーケティングは難しいのか …… 4
マーケティング格差はどこから生まれるか …… 6
15の重要なマーケティング指標 …… 9
事例 …… 12
上位企業と下位企業におけるマーケティング予算上の大きな違い …… 22
マーケティング指標の活用により多難な時代を乗り越えよ …… 26
はじめの一歩　データ・ドリブン・マーケティング戦略を策定する …… 28

第2章　何から始めるべきか？　　33

データに基づく意思決定を妨げる5つの障壁 …… 34
第1の障壁を乗り越える：どう始めてよいのかわからない障壁
簡単なデータから始めて、クイック・ウィンを作る …… 36
第2の障壁を乗り越える：因果関係不明の障壁
小さな実験を通じて因果関係を検証する …… 43

第3の障壁を乗り越える：データ不足の障壁
顧客データを収集する戦略を立てる ································· 46

第4の障壁を乗り越える：ITリソース、ツール、投資の障壁
データ・ドリブン・マーケティングのインフラを構築する ············ 52

第5の障壁を乗り越える：組織と人の障壁
データ・ドリブン・マーケティングを企業文化に埋め込む ············ 58

第3章
10の伝統的なマーケティング指標　　　　71

マーケティング効果測定という難題 ································· 72
マーケティング活動に合った評価指標を選択せよ ····················· 73
認知向上マーケティング ·· 73
比較検討・評価マーケティング ···································· 76
ロイヤルティ・マーケティング ···································· 79
マーケティングの黄金指標：顧客満足度 ····························· 80
マーケティング運用上の最重要指標 ································· 82
需要喚起型（トライアル）マーケティング ··························· 83
マーケティングのバランス・スコアカード ··························· 85
B2B企業が直面する測定の課題とその解決法 ·························· 91

第 II 部 マーケティングの成果を劇的に向上させる15の指標　99

第4章
5つの重要な非財務系指標　101

ブランドイメージの形成　重要指標① ブランド認知率　102
消費財企業におけるブランド・マーケティング　103
B2B企業におけるブランド・マーケティング　111
比較マーケティング　重要指標② 試乗（お試し）　117
ロイヤルティ・マーケティング　重要指標③ 解約（離反）率　123
顧客満足度　重要指標④ CSAT　129
キャンペーンの運用効率評価　重要指標⑤ オファー応諾率　134

第5章
投資リターンを示せ！　139

財務系指標で語れなければ、経営陣の信頼は得られない　140
重要指標⑥ 利益　140
マーケティング担当者向けの財務系指標
重要指標⑦ 正味現在価値（NPV）、⑧ 内部収益率（IRR）、⑨ 投資回収期間　142
マネジメント意思決定のためのマーケティング投資収益率のフレームワーク　154
スポーツ・スポンサーシップにおけるマーケティング投資収益率（ROMI）　160
新製品発売時におけるマーケティング投資収益率（ROMI）　163
ROMI 重要指標の計算
⑦ 正味現在価値（NPV）、⑧ 内部収益率（IRR）、⑨ 投資回収期間　169

数字のストレステスト：感度分析 ……………………………………… 171

第6章
すべての顧客は等しく重要……ではない　179

重要性の高い顧客は、重要視されているか ……………………………… 180
重要指標⑩「顧客生涯価値」の定義 ……………………………………… 181
新たなマーケティング戦略の潮流　顧客価値ベースのマーケティング ……… 184
短期と長期での顧客収益性のバランス …………………………………… 196
顧客ライフサイクル・マネジメント ………………………………………… 202

第7章
クリックからバリューへ　207

インターネット・マーケター必須の5指標 ………………………………… 208
CPC 対 CPM
重要指標⑪ クリック単価（CPC）はグーグル最大のイノベーション ……… 209
リスティング広告を最適化する
重要指標⑫ トランザクションコンバージョン率（TCR）、
⑬ 広告費用対効果（ROAS）…………………………………………… 212
ウェブサイトの出来を評価する　重要指標⑭ 直帰率 ……………………… 223
アトリビューション分析でリスティング広告を進化させる ………………… 226
リスティング広告を超えて　ディスプレイ広告のインパクト ……………… 231
ソーシャルメディアにおけるハイパーターゲティング・ディスプレイ広告 …… 234
重要指標⑮ 口コミ増幅係数（WOM）で
ソーシャルメディア・マーケティングの有効度を測定する ………………… 238

第III部 データ・ドリブン・マーケティング 上級編

第8章 アジャイル・マーケティング

成否を判定するデータがないために「失敗しない」キャンペーン……… 250
失敗するなら、早く失敗しろ ……… 251
効果測定を考えたキャンペーン設計 ……… 259

第9章 「まさにこれが必要だったんだ！」

「適切なタイミングで、適切なターゲット顧客に、適切な商品を」
を実現するデータ分析 ……… 266
解析マーケティングの重要アプローチ1　傾向分析モデル ……… 267
解析マーケティングの重要アプローチ2　アソシエーション分析 ……… 271
解析マーケティングの重要アプローチ3　決定木分析 ……… 272
タイミングがすべて　イベント・ドリブン・マーケティングの事例 ……… 281
解析マーケティングのビジネスケース（稟議のための財務計画） ……… 285

第10章 データ・ドリブン・マーケティングに必要なITインフラ

本当に必要なデータは何か？ ……… 292
必要なインフラは戸建て住宅の規模か、高層ビルの規模か？ ……… 295

要件の複雑さの度合い ……………………………………………………………… 300
データウェアハウスへ既存のデータベースをそのまま移すべきか、
データベースを再構築するべきか？ ………………………………………………… 305
失敗パターンを予習して失敗を回避しよう ………………………………………… 306
ハラーズ・エンターテインメント社（カジノ）
データ・ドリブン・マーケティング用 IT インフラのシステム構成 ……………… 310

第11章
マーケティングの予算、テクノロジー、プロセス 323

「最高レベル」と「良いレベル」を隔てるものは何か …………………………… 324
マーケティング・キャンペーン・マネジメント（MCM）　業界の現状 ………… 326
マーケティング・プロセス、テクノロジー、業績との関係についての調査 …… 328
B2B、B2C それぞれにおけるマーケティング投資の内訳
上位企業と下位企業との比較 ……………………………………………………… 333
4つの壁を乗り越えて、成果の出るマーケティング・プロセスを実現する ……… 338
マーケティング・キャンペーン・マネジメント・プロセスの改善
3段階アプローチ …………………………………………………………………… 342
調査からの学び　複雑さをコントロールする …………………………………… 346
クリエイティブ X ファクター ……………………………………………………… 349
すべての要素を統合する …………………………………………………………… 352

原注 ……………………………… 355
索引 ……………………………… 360

第Ⅰ部

データ・ドリブン・マーケティングの
アウトライン

第1章

マーケティング格差
なぜ8割もの企業が、データに基づく
マーケティング意思決定をできないのか

第2章

何から始めるべきか？
データ・ドリブン・マーケティングの
5つの障壁を乗り越える

第3章

10の伝統的なマーケティング指標

第 **1** 章

マーケティング格差

なぜ8割もの企業が、データに基づく
マーケティング意思決定をできないのか

なぜ、データ・ドリブン・マーケティングは難しいのか

「毎週の役員会議で、他の役員たちは様々な武器を使いこなして議論をしているのに、私はそこに丸腰で参戦しているような状況です。いつもやられてばかりで、うんざりですよ」

フォーチュン100社に名を連ねる大企業のマーケティング幹部によるこのコメントが、深く印象に残っている。マーケティング部門の活動の成果について質問された時に、具体的なデータで答えられないことをかなり悔しがっていた。この多難な時代において、マーケティング効果測定や、データ・ドリブン・マーケティングはますます重要になっている。マーケティング担当者は、投じる費用の正当性をしっかり示すと同時に、マーケティングの成果を大幅に向上させなければ立ち行かなくなるだろう。

なぜ多くの企業にとって、データ・ドリブン・マーケティングは難しいのだろうか。その理由として、「やり方がわからない」といった漠然としたものから、ブランディングや認知率向上といった短期的な売上指標に直結しない活動の扱いが難しいといった具体的なものまで、数多く聞かれる。

事態をことさらややこしくするのは、指数関数的に増加し続けるデータ量の問題だ。インターナショナル・データ・コーポレーション（IDC）社の推計によると、世界のデータ量は年率60％で拡大しており、約20カ月ごとにデータ量が倍増していることになる。マーケティング担当者たちは、この巨大なデータ量に圧倒されてしまい、時間もリソースも限られる中で、それを使って自分たちの活動の有効性を示すことができないままになりがちだ。

しかしながら、データ・ドリブン・マーケティングの考え方や、適切な指標を使ったマーケティング効果測定手法を修得するマーケティング担当者や企業も、少しずつ現れてきた。私が知る限り例外なく、データ・ドリブン・マーケティングを推進した担当者は社内でエース扱いされ、昇進が早く、重要な役職に就いている。また後述する通り、マーケティング効果測定の指標を使いこなし、データ・ドリブン・マーケティングを組織文化に根づかせる

ことに成功した企業は、この組織能力を強力な武器としてライバル企業に業績で大きな差をつけている。

　数年前に、米大手家電量販店チェーンのベスト・バイ社の最高マーケティング責任者（CMO）であるバリー・ジャッジにライバルはどこかと尋ねたところ、ウォルマート社だと即答された。超効率的なサプライチェーンと規模の経済を最大限活用することで、価格や粗利を最小限に抑え、グローバル小売業の競争環境を激変させてその頂点に立つウォルマートの名前が出ること自体に驚きはない。しかしながら、ライバルのサーキット・シティ社の名前が挙がらないのは意外だった。
「彼らは全然わかってないんですよ」というのが当時のジャッジの評価だ。サーキット・シティのマーケティング戦略は、とにかく継続的にセールを実施することだった。セールによって来店客数を伸ばし、売上を増やす。しかしながら、ウォルマートの台頭以降、小売業の粗利率は極小化されており、セールをすると赤字になるような構造になってしまっていた。その結果、サーキット・シティは売上を上げるためにセールを実施し続けなければならず、そのセールが赤字を生むという、ジャッジの表現を借りるなら「死の連鎖」状態に陥ってしまっていたのだ。
　残念ながら、サーキット・シティは過去の遺物となってしまった。同社は2009年1月に破産申請し、清算された。過去20年の間に、多くの米国の中堅小売企業が同様の事態に陥っている。たとえば、共にかつては地場小売業の雄であった、シカゴの百貨店マーシャル・フィールズ社や、フィラデルフィアの百貨店ジョン・ワナメーカー社も単独では生き残れず、その他100社以上の企業と同様に、合従連衡の波に飲み込まれてしまった。これらの百貨店は、今では米国最大の百貨店企業メイシーズ社の傘下となっている。
　一方、ベスト・バイ社はそうならずに済んだ。もちろん、彼らも需要喚起型マーケティングで来店者を増やすための費用をたくさん投じてはいる。しかしながら、ベスト・バイはブランディング、CRM（Customer Relationship Management: 顧客関係管理）、データ・ドリブン・マーケティングのためのインフラといった領域に、競合他社と比べて大きな投資を行っているのだ。ま

た、振り返りによる継続的な改善活動もきっちりしている。マーケティング活動の結果を測定し、そこから学んだことを次回以降の活動にフィードバックすることで、マーケティングの最適化が実現されている。

　ベスト・バイでは、消費者の購買行動特性やデモグラフィック属性を、個店単位で分析している。たとえば、ある地域での分析を通じて抽出された消費者セグメントを、「ジル」（訳注：女性の名前）と名づけた。ジルのイメージは、家庭の運営を取り仕切る「サッカー・ママ」（訳注：郊外の中流家庭の母親で、子供をサッカーなどの習い事に送迎することからついた呼び名）だ。ジルは、家電の購入に関しても決定権を握る。データに基づき、ベスト・バイでは、数多くのジルが存在する地域の店舗では、彼女たち向けのマーケティング活動を行った。具体的には、デジタル機器を母親と子供が一緒に使っている写真の店内バナーでの掲示、ダイレクトメール、そしてジルが好む商品の展開強化といった施策が実行された。対象店では、マーケティング活動実施前後の比較により、売上増加率が測定された。

　この事例は、マーケティング格差をよく体現している。少数の企業が正しいマーケティングに移行する中で、多くは取り残されている。その結果、上位企業は競争優位性を確立する一方、残りの企業は苦戦しながら徐々に市場シェア、そして利益を減らしていき、同業他社に吸収されるか、撤退を余儀なくされるケースすら少なくない。

マーケティング格差はどこから生まれるか

　私は、サウラブ・ミシュラ、アレックス・クラスニコフと共同で、マーケティングのPDCAプロセスおよびマーケティング投資収益率（ROMI: Return on Marketing Investment）に関する調査を行った。調査参加企業は252社、その年間マーケティング予算は総額530億ドルという大規模なものだ。この調査により、上位企業とそうでない企業の間に横たわる格差が浮き彫りになった。具体的に見られた顕著な差として、以下のようなものが挙げられる。

- 53％の企業は、キャンペーンのマーケティング投資収益率（ROMI）、正味現在価値（NPV: Net Present Value）、顧客生涯価値（CLTV: Customer Lifetime Value）をはじめとする効果測定指標の目標値を設定していない（重要な財務系指標に関しては第5章、CLTVに関しては第6章にて詳述。取り上げる事例についてはエクセルのテンプレートファイル［英語のみ］が無料ダウンロード可能）。
- 57％の企業は、マーケティング・キャンペーンの予算策定にあたり、ビジネスケース（稟議のための財務計画）を作成していない（第5章および第9章で事例やテンプレートを使い詳述）。
- 61％の企業には、マーケティング・キャンペーン案の選別、評価、優先順位付けプロセスに関する明文化されたルールがない（第3章および第11章で事例やテンプレートを使い詳述）。
- 69％の企業は、テスト・マーケティング群とコントロール群を分けた対照実験による効果検証を行っていない（第2章および第3章で事例やテンプレートを使い詳述）。
- 73％の企業は、キャンペーン単位で予算化前に設定した獲得目標と、実際の結果とを照らし合わせるためのスコアカードを利用していない（第3章で事例やテンプレートを使い詳述）。

　これらの調査結果に、私はショックを受けた。過半数の企業にマーケティング活動を管理するプロセスがなく、また、大半の企業で効果を判断する指標の設定や測定なしに日々のマーケティング活動が行われているのだ。予算化される前に財務計画やマーケティング投資収益率（ROMI）が設定されていなかったら、いったいどうやってキャンペーンの成否を判断するというのだろうか。
　マーケティング組織におけるデータの活用状況を見ると、格差はさらに明白だ。

- 57％の企業には、各キャンペーンをトラッキングし、分析するための一元化されたデータベースがない（第2、6、9、10章参照）。

- 70％の企業は、自社やキャンペーンと顧客との接点をトラッキングし、分析するためにエンタープライズ・データウェアハウス（EDW）を利用していない（第8〜10章参照）。
- 71％の企業では、マーケティング・キャンペーンの実施可否判断にあたりEDWやデータ分析を使用していない（第2、6、8〜10章参照）。
- 80％の企業は、イベント・ドリブン・マーケティングを自動化するための統一されたデータソースを持っていない（第8〜10章参照）。
- 82％の企業は、マーケティング・リソース・マネジメント（MRM）のような自動化ソフトウェアによるキャンペーンやマーケティング資産のモニタリングを行っていない（第11章参照）。

　つまり、データを集約してマーケティング活動の管理や最適化ができている企業は少ない。一方で、できている約2割の上位企業は、データ・ドリブン・マーケティングを使いこなし、日々のマーケティング活動においても適切な指標で効果測定を行っている。後述する通り、これらの企業は業績や市場シェアでも同業他社に大きく差をつけている。

　なぜこのようなマーケティング格差が存在するのだろうか。また、なぜデータ・ドリブン・マーケティングの実践は難しいのだろうか。

　前述の調査結果は、データ・ドリブン・マーケティングやマーケティング効果測定が企業に根づきにくい理由の表れでもある。社内プロセスは効果測定を前提としていないし、データ・ドリブン・マーケティングに必要なITインフラも整っていない。しかしながらそれ以前に、私の経験上、多くのマーケティング担当者は大量のデータに圧倒され、成果を向上させるための効果測定についてはどこから手をつければよいのかがわからない、という状態にある。加えて、55％の管理職が自分の部下はNPVやCLTVといった指標を理解していないと回答している（NPVをはじめとした財務系指標は5章で詳述し、6章はCLTVに特化している）。

　あなたの属する組織が世の中の8割の企業と同様にデータ・ドリブン・マーケティングを実践できていない、あるいはあなた自身がこれらの指標に馴染みが薄いからといって悲観する必要はない。本書を使って、上位企業と

の間の溝をぜひ埋めてほしい。あなたの職場でマーケティング指標を使ったデータ・ドリブン・マーケティングを実践してもらうために適切な指標、ツール、事例および手順を示すことが本書の目指すところだ。

15の重要なマーケティング指標

　2003年に、私がマイクロソフトで初めて幹部研修を請け負った際、何人かの参加者から、マーケティング投資収益率（ROMI）の算出にはキラーアプリ（ソフトウェア）が必要ではないか、という感想を聞かされた。しかし、私に言わせればマイクロソフト自身が提供しているエクセルこそ非常に強力なツールであり、これこそがキラーアプリだ。

　本書で取り扱うマーケティング効果測定や、データ・ドリブン・マーケティング向けの指標およびフレームワークは、比較的シンプルで効果的なものに絞り込んでおり、エクセルは出発点として最高のツールになる。もちろん、マーケティングと売上高を結びつけるもっと高度なツールやテクニックはたくさん存在するし、役にも立つ。たとえば、多くの消費財メーカーは、回帰分析を使ってマーケティング費用と売上高の相関を確認している。一方で、このような高度な分析を正しく行うためには、大規模かつクリーンなデータ（余分な情報が含まれず、分析しやすいように整えられたデータ）が必要となるが、多くの企業にとって、そのような大規模かつクリーンなデータを入手しにくいのも事実だ。このため本書では、マーケティング効果測定のひとつのフレームワーク、成果向上につながる厳選された指標、比較的明解で企業規模にかかわらず実践しやすい分析手法の3つに集中して説明する（念のため書き添えておくと、回帰分析は間違いなく有用な分析手法だ。本書第9章では、メレディス・パブリッシング社が回帰分析を使って顧客の次の購買商品を予測している事例を取り上げると同時に、顧客維持のためにアースリンク社が行う決定木分析のような、他のデータマイニング手法と回帰分析との比較も行っている）。

　最初に使うツールとして、エクセルは非常に有用であり、本書では取り上

げる事例の数値データをエクセルのテンプレートファイルとしてすべて公開しダウンロード可能としている（英語のみ）。実際に日々のデータ・ドリブン・マーケティング業務を進めていく上では、恐らく自動化したいプロセスが出てきたり、特に大量の顧客数を抱える企業の場合は、データベースや洗練された分析ツール等、しっかりしたマーケティング・ITインフラが必要になることもあるだろう。この道のりに着手することを、次章「何から始めるべきか？」で取り上げ、そして必要なITインフラについては、第10章で詳しく解説する。

　私としては、数を絞りながらも、マーケティングが生む活動の成果の大半を網羅できる、厳選された指標に集中することが大切だと考えている。私が最も重視する15のマーケティング指標は以下の通りだ。

①ブランド認知率
②試乗（お試し）
③解約（離反）率
④顧客満足度（CSAT: Customer Satisfaction）
⑤オファー応諾率
⑥利益
⑦正味現在価値（NPV: Net Present Value）
⑧内部収益率（IRR: Internal Rate of Return）
⑨投資回収期間
⑩顧客生涯価値（CLTV: Customer Lifetime Value）
⑪クリック単価（CPC: Cost per Click）
⑫トランザクションコンバージョン率（TCR: Transaction Conversion Rate）
⑬広告費用対効果（ROAS: Return on Ad Dollars Spent）
⑭直帰率
⑮口コミ増幅係数（WOM: Word of Mouth、ソーシャルメディア・リーチ）

　繰り返しになるが、馴染みのない指標があっても心配することはない。第3章から第7章で、すべての指標について事例を通じて詳しく解説する。

①〜⑩の指標は、いわゆる伝統的なマーケティング指標である。①〜⑤の重要な非財務系指標については、第3章と第4章で解説する。これらの指標は、ブランディング、顧客ロイヤルティ向上、競合比較購買マーケティング、販促キャンペーンといった活動の効果を測るために使用される。⑥〜⑨の指標は、すべてのマーケティング担当者が理解すべき重要な財務指標だ。投資収益率（ROI: Return on Investment）が入っていない理由については、第5章で解説する。伝統的指標の締めくくりは⑩の顧客生涯価値（CLTV）で、顧客価値重視の意思決定に際して最も重視される財務指標となっている。第6章ではこの重要指標を解説する。

　「広告費の半分が無駄になっているのはわかっている。問題は、どの半分が無駄かがわからないことだ」。ジョン・ワナメーカーによるこの有名な言葉が話されたのは、100年以上前だ。最近、ある企業のCMOは、「広告費の半分が無駄になっているのはわかっている。今ではどの半分が無駄かもわかる。テレビ広告だ」と私に聞かせてくれた。彼のコメントは、マーケティングにおける新しい媒体（インターネットやモバイル）の台頭と、それらの媒体では、マーケティング活動のトラッキングがかつてないほど容易であることを反映している。

　最後の5つ、⑪〜⑮の指標は、私が「新世代マーケティング指標」と呼んでいるものだ。サーチエンジン・マーケティングの効果は、⑪〜⑬の指標で評価される。⑭の指標、直帰率は、ウェブサイトの出来の良さを測る重要指標で、最先端のソーシャルメディア・マーケティングは⑮の指標、口コミ増幅係数でカバーする。

　第7章では、これらの指標を数多くの事例を使って解説する。この分野への興味が強い場合は、いつでも第7章のインターネット・マーケティングのベスト・プラクティスに関する深い議論へと読み進めてもらって構わない。それ以外にも、本書全体にわたって、マーケティングの効果を大幅に向上させるためにインターネットが活用される事例はいくつも取り上げている。

　まずは、いくつかのデータ・ドリブン・マーケティングの事例を通じて、マーケティング指標が実務上どのように使われているかを見ていこう。

事例

　小さな会社で、顧客数も少ない場合にはどうしたらよいかと考える読者もいるかもしれない。小さな会社でも、目的に合ったターゲットリストを購入することは有効である。数年前に、あるゴルフ場からのポストカードが私のもとに届いた。きれいなゴルフコースの写真に添えて、「マーク様、あなたに特別なご案内です」と書かれていた。万人向けではなく、明確に私宛であるという点が目を引いた。

　特別扱いされている感じが心地よかった。多くの人の、一般的な郵便物の仕分けフローはこうだ。まずは届いた郵便物をいくつかの山に分ける。ひとつは請求書類、ひとつは家族や大切な人からの手紙、そして3つ目はダイレクトメール（DM）の山。DMは、そのままゴミ箱行きにされてしまうことがほとんどだ。このことを考えると、従来のDMが、いかに高コストかつ効果の低い活動であるかわかるだろう。印刷や郵送に費用がかなりかかる上、受け取った人は中身を見もしない可能性が高いのだ。だが、私が受け取ったこのゴルフ場からのポストカードは違った。

　第1に、私がゴルフ好きであることを理解していた。過去のショッピング履歴からでも察したのだろうか。第2に、私個人の名前への呼びかけがメッセージに含まれていた。このターゲティングとパーソナライゼーションの結果、私は郵便物の仕分け時に、このポストカードを脇によけて置いた。すなわち、ゴミ箱へ直行とはならなかったのだ。

　こうなると、裏面の詳細情報も見てもらえる可能性が飛躍的に高まる。実際に、私は裏面にも目を通したが、こちらはさらに興味深かった。そこに書かれていたのは、カスタマイズされたウェブページのURLで、www.companyname.com/Mark.Jefferyとあった。このやり方で、記載URLを使ってページにアクセスしてもらえれば、たとえページ内で追加情報フォームに記入してもらえなくても誰がアクセスしたかを追跡できるため、興味を持った人に絞って改めて案内の電話をかけるなどの対応が可能となることがおわかりだろう。

図表1.1 ポルシェがターボ・カブリオレ新モデル発売時に行った
ダイレクトメール・マーケティング

カスタムメッセージが刻印された未塗装のメタルプレート付きのダイレクトメールが送られ、ユーザーはウェブサイトにアクセスして、自分の好きな色に塗装した新モデルのポスターを注文することができる。

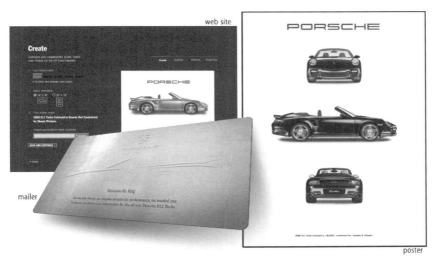

出所:ポルシェ・ノースアメリカ

　図表1.1の、2008年のポルシェ社ターボ・カブリオレの新モデル発売時のキャンペーンは、これと似た事例だ。新モデル発表のタイミングで、既存のターボ・カブリオレのオーナーのもとに刻印付きの未塗装のメタルプレートが送付された。ダイレクトメールには、各人に固有のウェブサイトへのログインIDが記載されており、「最新のポルシェ911ターボ・カブリオレが、あなたのお好きな色で仕上げられるのをお待ちしています」とアクセスを誘引した。実際にサイトにアクセスすると、ユーザーは色を選んで自分好みのターボ・カブリオレのポスターをオーダーすることができた。

　このウェブサイトを活用したキャンペーン設計により、詳細なトラッキングが可能となった。サイトは2700件のユニーク・ログインを獲得、各セッションの平均滞在時間は15分にも及び、オーダーされたポスターの数は5670件にのぼった。また、キャンペーンは口コミ効果も大きく、「友人にも案内を送る」機能は500回近く使われた(重要指標⑮の口コミ増幅係数[WOM

については第7章を参照)。キャンペーン全体の反応率は30％で、同期間のターボ・カブリオレ購入者のうち、このダイレクトメールを受け取った人の割合は38％にのぼった。

約13万ドルという高額な商品特性と、忙しい企業の重役や弁護士、医師といった顧客のデモグラフィック属性を考慮すると、この反応率やサイト滞在時間は驚異的な数字だ。しかし、このダイレクトメール事例で特筆すべきなのは、効果測定を前提とした全体設計と、受け手の反応をトラッキングし、潜在見込み顧客の特定・抽出を実現する上手なウェブサイトの組み込み方だ。

パーソナライゼーションを活用したデータ・ドリブン・マーケティングは、業績への貢献が大きく、かつ効果を測定しやすい。これは企業規模にかかわらず当てはまるものの、規模やリソースを考えると大企業の方が優位にあることは否めない。しかしながら、その優位性を生かせている大企業は、実際にはかなり数が限られる。

もうひとつの事例として、フォーチュン500社に名を連ねるB2Bの大企業を見てみよう。

デュポン社のタイベック®（訳注：同社が開発した耐久性の高い不織布）ブランドは、米国で広く知られている。その成功は、素材の革新的な性能に加えて、デュポンのマーケティング上のイノベーションにも支えられている（注1）。タイベックは、液体の水は通さないが水蒸気は通し、きわめて高い耐久性を誇る。パッケージング、防護衣服、封筒、カバー、屋外広告などの印刷物、そして建設現場などで今日広く利用されている。

タイベックの耐水性および透湿性は、特に建設現場で重宝されている。建設中の建物をタイベックで覆うことで、雨水の浸水を防ぎながら湿気を外に逃がすことが可能になり、結露による骨組み・型の膨張やカビの発生を抑えて、復旧に多額の費用がかかる水の被害から住宅・建物を守ることができる。

図表1.2は、デュポンが近年出しているタイベックの雑誌広告の一例だ。

データ・ドリブン・マーケティングおよびマーケティング指標の基本的な考え方は、あらゆるマーケティング活動について成果をトラッキングすることだが、**図表1.2**のような雑誌広告の場合、一般的には測定が難しい。ブランド構築のために製品の認知を向上させ、またタイベックのおかげで家が守

図表 1.2　デュポン社タイベックの雑誌広告

（図表左上の広告コピー）屋外物質、立ち入り禁止。それがタイベック製品によって得られる快適さ。

出所：デュポン社マーケティング部門（注1参照）

られている、というような心理的イメージを形成することが出稿目的であるからだ。

　一方、デュポンはこの雑誌広告以外にも、NASCAR（訳注：米国で非常に人気の高いカーレース）のジェフ・ゴードン選手へのスポンサーシップも実施している。

　米国のストックカーレース（訳注：通常の乗用車あるいはそれに近い車種で行うカーレース）であるNASCARは、マーケティングの観点において非常に興味深いスポーツだ。NASCARは、米国において来場者数ベースで最大のスポーツであり、TV放送視聴者数ベースで3番目の規模を誇る人気スポーツで、サーキットやテレビで毎試合観戦するコアなファンは、約8000万人にも及ぶ。F1と合わせると、自動車レースは世界最大のライブイベントなのだ。また、視聴者のデモグラフィック属性は米国人口全体と似通っていて、所得と年齢の構成は非常に近い。デュポンがスポンサーとなるジェフ・ゴー

図表1.3　タイベック・ホームラップ製品の代理店向け広告ポスター

出所：デュポン社マーケティング部門（注1参照）

ドン選手は、NASCARで4度優勝カップを獲得しており、スポーツ専門TV放送局ESPN社の行った米国内スポーツ選手知名度調査では、8番目にランクされている。

　タイベック・ホームラップ製品（訳注：建設中の家を覆い守る製品）で、次のような広告キャンペーンが仕掛けられた。2006年にカンザス州で開催されたレースで、ジェフ・ゴードン選手が乗る車体番号24番のレーシングカーの、テレビに映りやすい車体後部にタイベックの広告を入れ、レース開催時期には、消費者認知向上のためにカンザス州地域でTV広告も行った。しかしながら、この広告キャンペーンのメインターゲットは、タイベック製品の直接的なB2B顧客である小売店、工務店、そして専門卸の3つのグループであった。

　図表1.3は、全米の工務店に配布されたタイベック・ホームラップ製品のキャンペーンポスターの一例だ。

　「究極のレースで過ごす週末」と題された賞品は、個室の特別観覧席でレースを観戦でき、ジェフ・ゴードン選手本人に会えるというものであった。この賞品は、デュポン製品の販売金額で全米上位24位までの小売店、デュポ

図表 1.4 タイベック・ホームラップ製品を使用している建設現場で数週間掲示される製品ロゴ

出所：デュポン社マーケティング部門（注1参照）

ン製品の購買金額で全米上位24位までの工務店、そして小売店開拓数で全米上位24位までの専門卸に贈られた。

　キャンペーンの成果は目覚ましいものだった。438の小売店がキャンペーンに参加し（202の新規取扱店と236の既存店）、出荷数量ベースで測ったキャンペーン期間中のタイベック販売は、186％の増加を記録した。データ・ドリブン・マーケティングの観点で最も重要な点は、デュポンがきちんと成果をトラッキングしていたことだ。キャンペーン前後の売上高が比較され、高い投資収益率（ROMI）がもたらされた。

　一方、このマーケティング・キャンペーンの効果測定として、ブランド力や認知率への貢献度合いの測定については課題が残った。しかしながら、ブランドの浸透に大きく貢献したと考えられる状況証拠は見つかっている。**図表1.4**はホームラップ製品を使用する建設現場で見られるタイベック製品のロゴだ。www.NASCAR.com のブログ記事に、以下のような記述がある。

　「NASCARに関する傑作な思い出は、私が応援するジェフ・ゴードン選手と、私の息子ローガンに関するものだ。

ローガンがまだ2歳の頃であったが、開発中の住宅地を車で通りかかると、ローガンは妻と私に、どれとどれがジェフ・ゴードン選手の家であるかを教えてくれた。それ以降、車でにしろ歩いてにしろ、建設中の住宅を通りかかるたびに、ローガンは「ジェフ・ゴードン選手の家を見つけた！」と興奮気味に言うのだが、私たちは、息子が何を考えているのかさっぱりわからなかった。

　2カ月ほど経ったある日、私たちはようやく理解した。息子のローガンは、住宅建設現場のデュポン社タイベック・ホームラップ製品のロゴが、ジェフ・ゴードン選手のレースカーに描かれているデュポンのロゴと同じであることから、ジェフ・ゴードン選手の家だと思っていたのだ。

「デュポンのブランド力、大したものだ！」

　ブランディングや認知率向上のマーケティング指標、そして効果測定の手法については、第3章と第4章で詳述することにする。ここでは、タイベック・ホームラップ製品キャンペーンが、主たる目的について測定可能な設計がなされていたという点を、ポイントとして押さえておいてほしい。デュポンは適切な成果のトラッキングを行い、キャンペーン前後の出荷数の比較をもとにNASCARへのマーケティング投資の正当性を示し、スポンサーシップを継続することができた。

　次の事例は、シアーズ社のダイレクトメール・マーケティングだ。シアーズは由緒ある百貨店であるが、近年は業績が振るわず、2004年に投資家のエドワード・ランパートに買収された。以前、ランパートは、破産状態にあった小売店チェーンのKマート社も、タダ同然の価格で手中に収めている。シアーズは、19世紀末から20世紀初頭頃に、世の中に先駆けて商品カタログというものを発行し、西部の開拓地に住み始めた住人が、東部の大都市の住人と同じものを買えるようにした。西部の開拓地で受けた注文は、電信によって東部に伝えられ、蒸気機関車に載った商品が数週間後に届くという流れである。数週間後というのは、当時の感覚では「リアルタイム」に近いス

ピードであった。

　2001年当時（注2）、シアーズの年間売上高は300億ドルを上回る規模だったが、消費者の好みが郊外の大型専門店へと移るのに伴い、業績は厳しくなってきていた。私が子供の頃は、まるで電話帳のように分厚いシアーズの商品カタログをワクワクしながらめくり、クリスマスのプレゼント候補を選び出していたのをよく覚えている。その分厚い商品カタログは、今では20ページ程度のカラー冊子に取って代わられ、新聞折り込みかダイレクトメールで家庭に届けられる。

　以下の事例は、2001年の同社のダイレクトメール・マーケティングで、来店者増加を目的にしている。大規模なマーケティング費用や膨大なデータの分析は、誰にでも簡単に真似できるものとは言えないが、良い事例であることは間違いない。小規模なデータや少ないマーケティング予算でどう始めればよいかについては次章で、別の事例も取り上げながら説明する。

　シアーズの従来のマーケティング手法では、1400万〜1800万人を対象に、年18回のダイレクトメールと、実に年間で2.5億冊のカタログが送付されていた。これらのカタログが生み出す売上高の押し上げ効果は、約9億ドルであった。キャンペーンのターゲット選定は、RFM分析（訳注：最新購買日、購買頻度、累計購買金額から顧客の優先順位付けを行う伝統的なターゲティング手法。RはRecency、FはFrequency、MはMonetary Value）に基づいて、上位40％の世帯に絞り込まれていた。また、簡易的な地域区分も行われ、たとえば気候・気温が大きく異なる南部のフロリダ州の住人と中西部のシカゴの住人とでは、別のダイレクトメールを送付していた。しかし、中西部の住人は全員が同じカタログを手にしたし、南部も同様だ。

　このカタログが売上に大きく貢献していたのは疑いようがないが、マーケティング活動としての収益性はどうだったのだろうか。カタログの印刷および送付にざっくり単価1ドルがかかると見積もっても、このマーケティング活動には年間2.5億ドルのコストがかかる。もたらされる売上増分が9億ドルなら、得られる売上高に対するダイレクトメールのコストの比率は25％程度となる。しかし、ご承知の通りウォルマートとの競争にさらされている米国小売業の粗利は非常に薄く、率にして10％かそれ以下だ。つまり、こ

の計算でいくとシアーズのカタログ・マーケティングは売上高を大幅に押し上げながらも、年間で約1億ドルもの赤字を生み出していたことになる！

　マーケティング部門の幹部たちは、いつも通りのマーケティング活動を行うことが、シアーズの船底に穴を開けているようなものであることに気づいた。解決策は、市場のセグメンテーションを行い、ダイレクトメール・マーケティングのターゲットを絞り込むことだった。もちろん、市場セグメンテーションは古くからある考え方だ。しかし、データが限られ、コンピュータの処理能力も低かった20年以上前には非常に難しい手法であり、多くの場合「高・中・低」の3セグメントに分けるぐらいのことしかできないのが現実だった（注3）。しかし、データウェアハウス技術の進化によって、今日ではデータマイニングに基づくはるかにきめ細かいセグメンテーションが可能となった（詳しくは第9章を参照）。

　この事例で、シアーズはエンタープライズ・データウェアハウス（EDW）とデータ分析を駆使し、数多くの変数、属性、そして購買特性に基づいたターゲット顧客を25のセグメントに分けた。その上で、それぞれのセグメントに向けて掲載商品やカテゴリーを選定し、カスタマイズしたダイレクトメールを用意した。さらに、RFM分析での上位40％以下の顧客には送らないという画一的なルールを廃止し、これまでの購買行動では下位に位置づけられる顧客でも、ポテンシャルが大きくさらに高価な商品を買ってくれそうな顧客にはダイレクトメールを送れるようにした。

　このような変更・施策は目覚ましい成果をもたらした。ターゲティングとキャンペーン管理の改善によって、ダイレクトメールによる売上は年間2億1500万ドルも増えたのだ。すなわち、シアーズはそのマーケティング活動からの売上を9億ドルから11億ドルへと増やしたということだ。この成果も素晴らしいが、私がこの事例を気に入っているのは、パフォーマンス改善の内訳が詳細に測定・把握されていることだ。ダイレクトメールを受け取った人の来店率は1ポイント改善、来店あたりの平均購買金額は5ポイント増加、さらに顧客に合った商品を勧めた結果、値引きに頼らずに販売することが可能になり、結果として粗利率も2ポイント改善された。

　つまり、より多くのダイレクトメール受信者が来店し、来店時にはより多

くの商品を購入したということだ。さらに素晴らしいことに、粗利率の大幅改善までもたらされた。これは私が「そう、まさにこれが必要だったんだ！」効果と呼んでいるものだ。顧客が欲しい物を欲しい時に提示してあげることができれば、顧客が購入する確率は飛躍的に高まり、しかも値引きの必要もないのだ（第9章参照）。

　この事例における改善幅は数ポイントに過ぎないが、顧客数が大きく、またもともとの利幅が薄いため、もたらされる影響は決して小さくない。粗利率の2ポイント改善がシアーズ社の業績にもたらすインパクトは非常に大きい。最終的な分析結果によると、カタログのターゲティング改善プロジェクトだけで正味現在価値（NPV）は4000万ドル以上であった。紙のダイレクトメール・キャンペーンのマーケティング投資収益率（ROMI）としては、驚異的な水準だ（NPVをはじめとした財務系指標については第5章で解説する）。

　この節では、マーケティングの効果が飛躍的に改善された事例を4つ紹介した。本書を通じて、まだまだ多くの事例を示していく。ここでは、データ・ドリブン・マーケティングの一番基本的なことは成果をトラッキングすることで、その結果マーケティング投資が正当化されるというポイントを押さえてほしい。効果測定をしていくことで、どの活動が成果を生み、どれが生まないかを明らかにし、効果的な活動に費用を集中していく。この繰り返しが、マーケティング全体としての効果の改善をもたらす。その次のデータ・ドリブン・マーケティングの段階は、データ分析の活用による劇的なパフォーマンス向上となる。これらの手法は、企業の規模にかかわらず活用することができて、きちんと実行すれば、必ずや素晴らしい結果をもたらすだろう。

　マイケル・ポーターは、現代の企業競争戦略の父としてよく知られている（注4）。ポーターの研究成果として有名な5フォース分析では、企業が自社を取り巻く競合および市場環境の中でどのように戦略立案を行うべきかのフレームワークを提供している。彼の定義によれば、企業の持続可能な競争優位性とは、模倣が困難な一連の活動である。企業競争戦略のレイヤーとしては、マーケティングによる戦略的優位性は模倣が困難な活動の連鎖によってもたらされる。そしてデータ・ドリブン・マーケティングや効果測定はこの

中の重要な要素となるだろう。

上位企業と下位企業における マーケティング予算上の大きな違い

　マーケティング効果測定とデータ・ドリブン・マーケティングの理解を深めるために、私は「戦略的マーケティングROI：神話と現実」と題した調査研究を行った。この研究では、マーケティングの効果やマーケティング投資収益性（ROMI）を改善するのに必要な組織能力は何であるかを重点的に探った。

　ベスト・バイ社、マイクロソフト、コンチネンタル航空（訳注：2010年にユナイテッド航空と経営統合）、ヒューレット・パッカード（HP）、デル、米大手ホームセンターのロウズ社をはじめとする数多くの企業のマーケティング幹部へのインタビューをまず行った。このインタビューを通じて、研究チームは深掘りすべきポイント、アンケート調査においてカギとなる質問を見極めることができた。その上で、インタビューから見えてきたベスト・プラクティスを定量的に把握するためのアンケート調査を実施した。

　アンケートは、2000の宛先に送付され、252の回答が得られた。回答者の92％が最高マーケティング責任者（CMO）、最高経営責任者（CEO）あるいはどちらかの直属の部下であった。回答企業の売上高の平均値は50億ドル、マーケティング予算は2.22億ドルだった。合算すると530億ドル規模の年間マーケティング予算が調査対象となったことになる。回答企業は主に大企業であったが、本書で見ていく内容・結果の多くは、規模の大小にかかわらずあらゆるマーケティング組織に当てはまるものだ。

　本章の冒頭で紹介した通り、調査から得られた最初の2つの洞察は、ほとんどの企業がマーケティング活動の成果をトラッキングできていないということと、データや分析をマーケティングにうまく活用できていないということであった。次の発見は、マーケティング組織がどのように予算配分を行っているかについてだ。最高マーケティング責任者（CMO）にマーケティング予算の配分を尋ねると、大抵はテレビ、新聞、雑誌、インターネット、ダ

イレクトメール、テレマーケティング等々にそれぞれ何％ずつという形の回答をする。だがこれでは、その会社がその予算で何をしようとしているのか、マーケティング活動によって実現しようとした目的が何であるかがわからないので、あまり有益な情報とは言えない。

このため、今回の調査では異なるアプローチをとり、マーケティング投資が何を狙って行われたのかを聞いた。具体的には、マーケティング投資の目的として、需要喚起、認知向上とブランディング、CRM、市場形成、そしてITインフラと組織能力強化という5つの選択肢を用意して、それぞれのマーケティング投資の目的を分類してもらった。各分類の定義は以下の通りだ。

- **需要喚起**：マーケティング・キャンペーン実施によって、比較的短期で収益を得ることを目論むマーケティング活動。たとえばセール、クーポンやプロモーションイベントなど。
- **認知向上とブランディング**：認知向上のためのマーケティングで、スポーツ・スポンサーシップ、イベントや施設の命名権、セール告知ではなく認知向上のための広告（テレビ、新聞、雑誌、ウェブ、Eメール）など。
- **CRM**：顧客のロイヤルティやエンゲージメントといった、心理的なつながりの醸成を目指す。たとえば、購入後の感謝状送付やコンシェルジュサービスのようなロイヤルティプログラムなど。
- **市場形成**：市場における自社の商品やサービスの受容性の向上を目指すマーケティング活動で、第三者による推奨などを通じて行われる。たとえば、B2B企業における業界識者対応やソーシャルメディアやブログを通じたイメージ形成など。
- **ITインフラおよび組織能力強化**：テクノロジーおよびマーケティング・チームへの研修への投資。たとえば、エンタープライズ・データウェアハウス（EDW）、分析ツールおよびマーケティング・リソース・マネジメント用ソフトウェアの導入など。

この定義に基づき、回答企業が各分類に対してどの程度マーケティング予

図表1.5　調査対象企業のマーケティング費用配分割合の平均値

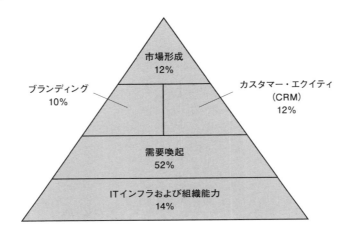

算を配分しているかについてのアンケート調査を行った。**図表1.5**は、回答企業252社における費用配分構成の平均値を示している。短期的な売上向上を目指す需要喚起型マーケティングには予算の52％が割り当てられている。認知向上とブランディングには10％、カスタマー・エクイティ向上（CRM）に12％。マーケティングを支える技術や研修を扱うITインフラおよび組織能力強化には予算の14％が割り当てられている。

　まずひとつ簡単にわかるのは、マーケティング予算の約半分が需要喚起に向けられているということだ。セールやクーポン、プロモーションイベントといった需要喚起型マーケティングの活動は、売上に直結する前提で行われ、実施から売上効果の発現（クーポンが使用された時、あるいは広告で見たセール目当てに顧客が来店した時）へのタイムラグもあまりない。したがって、ここではマーケティングによって得られる売上とかかるコストが共に明白であり、財務系指標を使って効果を測定することができる。全体のおよそ半分のマーケティング活動については財務系の指標による評価が適用可能というのは重大な発見だ。

　本章の冒頭で、マーケティングが「できている」上位企業と「できていな

図表1.6 マーケティング格差の存在を示す調査結果

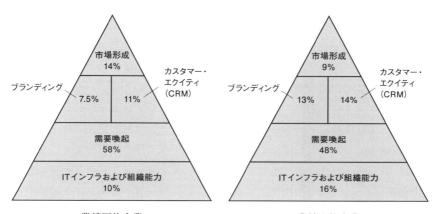

い」下位企業との格差について述べた。**図表1.6**は、業績上位25％と下位25％の企業における費用配分の比較だ。この図は、上位企業と下位企業で対照的なマーケティング格差の中身を示している。

第1に、業績下位25％の企業のマーケティング投資総額は全体の平均と比べて4％少なく、上位25％は平均よりも20％も多い。次に、下位企業は需要喚起型マーケティングの比重が大きい。その差はマーケティング予算構成比で約10ポイントにのぼり、下位企業が58％かけるのに対し、上位企業は48％の配分となっている。さらに、上位企業はブランディングおよびカスタマー・エクイティへの投資が大きいことも注目に値する。上位企業が合わせて27％を割り当てるのに対し、下位企業は18.5％にとどまるのだ。最後に、上位企業はマーケティング・インフラにもしっかり投資している点も注目したい。上位企業が16％割り当てるのに対し、下位企業は10％しか配分していない（注5）。全体として見ると、好業績企業は短期の需要喚起型マーケティングが企業平均より少なく、ブランディングやカスタマー・エクイティ向上のための投資にはより大きなマーケティング予算を配分するという仮説を裏づける結果となっている。好業績企業は、データ・ドリブン・マーケ

ティングを支えるインフラ投資にも予算を割いている。

　要するに、マーケティング格差は確かに存在し、上位企業と下位企業の間には大きな差があるということだ。上位企業は、需要喚起型マーケティングへの予算配分を抑える一方で、ブランディング、カスタマー・エクイティ、データ・ドリブン・マーケティングを支えるインフラ投資に予算配分を増やしている。この調査研究に関しては、第11章でより深掘りする。そこで詳述する通り、上位企業は、マーケティング・マネジメントを最適化するためのプロセスを構築している。これらのプロセスと、マーケティング予算の配分の違いのおかげで、上位企業は下位企業と比べて高い売上成長と好業績を実現しているのだ。なお、上位企業のマーケティング・プロセスの重要な構成要素として、適切な指標による成果のトラッキングやデータ・ドリブン・マーケティングの活用が含まれているのは、驚くには当たらないだろう（第11章参照）。

マーケティング指標の活用により多難な時代を乗り越えよ

　経済状況が厳しい時期においては、経営者は積極的なコスト削減を進めたくなるものだ。ただし、慎重にメスを入れるべきところで乱暴に大ナタを振るってしまって、短期的にも中期的にも企業の業績を悪化させてしまうということもしばしば発生する。費用対効果を明示するのが難しいというだけの理由で、マーケティング費用がコストカットの対象にされてしまうケースも残念ながらよく見られる。経営者は安易な判断をする前に、不況期の最中およびその後における、上位企業のマーケティング投資と業績の推移を見ておくべきだ。

　調査によると、不況期において適切な戦略は、マーケティング投資を増加させることだ。米国における不況期に関する調査として、マグロウヒル・リサーチ社による16業種600社の1980年から1985年の動向調査がある（注6）。その調査結果によると、1981〜1982年の不況期において広告宣伝費を維持あるいは増加させた企業群は、同期間に広告宣伝費を削った企業群と比べて、

その不況期中そしてその後3年間に大きく売上を伸ばした。積極投資を行った企業群の1985年までの売上は、コストカットに回った企業群の売上より256％も高い水準に至っていた。

意外なことに、上位企業たちは、景気後退期においてマーケティング投資をむしろ積極的に行っているのだ。ペントン・リサーチサービス社、クーパーズ・アンド・リブランド社、ビジネスサイエンス・インターナショナル社が共同で行った（注7）、1990～1991年の不況期に関する調査によると、好業績企業は不況期にもマーケティング活動に積極投資することで顧客基盤を強化し、弱腰になっている競合からシェアを奪うことにも成功していたことが判明した。その結果、これらの好業績企業は、景気回復期以降にさらに業績を上向かせる態勢を整えられたのであった。

様々な業種における具体的な例は以下の通りだ。

- 2001年のITバブル崩壊後の不況期において、インテルは、CPU製造設備建設に20億ドルを投じ、また新しいデュアルコア技術のマーケティングを積極展開することによりライバルのAMD社からシェアを奪った。
- 建設業界の不況期突入から3年目の2008年、ジョンソン・コントロールズ社（訳注：空調制御などのビル管理システムでのグローバル大手企業）は、「独創的にいこう」シリーズの続編となる新しい広告キャンペーンを開始した。新聞・雑誌およびインターネットに大規模な出稿がなされたこのキャンペーンでは、ジョンソン・コントロールズのエネルギー効率改善に対する取り組みが強調された。
- ハンレイ・ウッド社は、2000年代初頭に大きな成功を収めた不動産および建設業界向け出版企業だが、現在では苦境に立たされている。CEOのフランク・アントンは出版不況によって同社が大打撃を受けていることを認めた上で、デジタルやイベント、そして雑誌へのマーケティング投資を積極的に行っていくと語っている（注8）。
- 1970年代に、米化粧品大手レブロン社やフィリップ・モリス社が広告出稿を増やすことで市場シェア拡大に成功したのも好例だ。2009年の第1四半期には、世界規模の金融危機のピークにありながらプロクター・アン

ド・ギャンブル（P&G）社、ペプシコ社、ベライゾン社、ニューズ・コーポレーションといった有力企業が広告投資を増加させた。

マーケティング投資によって業績を加速させることができるのは、もちろん不況期に限ったことではない。本書を通じて議論していく通り、マーケティングにしっかり投資し、データ・ドリブン・マーケティングの考え方を導入すれば、景気の善し悪しにかかわらず効果をあげられるようになるはずだ。

はじめの一歩
データ・ドリブン・マーケティング戦略を策定する

企業の持続可能な競争優位は、模倣困難な一連の活動によってもたらされること、また上位企業と下位企業の間にはマーケティング格差が存在することを、これまでに見てきた。上位企業の組織能力は模倣困難で、この格差を乗り越えることは不可能だと感じるかもしれない。しかし私が思うに、上位企業には共通するパターンがあり、数は少ないが大きな成果をもたらす組織能力要素を押さえているから、そのマーケティングは成功しているのである。これらの組織能力要素を理解し、きちんと実践していくことで、同様の競争力を身につけることは可能だ。重要なのは、取り組むべき対象や内容をきちんと見極めることだ。

まず最初に、データ・ドリブン・マーケティング戦略を策定する際に有用なフレームワークを提供する。図表1.7で紹介するフレームワークにあるように、戦略と目標を定義した上で、必要なデータを収集していくという流れとなっている（第2、3、6、9、10章で詳細な事例を紹介する）。

実際に一大プロジェクトとして動き始める前に行うべき「自社を知る」プロセスは、シンプルだが非常に重要なものだ。調査によると、データウェアハウス構築プロジェクトに一番多い失敗理由は、収集したデータの活用方法について経営陣がしっかりした計画を立てていないことだ。すなわち、全社的に多大な費用と時間をかけてデータを集めたはよいが、チームはそれをど

図表 1.7　データ・ドリブン・マーケティングの戦略立案のためのフレームワーク

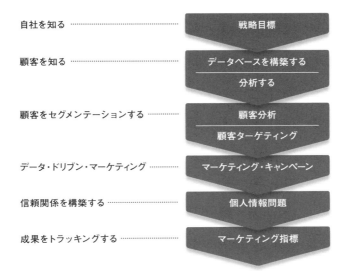

出所：Russell Winer, "A framework for customer relationship management," *California Management Review*, 2001 を改変。

う活用すればよいのかわからないという状況だ。このような状況に陥らないためには、データベース構築の大プロジェクトが動き出す前に戦略プランを固める必要がある。

　本書全体にわたり、様々な企業がデータ・ドリブン・マーケティング実践に向けて、どのようなビジョンや戦略を策定し、実際にどのように進めていったかについて多くの事例を紹介していく。次章と第6章では、図表1.7の最初の2つのステップ、戦略策定とデータ収集に関する事例を紹介する。第10章は、データ・ドリブン・マーケティングに必要なインフラに関する章で、「どのようなデータを使えばよいか？」や「何を用意すればよいの？」といったよくある疑問への答えを顧客数の規模別に説明する。

　図表1.7の「自社を知る」から次のステップに進むには、完璧なデータをそろえなければいけないと勘違いしているマーケティング担当者が多いが、これはまったくの誤解だ。必要なデータの判断には、80対20の法則が有用

だ。まずは8割の成果をもたらしそうな2割のデータとは何であるかを見極め、そして何とかしてそのデータを手に入れる方法を考えるのだ。大企業の場合、いくつかの部署やデータベースにまたがって存在していることが多い。小さな企業では、データ量が足りないかもしれない。壁にぶつかったら「手元にあるデータは何だ？　追加で収集あるいは購入できそうなデータは何だ？　その中のものを使って最大限の効果につなげるには何ができるか？」という発想に立ち戻って考えよう。第2章のロイヤル・バンク・オブ・カナダとコンチネンタル航空（訳注：2010年にユナイテッド航空と経営統合）の事例では、その具体的なアプローチを説明する。

　次のステップは、顧客を理解するための分析だ。取り扱うデータが数千の顧客数の規模であれば、エクセルで始めることを勧める。数百万もの顧客数であれば専門ツールの導入が必要だろう（第6、8、9、10章参照）。顧客分析の結果、きめ細かい顧客セグメンテーションの必要性に直面し、多くは顧客ターゲティング、データ・ドリブン・マーケティングへと進んでいくことになる。シアーズ社の事例は、まさにそのようなプロセスで進んでいった。データ収集や分析の中で、顧客特性に関する発見があり、それをもとにターゲティング、そしてダイレクトメールによるデータ・ドリブン・マーケティングが実践されたのだ。第6章および第9章では、セグメンテーションおよびターゲティングの分析手法について実例を使いながら説明する。

　図表1.7のフレームワークでは、個人情報の問題の検討が最後の方のプロセスとなっている。個人情報の問題については、もっと早い段階で検討すべきだという意見もあるだろう。もちろんプライバシーは非常に重要であり、個人のプライバシーを保護するための国際法にも様々なものがある。2004年に、ドイツの大手食料小売チェーンのメトロ社は、個人情報漏洩リスクを理由に、商品にRFIDタグをつけるのをやめた。当然、各国のプライバシー関連法規制は順守しなければいけないが、一方で、少なくとも米国においては、個人情報をTシャツ1枚程度のコストで手に入れられることも事実だ。

　これはどういうことかと言うと、消費者はTシャツや帽子をプレゼントとしてもらえる店内キャンペーンがあれば、住所や連絡先を記入して応募するし、昼食券が当たる抽選があれば、連絡先を書いた用紙を応募箱に入れる

ということだ。多くの米国在住者はスーパーのポイントカードを持ち歩いている。もちろん、スーパーで値引きをしてもらうためだ。

　ここで注意してほしいのは、消費者はスーパーのポイントカードに明確な価値を感じて使っているということである。消費者は、自分の世帯の詳細な購買情報を提供する引き換えとして値引きを受けることを受け入れている。ここからわかるのは、B2C企業であろうがB2B企業であろうが、顧客データを収集しようと思うならばそれに見合う価値を提供する必要があるということだ。顧客やB2Bパートナー側が、情報提供と引き換えに何を得られるのかを考えて、それを用意しなければいけない。また、顧客情報は安全に管理され、無断で外部と共有されないという約束も重要で、これを順守することは、顧客との信頼関係構築のために不可欠だ。企業としては、プライバシーポリシーとして明文化すべきであり、企業のウェブサイトや顧客情報を収集するページに見やすく掲示すべきだ。B2B企業におけるデータ収集については、次章で詳述する。

　図表1.7のフレームワークでは、成果のトラッキングのためのマーケティング指標が最後のプロセスとなっており、これが本書の主題だ。マーケティングをきちんと測定することさえできるようになれば、それをコントロールすることも、効果を大きく改善することもできるようになる。次章では、「何から始めるべきか？」の疑問に答え、データ・ドリブン・マーケティング導入における5つの典型的な障壁と、その乗り越え方を紹介する。第3章では、10の伝統的なマーケティング指標を使った、効果測定のフレームワークを紹介する。そして第Ⅱ部で、15の重要指標すべてを詳述していく。

　1974年に小売店にバーコードスキャナーが導入され、消費者による商品購買データのトラッキングが初めて可能になった。この技術革新により、「マーケティング・サイエンス」という概念が生まれ、マーケティング担当者は分析的な考え方でマーケティング活動を定量的に展開・管理できるようになった。インターネットとモバイルの普及によって、企業のマーケティングと顧客との接点のデータ量は飛躍的に増大しており、次の技術革新を生み出している。私は日頃MBAの学生たちに、マーケティングの世界にいることがこんなにエキサイティングな時代はかつてないと話している。新時代の

データ・ドリブンな手法や、大規模な顧客データを扱うインフラによって、ゲームのルールが変わってきており、データを使いこなしてインサイトを抽出し、アクションにつなげられる人には、非常に大きな可能性が広がっている。

> **この章のポイント**
>
> - データ・ドリブン・マーケティングやマーケティング指標を使いこなす上位企業と下位企業との間に大きなマーケティング格差が生まれている。
> - 15の重要なマーケティング指標を使うことで、ほとんどすべてのマーケティング活動を定量的に評価することが可能になる。
> - 調査研究によると、マーケティングの成果のトラッキングをきちんと行っている企業は、できていない企業と比べて業績もマーケティングの効果も大きく上回っている。
> - 上位企業群のマーケティングは、ブランディングやカスタマー・エクイティ（CRM）、インフラへの投資に予算が厚く、需要喚起へは予算が薄い。
> - マーケティングによる企業の持続的競争優位性は、模倣困難な一連の活動によってもたらされる。
> - データ・ドリブン・マーケティング戦略立案のためのフレームワークが存在する——導入にあたっては完璧なデータなど必要ない。

第**2**章

何から始めるべきか？

データ・ドリブン・マーケティングの
5つの障壁を乗り越える

データに基づく意思決定を妨げる5つの障壁

　私はもともと、マーケティングの専門家ではなかった。マーケティングに深く関わるようになったきっかけは、ケロッグ経営大学院がフォーチュン100社に名を連ねる3つの大企業のグローバル幹部向けにマーケティング研修を実施した際、講師に選ばれたことである。なぜ私に声がかかったかというと、米国の大手出版社であるワイリー社のインターネット百科事典の投資収益率（ROI）の項を執筆しており（注1）、フォーチュン1000社のうち179社を対象に、テクノロジーへの投資と経営をテーマにした研究を行っていたからだ（注2）。テクノロジーとマーケティングの関係はどんどん密接になってきており、私の知識や経験から、その両者の関係を講義できると判断されたのだ。

　幹部向けセッションに向けて眠れない日が続いた。なにせ、自分がよく知らない科目をその道の専門家たちに講義しなければならないのだ。この上ない試練のように感じられたが、データ・ドリブン・マーケティングやマーケティング指標について話をすれば、少なくとも私も聴衆も同じ知識レベルからのスタートとなるのだということに思い至った。参加者の中にも、データ・ドリブン・マーケティングの正しいやり方を理解している人はほとんどおらず、どうすればよいのかについて、皆が頭を抱えている状態だったのだ。

　マーケティング担当者たちは、現在のマーケティング活動を遂行するために、日々何をしなければならないかについてはよく理解しているが、データ・ドリブン・マーケティングとはどのようなものなのかということを説明できる人は、ほとんどいなかったのである。また、多くの企業において、データ・ドリブン・マーケティングの考え方を導入する際の障壁が共通していることもわかってきた。

　なぜ、マーケティング効果測定やデータ・ドリブン・マーケティングを難しいと感じるのか。私はこの質問を、数多くのマーケティング担当者や幹部にぶつけてきた。それに対し、よく聞かれる回答を5つのグループにまとめると以下の通りだ。

障壁その1：何から手をつければよいのかわからない
- 「やり方がわからない」
- 「適切な指標がわからない」
- 「問題は、データが不足していることではない。逆にデータはたくさんあるが、使えるものが1つもない」
- 「何から始めるべきかわからない」

障壁その2：因果関係が不明
- 「複数のマーケティング活動が同時並行で行われているため、単一の活動の効果を見極めることができない」
- 「キャンペーンの実施と顧客の反応との間には、タイムラグが存在する」
- 「認知率向上を目的としたキャンペーンは、短期的な売上に直結するわけではないのに、当社の最高財務責任者（CFO）は、『ROIを示せ』と要求してくる」

障壁その3：データ不足
- 「当社はB2B企業であり、最終的な顧客への直接的な販売を行っていない。このため、顧客が誰かを正しく把握することが難しい」
- 「個人情報問題の懸念があり、顧客データの収集ができない」

障壁その4：経営資源やツールが不足
- 「取り組む時間がないし、費用もかかりすぎる」
- 「データ・ドリブン・マーケティングに必要な、ツールやシステムを保有していない」
- 「マーケティング担当者とIT担当者の話がかみ合わない」
- 「システム部門が構築するシステムは、マーケティング部門が必要としているITリソースやツールとズレている」

障壁その5：組織や人の問題
- 「結果についての説明責任を求められたくないから、効果測定を行わない」

- 「マーケティング担当者は活動の遂行について評価されるのであって、売上などの数値結果ばかりで評価されるべきではない」
- 「効果測定は、当社の企業文化にそぐわない」
- 「当社には、データ・ドリブン・マーケティングに必要なスキルがない」
- 「当社は、データ・ドリブン・マーケティングのような新しい考え方に対する反発が強い」
- 「マーケティングはクリエイティブなものだ。細かい効果測定やプロセス管理は、クリエイティビティやイノベーションを阻害する」

本章では、これら5つの障壁を乗り越える方法を示し、「何から始めるべきか？」という疑問に対する答えを示していく。

第1の障壁を乗り越える：どう始めてよいのかわからない障壁
簡単なデータから始めて、クイック・ウィンを作る

ロイヤル・バンク・オブ・カナダ（以下RBC）は、データ・ドリブン・マーケティングを導入するにあたり、まずは社内に目を向けた。導入を主導したキャシー・バロウズは以下のように話す。「今までのやり方を振り返って、『もっと効果的に、低コストで、早く、スマートにできる方法はないか？』と考えなければなりません」。RBCは、年に一度のタイミングで行われる、個人積立年金の非課税積立の営業・マーケティング・プロセスについて検討を始めた。

毎年の積立時期が近づくと、RBCの営業部隊は、マーケティング部門からターゲットリストを渡される。営業マンは、アルファベット順に並んだリストの上から電話をかけていく。各営業マンが10人の見込み客に電話をかけて、受注できるのは1人か2人だけだった。

RBCのマーケティング・チームは、新たな分析モデルを構築することで、5000ドル以上の積立拠出を行ってもらえる可能性の高い順に見込み客を並べることができるようになった（詳しいやり方は第9章で説明する）。このモデルでは、100万人以上の顧客について過去12カ月間のデータを分析すること

で、積立拠出を行う可能性の高い25万人を抽出した。

顧客データの件数の膨大さにおじけづいてしまうかもしれないが、10人の顧客を対象に最適解を導き出せるなら、1000人を対象にしても同様にできるだろう。1000人を対象にできるならば100万人、あるいはそれ以上を対象にしてもできるはずだ（とはいえ、考え方は共通していても、巨大な顧客ベースを扱う場合には、パソコンで処理を行うのが困難になる点には注意が必要だ。第10章では、大きな顧客ベースを扱う際のITインフラに関して、「何を用意すればよいのか」という疑問に回答を示す）。

RBCのケースでは、ランク付けに必要なデータの収集に6カ月も要し、約10万ドルもの費用がかかった。この取り組みの結果、各営業マンには、25人の見込み客が掲載された新たなターゲットリストが渡されることになった。その効果は驚くべきもので、新たなリストを使って電話をかけた営業マンは、平均して8～10件もの個人積立年金の受注を実現することができた。

しかしながら、営業部隊が新たなターゲットリストの価値を理解するのには時間がかかった。最初の年にこのリストを利用した営業マンは、全体の25％にとどまった。それが、3年目には75％が利用するようになった。当初は懐疑的だった営業マンの間でも、リストの有用さが口コミで広がっていったのだ。

バロウズは以下のように振り返る。「営業部隊の人たちに、『いやー、あのリストは素晴らしい！』と言ってもらい、ボトムアップで広がってほしかったんです。個人積立年金は、入り口に過ぎませんでした。この成功をきっかけに、400万ドル規模のマーケティング・プロジェクトに対する、経営層の支持を取り付けることができたのです」。

重要なポイントは、最初からデータを100％そろえたり、100万ドル単位のインフラ投資を行ったりする必要などないということだ。まずは、重要性の高いデータを入手することに集中しよう。80％の成果をもたらしそうな20％のデータとは何であるかを見極め、そこから始めるのだ。そして、早期段階で成果をあげることで、経営層の支持を勝ち取り、次のステージの投資へとつなげていくのだ。

図表2.1は、ドラッグストアチェーンのウォルグリーンズ社の3店舗を地

図表2.1　ウォルグリーンズ社の3店舗の商圏地図

地図上の点は顧客の居住地を示す。居住地の点の形・色は利用している店舗に呼応している。

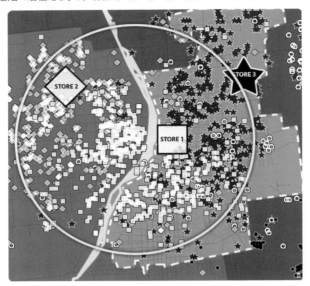

出所：ウォルグリーンズ社のマーケティング・データをもとに作成。

図上に示したものだ。ウォルグリーンズは、全米に6850の店舗を展開し、年間売上高は590億ドルにのぼる。この地図に描かれている点は消費者の居住地で、点の形によって、各世帯がどのウォルグリーンズ店舗を利用しているかが示されている。正方形の世帯は店舗1、ひし形の世帯は店舗2、そして星形の世帯は店舗3の利用を示している。

　同チェーンの主なマーケティング手法は、新聞折込チラシだ。折込チラシの出稿単位は郵便番号単位で、**図表2.1**上では、点線が郵便番号の境界線を示している。ウォルグリーンズのマーケティング担当、マイク・フェルドナーは、この地図を作成しながら、興味深い事実に気づいた。地図上の円は、半径2マイル（訳注：3.2km）の範囲を示しており、米国各地の地図上に同様の円を描いて見てみると、2マイル以上離れた点（世帯）を顧客に持つ店舗は存在しないというのが、彼の発見だった。彼の結論は、米国における一般

論として、特定のドラッグストアから2マイル以上離れた場所に住んでいれば、住人がその店舗を利用することはまずない、ということだ。

当時、ウォルグリーンズは、すべての地域を平等に扱っていた。つまり、新聞広告予算を米国中の各郵便番号エリアに均等に割り振っていたのだ。しかし、データが示すのは、当該郵便番号エリアから2マイル圏内に店舗がない場合には、エリア内の住人はウォルグリーンズを利用しないということだ。これらの分析結果を根拠として、ウォルグリーンズは、2マイル圏内に店舗が存在しない郵便番号エリアについては折込チラシの出稿をすべて中止した。想像に難くないことだが、この決定によって、同社の売上高はまったく影響を受けなかった。一方、出稿減によって、年間約500万ドルもの費用削減効果がもたらされた。この取り組みにかかった費用は、データ収集と地図作成合わせて、約20万ドルに過ぎなかった。

多くのお金をかけることもなく、また普通のパソコンを使った分析によって、この100万ドル単位の費用削減が実現された。ウォルグリーンズでは、以前から地図やグラフ作成にESRIというソフトウェア（www.ESRI.com 訳注：日本語サイトは www.ESRIJ.com）を使用して、店舗情報を管理していた。フェルドナーの革新的な取り組みは、そこに新聞折込チラシ出稿情報を組み合わせたことだ。

フェルドナーは以下のように振り返る。「最初にやったのは、エクセルのスプレッドシートに、郵便番号ごとの広告出稿エリア情報を並べることでした。店舗や世帯情報を地図上に表示するソフトウェアに、この広告出稿情報を追加することは難しくなく、すべて自分のパソコン上で作業することができました」。

難しかったのは、データ・ドリブン・マーケティングによる発見を活用できるように、社内プロセスを変革することだった。
「分析結果に基づくマーケティング・プロセスの変更を進める際に、背景や考え方についての他部署への説明が不十分であったと反省しています」とフェルドナーは振り返る。その結果、店舗オペレーション部門は広告出稿方法の変更に対して強く反発し、数週間後には、元のマーケティング手法に戻す決定がなされてしまったのだ。フェルドナーは言う。

「こういうことは、小さく始める必要があるということに気づかされました。そこで、店舗オペレーション部門幹部と地域マネジャーのそれぞれの中に、新しい取り組みを試すことに賛同してくれる仲間を見つけるところからやり直しました。改革を一緒に推進していた広告宣伝部門の同僚と一緒に、彼らに会いに行った時のことをよく覚えています。私たちは、画像を提示し、店舗から5マイル離れた郵便番号エリアへの出稿に8万ドルの広告費をかけて、どう高く見積もっても2万ドル程度の売上増分効果しか得られないことが、いかに非合理的であるかを説明しました。交渉の末、5つの地域でテストケースとして取り組ませてもらいました。その結果、合計で30万ドルの広告費用を削減し、この手法がいかに効果的であるかを示すことができました」

これらの成功実績をもとに、フェルドナーらは、全米の各地域マネジャーと、マーケティング費用の見直し議論の場を設定することができた。マーケティング費用を削減し、利益率向上の実績が出てくるようになると、店舗オペレーション部門も取り組みを支持する側にまわった。

フェルドナーは振り返って語る。「当初の失敗、そしてその後、小さく実績を作ることからやり直した上で成功したことは、私のキャリアの中でも最も学びに満ちた経験でした」。

1990年代中頃において、コンチネンタル航空は、間違いなく業界最低の航空会社だった。データもこのことを裏づけており、あらゆる指標において最低の評価を受けていた。極め付きは、米国の人気トーク番組司会者であるデヴィッド・レターマンが、お馴染みの「トップ10リスト」ジョークの中でコンチネンタルの名前を挙げたことだ。1995年、米プロ野球選手会がストライキを行っている中、「選手の要求トップ10」という、おふざけのチェックリストの第10位として、「チームの遠征移動にコンチネンタル航空を使わない」という項目が挙げられた。この日、番組は約500万人に視聴された。

ゴードン・ベスーンは、1994年から2004年までコンチネンタル航空のCEOを務め、最悪の状態にあった同社を、最高の航空会社へと見事に立て

直した（注3）。まず彼は、コンチネンタルを清潔で安全で信頼できる航空会社に変貌させることに注力し、それに向けて、従業員の報酬制度も再設計した。従業員は、フライトを定刻通りに運行できた場合、月に100ドルのボーナスを受け取れることになった。この効果は目覚ましく、コンチネンタル航空は、運航スケジュールの正確性で第1位の航空会社になった。続いてベスーンは、最悪から最高の航空会社を目指す取り組みの次のステップとして、消費者から最も愛される航空会社になるという目標を掲げた。

ケリー・クックは、コンチネンタル航空立て直しの中で自身が担当した、データ・ドリブン・マーケティング部分についてこう振り返る。

> 「コンチネンタル立て直しに不可欠な最初のステップは、お客様と対話することでした。低コストかつ比較的簡単に私たちのアイデアを検証する方法として、グループインタビューを行いました。インタビューは、当社がどう変わらなければいけないか、優先順位をどう付けるべきかといった点について、有用なフィードバックを得られる機会でもありました。予算の制約上、すべてのデータを統合することは不可能だったため、45種類にものぼるデータベースの中から、統合によって最大の効果が得られるであろう2種類のデータベースを扱うことに集中しました」

マーケティング担当者たちは、コンチネンタル航空にとって重要な顧客が、荷物の紛失、あるいはフライトの大幅な遅延やキャンセルといった憂き目にあってしまった際に、手紙を送ることが失地回復に効果的なのではないかという予感を抱いた。彼らには、数百万ドルをかけてインフラを統合するような予算はなかった。社内には45もの独立したデータベースが点在し、マーケティングのデータベースの運用は代理店に外注されていた。彼らはまずこの中から、顧客別フライト収益性とトラブル事案という、2つの最重要データベースを選定した。

その上で、トラブルが発生した場合に、12時間以内に手紙を送付するというマーケティング・キャンペーンを実施し、手紙を受け取った人たちを対象にしたグループインタビューを行った。この手紙は、シンプルに「このた

びは、お客様にご迷惑をお掛けして申し訳ありません。……」といった内容であった。対照実験を行うために、一部のユーザー宛の手紙にはボーナスマイルが付与され、その他のユーザー宛には、コンチネンタルが主要空港で運営するプレジデント・クラブというラウンジへの無料招待券が添付された。

グループインタビューの結果、手紙はすべて等しく効果的であることがわかった。手紙を受け取らなかった人たちを集めたコントロール・グループでは、必ず誰かがフライトのキャンセルや荷物の紛失についての苦い経験を語り出した。すると、他の参加者が、自分はもっとひどい体験をしたという話をし始め、やがてグループ全体がコンチネンタル航空に対する罵詈雑言をこぞって言う場と化してしまうのだった。

一方、手紙を受け取った人たちのグループでは、状況がまったく違った。代表的な反応は、「まだ旅が完了してもいない間の出来事だったのに、家に帰ったら手紙が届いていてびっくりしたわ」や「私に謝罪の言葉をかけてきた会社なんて、今まで他になかった」といったものだ。その反応は、前述のグループとは非常に対照的だ。このグループインタビューの結果は、手紙を送付することで、消費者が抱くイメージを大きく変貌させられるということの定性的な証拠となった。

また、興味深いことに、プレジデント・クラブへの無料招待券を受け取った消費者のうちのかなりの人数が、実際にプレジデント・クラブに入会してくれたのだ。これにより、この施策のマーケティング投資収益率（ROMI）は非常に高くなった。プレジデント・クラブは、コンチネンタル航空にとって非常に利益率の高い事業なのだ。後にシステムが整い、45のデータベースがすべて統合され、正確な収益性や顧客生涯価値（CLTV：定義や計算方法は第6章で詳述）を計算できるようになった際に、手紙を受け取った顧客のCLTVが平均して8％増加したことが明らかになった。

この事例でポイントとなるのは、コンチネンタル航空のデータ・ドリブン・マーケティング実践への道のりは、まずは小さく始め、グループインタビューや対照実験をうまく活用していったということだ。初期段階での良い結果は、データ・ドリブン・マーケティングの取り組み全体に勢いをつけ、また現場の担当者が上層部の支持を取り付けるのに役立つ。コンチネンタル

航空のカスタマー・マネジメント部門幹部のマイク・ゴーマンは以下のように語る。

「データベースを構築するのは大変な作業でした。しかしながら、データベースの構築・連携がなされてからは、お客様との接点を強化して売上・収益を向上させるツールを次々と開発することができるようになりました」

第2の障壁を乗り越える：因果関係不明の障壁
小さな実験を通じて因果関係を検証する

　私が頻繁に耳にする、データ・ドリブン・マーケティングが難しい理由のもうひとつは、「測定結果の背景には、必ず多数の要因が絡み合っていて、因果関係を特定することができないのです。同時並行で複数のマーケティング活動が行われているため、何が効果を生んでいて、何が生んでいないかがまったくわからないんですよ」というものだ。この問題を解決するためには、マーケティング・キャンペーンを、規律的に遂行するということが最も重要になる。考え方はシンプルだ。小規模な対照実験を行い、できる限り様々な要因の効果を切り分けることによって、何が効いていて、何が効いていないかを明らかにするのだ。

　多くのマーケティング担当者は、この手法を理解している。にもかかわらず、私が調べたところ、7割近くの組織では、マーケティング・キャンペーンの効果を測るために、テストマーケットとコントロールマーケットを比較するという対照実験を行っていないのだ。その理由は、ほとんどのマーケティング組織が、結果ではなく、活動の遂行状況で評価されているからだ。この企業文化の問題は、本章の後半で、第5の障壁の乗り越え方として解説する。今ここでは、マーケティングにおける実験デザインの重要性を見ていこう。

　ハラーズ・エンターテインメント社は、世界最大のカジノ企業だ。同社では、定常的に対照実験を通じたマーケティング効果の定量的な把握を行って

いる。たとえば、ミシシッピ州ジャクソン市において、スロットマシンのヘビーユーザー2グループを対象に行った実験がある。この実験では、ユーザーを従来のマーケティング・オファーを行うコントロール・グループと、「チャレンジャー」という新提案をテスト・マーケティングするグループの2つに分けた。コントロール・グループには、125ドル相当の無料宿泊券、2名分のステーキディナー、そして30ドルのカジノ用チップという典型的なオファーが提示された。その結果、当然ながら、このグループのカジノ利用は従来と変わらない水準であった。

チャレンジャーのオファーでは、60ドルのカジノ用チップが付与されたが、ホテルやステーキディナーは付かなかった。このオファーを受け取ったグループの、以後数カ月間のカジノ利用は、コントロール・グループと比べて著しく高かった。その後の追加検証実験の結果、米国内の他の地域においても同じ結果が得られた。この結果、ハラーズはこの種のマーケティング費用を50％以上削減しながら効果を高めることができた。

この種のマーケティングは、第1章で述べた需要喚起型に分類されるものだ。期限付きのオファーであることが多いこともあり、この活動はオファー提示以後、比較的短期の間に需要を刺激する。一部の人に限定してオファーを提示したことで、因果関係が不明になることを避けられ、また需要喚起型マーケティングであるため、活動実施から消費者行動の変化までの時間差も短い。因果関係を明確化しやすいマーケティング活動の典型と言えるだろう。

前節で、ドラッグストアチェーンのウォルグリーンズの事例を挙げ、データを活用して新聞折込チラシ・マーケティングの見直しを行ったことを説明した。最初の成功を皮切りに、マーケティング担当者は様々な郵便番号エリアで、新聞チラシに関する実験を行っていった。特定の郵便番号エリアをコントロール・グループとして扱い、実験前後の店舗売上の推移を観測することにより、フェルドナーは新聞折込チラシを最適化することができた。

新聞折込チラシは、何百年もの歴史を持つ非常に伝統的なマーケティング手法だ。しかしながら、この事例のように、新しい技術（位置情報データ）との組み合わせによって、古い手法のマーケティング効果を劇的に改善することができるのだ（図表2.1参照）。顧客の位置情報データは、様々なマーケ

ティング活動で利用可能だ。たとえばマイクロソフトは、位置情報データを使って海賊版ソフトウェアの流通地域を特定し、それらの地域において重点的に海賊版対策のマーケティング活動を行っている。考え方としては、各地域は平等に扱われるべきではなく、より効果を生みやすい地域に集中すべきだということだ。第6章では、顧客価値ベースのマーケティング意思決定について、他の事例も挙げながら詳述する。

　因果関係について、もうひとつよく耳にする問題は、ブランディングのようなマーケティング活動と、実際の購買との間には、大きな時間差があり得るということだ。「CFOが、ブランディング活動における財務上の投資収益率（ROI）の提示を求めてきて困る」とある経営幹部がこぼしていた。財務系の指標は、需要喚起型マーケティングにおいては非常に有用だ。需要喚起型マーケティングでは、企業の活動と消費者の反応、つまりプロモーションやイベントから顧客の購買までの期間が短く、また、購買は金額で測定が可能だからだ。しかしながら、認知率を向上させてブランドを構築していくことを目的にしたマーケティングにおいては、購買行動にすぐに結びつくわけではないことが多いため、財務系の指標を使った評価はできない。つまりCFOは、不可能なことを求めていたことになる。ブランディングについては、財務上のROIを測れない（注4）。

　もしあなたの会社のCFOも、あらゆるマーケティング活動についてROIを算出するように求めてくるのであれば、ブランディングや認知率向上が、顧客の将来の購買意思決定に対して重要な影響を与える活動であり、その評価には、購入意向の先行指標となる別の尺度を使う必要があるということを、一度じっくりと説明する場を設けた方が良いだろう。次章では、代表的なマーケティング活動と、伝統的な10のマーケティング指標とを結びつけるためのフレームワークを、具体例を挙げながら説明する。

　本節でのポイントは、因果関係が不明瞭と思われるような状況でも、(1)複数の要因を切り離して捉えるための対照実験を行うこと、(2)各マーケティング活動に合った指標を使って評価すること、の2点によって、因果関係は定量的に把握できるということだ。

第3の障壁を乗り越える：データ不足の障壁
顧客データを収集する戦略を立てる

　多くのマーケティング担当者は、データが不足していることではなく、データ量が膨大で取り扱いが難しいことに頭を悩ませている。適切なデータを集め、分析することについては、第1の障壁の節で説明した。しかし、B2B企業では、実際にデータ不足が課題となることも多い。彼らは、直接顧客と取引せず、代理店を通じて販売を行っているため、顧客との取引に関するデータを保有していないことがその理由だ。ここでは、この障壁を乗り越えるための3つの方策を説明していく。

1. 販売パートナーとのデータ共有

　ジョン・チェンバースは、売上390億ドル規模のネットワークインフラ機器メーカー、シスコシステムズ社のCEOだ。彼は毎朝起きると、まずダイエットコークの缶を開け、そしてシスコのEセールス・ポータルシステムにログオンする。彼は、このウェブベースのエンタープライズ・アプリケーションを使って、前日に世界中で計上された売上を地域別、顧客企業別、商品別に分解したり、あるいは特定のセールス担当者の売上を確認したりすることができる。これは画期的な仕組みだが、シスコの売上の95％以上が、OEMメーカー等を通じて販売されていることを考えるとなおさらだ。
　シスコは販売パートナーとの契約において、データの共有を義務づけることで、これを実現している。多くのB2B企業は、販売代理店に顧客データを求めても、強く拒絶されてしまい、データを手に入れることができていない。販売代理店としては、顧客データは自分たちのものであり、自分たちの競争力の源泉にもなっているということを理由に、メーカーとの情報共有を拒絶する。
　シスコのように、顧客データの共有を販売パートナーとの契約の条件に入れるというのは、B2B企業の中では例外的なケースのようだ。私が仕事で関わったB2B企業の多くは、販売代理店との関係や契約は既にでき上がっ

てしまっており、今から変えることはできないと主張する。だが、私に言わせれば、何ごとも交渉次第だ。ある私のクライアント企業は、大きなディーラー・ネットワークを通じて販売を行っており、有力ディーラーのうち、15％を自社の子会社として支配していた。この企業は、顧客データの問題の解決方法として、まずは子会社のディーラーの取引データから手を付け、データ・ドリブン・マーケティングの考え方を導入して、その子会社の業績を改善した。それによって、データ共有のメリットを示し、他のディーラーともデータ共有を進めていった。

B2B企業は、「データを共有することで、どのようなメリットがあるのか？」という、販売代理店からの質問に答えられなければならない。販売代理店との共同マーケティングに多額の費用を投じていることが、その質問に答える取っ掛かりになることがある。共同マーケティングのデータを共有し分析することで、その効果を飛躍的に改善することが可能だ。たとえば、マイクロソフトのOEMパートナーは、マイクロソフトが提供する、共同マーケティング用のクリエイティブや販促用品を歓迎し、一部のOEMパートナーは、マーケティング効果を高めるために顧客データを開示することにも合意した。

なお、B2B企業としては、顧客の住所等まで知る必要は必ずしもないので、販売代理店に顧客データを共有してもらう際に、これらの詳細情報を削除した形での取得でも構わない。重要なのは、顧客の商品やサービスの購買行動に関するデータであり、この購買データの分析結果に基づく施策を、パートナーと一緒に実行することである。販売代理店は、顧客データを共有すると中抜きされてしまうのではないかという不安を抱えているが、顧客データを「匿名化」処理することによって、この不安を軽減することが可能だ。

2. フリークエント・ドリンカー（高頻度飲用者）・プログラム

サントリーは、日本の大手酒類メーカーで、サントリー・モルツというビールを製造販売している。1990年代の日本のビール市場において同社は、キリン、アサヒ、サッポロという大手ブランドと比べ、売上高やブランド認

知率の面で遅れをとっていた。2000年になり、サントリーは、インターネットを使って当時としては非常に革新的な試みを行った。フリークエント・ドリンカー向けのウェブサイトを立ち上げたのだ。

サントリーのビールは、酒類卸やバー、飲食店、スーパー等の小売店、自動販売機等を通じて、すべて間接的に消費者へと販売されている。そのため、メーカーとしては最終消費者の情報はほとんど持ち合わせていない。

そのウェブサイトは、消費者がアクセスして容器に記載されているコードを入力し、ビールの消費量を報告すると、ポイントを得られるというキャンペーン・ウェブサイトであった。消費者は、獲得したポイントを使ってブランドのジャンパーや名前入りのビールの王冠、キャンプ用の椅子などと交換することができた。

なんと素晴らしいマーケティングだろうか。キャンペーンのピーク時、このモルツのウェブサイトは30万人のユーザーに利用されていた。しかも、これらはすべて、サントリー・モルツの高頻度飲用者というサントリーにとっての優良顧客なのだ。さらに、このウェブサイトを通じたデータ収集によって、他のサントリー商品のダイレクト・マーケティングを行うことも可能となった。

私は2年間日本に住んだことがあり、日本では仕事の後で職場の同僚と飲みに行き、かなりの量のアルコールを消費する慣習があることをよく知っている。つまり、この事例は、日本の飲酒文化とマッチしているからこそ機能するのであり、米国においては不適切だろう（訳注：米国ではおおっぴらに飲酒をすることがあまり歓迎されない）。しかしながら、このフリークエント・ドリンカー・プログラムの考え方自体は、文化や地域特性を超えて通用するだろう。

コカ・コーラは、サントリーと同様のアプローチで、「マイ・コーク・リワード（www.mycokerewards.com）」というマーケティングを行っている。このウェブサイトは、コカ・コーラの商品を頻繁に飲む消費者向けのロイヤルティ・プログラムだ。サントリーの例と同様に、消費者はウェブサイトで登録した飲み物の消費量に応じてポイントを付与され、ポイントを使って、Tシャツやあるいは特定のパートナー企業からの割引を受けることが

できる。顧客データは、Tシャツ程度のコストで手に入ってしまうのだ。コカ・コーラは、「マイ・コーク・リワード」を使ってフリークエント・ドリンカーとの直接の接点を獲得し、Eメールでのダイレクト・マーケティングを行っている。このポータルサイトは、広告枠を他社に販売することを通じて、同社の収益源にもなっている。

フリークエント・ドリンカー・プログラムの考え方を活用できるのは、飲料メーカーだけではない。他のB2B企業の事例も紹介しよう。

前述の通り、マイクロソフトは、自社商品の販売の大部分を、OEMパートナーや代理店を通じて行っている。このため同社は、直接販売している一部の大企業顧客を除くと、誰が実際に自社のソフトウェア商品を購入しているかを把握することができない。マイクロソフトが非常に重要視する市場セグメントのひとつが、中規模企業の顧客だ。このセグメントが、マイクロソフトの将来の成長に大きく寄与すると考えている。

繰り返しになるが、問題はマイクロソフトがこのセグメントの顧客への販売を代理店経由で行っており、その結果、誰に何を売っているかがわからないという点だ。マイクロソフトは、企業顧客向けには、ソフトウェア利用の年間ライセンスを販売するという収益モデルを採用している。顧客がライセンスを更新せずに商品を使い続けた後に、アップグレードしようとした場合には、ライセンス外使用に対する追加費用が発生してしまう。

マイクロソフトは、中規模企業の顧客向けのポータルサイトを作成した。顧客企業がこのサイトにライセンス情報を入力すると、マイクロソフトがライセンス管理の最適化を保証する、というサービスを提供した。実際の登録顧客企業数は公表されていないが、今ではマイクロソフトは、世界中の中規模企業顧客のうちのかなりの割合を、データベースに登録できている。マイクロソフトはこのポータルサイトを通じ、顧客への価値提供を実現している。中規模企業顧客のライセンス管理を手助けするサービスを提供し、顧客の費用削減に貢献しているのだ。それと引き換えに、同社は顧客がどの商品を購入したかについてのデータを入手し、それを使ってアウトバウンド・マーケティングを行うことができるようになった。具体的には、マイクロソフトは、顧客の特性ごとにどういう組み合わせで商品が購入されているかを分析し、

そこから得た情報をもとに、各顧客にどの商品を推薦するかを判断して、アウトバウンド・マーケティングを行っている（第9章では3種類の具体的なデータ分析手法を詳述する）。この分析とターゲティングの改善により、マイクロソフトはマーケティング・キャンペーンの効果を5倍以上に改善することができた。

　ここで、ひとつ注意してほしい。いずれの事例においても、顧客や代理店にとって、データをメーカーに提供・共有することによって得られる価値が非常に明確になっているということだ。サントリーやマイ・コーク・リワードのケースでは、それは商品・サービスの割引やノベルティグッズを手に入れられるということであった。マイクロソフトのケースでは、ライセンス管理の最適化を通じた費用削減だ。あなたのビジネスにおいても、「データを提供することで、顧客はどのような価値を得られるか？」を考える必要がある。

3. 調査結果を顧客データの代用として使用する

　3つ目の方策は、グループインタビューや定量調査の結果を使って、きめ細かいセグメンテーションやターゲティングを行うやり方だ。詳細なマーケット・リサーチを通じて、自社の顧客のデモグラフィック情報や消費者特性、購買行動の傾向を把握していく。そして、定量調査結果に基づいて、データ・ドリブン・マーケティングの考え方によるキャンペーンを、重要セグメント向けに実施する。さらに、「第2の障壁を乗り越える：因果関係不明の障壁」の節で詳述したやり方で、グループインタビューや対照実験を使って効果を高めていく。このやり方は、大規模な取引データを分析することと比べると精度が落ちるが、顧客データを入手することが困難なB2B企業における、初期的なアプローチとしては非常に有効だ。データ不足に悩むB2B企業で、定量調査やグループインタビューを活用していくやり方については、次章でも詳しく説明する。

　プロの調査会社に頼めば、10〜15人を対象にしたグループインタビュー調査の設計、実施および結果分析に対し、2万ドルかそれ以上の費用を請求

されるかもしれない。しかしながら、無料の昼食と、ちょっとしたギフトを対象者に提供するだけで始められる方法もある。インヴォーク・ソリューションズ社（www.invokesolutions.com）は、オンライン・グループインタビューのサービスを提供している。オンラインならば、対面式のインタビュー10人分の費用で、100人以上のデータを集められる可能性がある。私の経験上、消費財やディスプレイ広告の調査には、オンラインは有効な手段だ。一方で、対象にしたいユーザーを数多く集められるかどうかという点については、まだ課題が残る。インターネットのヘビーユーザーに偏ってしまって、自社の商品やサービスの客層との適合性が乏しいサンプルになってしまう可能性もあるからだ。このため、私が勧めるのは、できればまず対面式のグループインタビューを小規模で実施した上で、次にインターネットのグループインタビューを実施する形だ。

顧客データ収集に関わる倫理的および法的課題

　顧客データの収集には、慎重さが求められる。職業倫理上の厳しい基準を設けた上で、それに従って進めていくことが極めて重要だ。あるマーケティング担当者から聞いた話では、彼女の会社では、リスクを避けるために顧客データを廃棄するよう、法務部門が指示をしているとのことだった。この会社では、プライバシーポリシーが明文化されておらず、マーケティング部門がデータを使って何をしようとしているのか、法務部門に共有されていなかったということが、このような判断・指示に至った背景にある。マーケティングを担う人たちは、プライバシーポリシーと、収集するデータを何に使い、また何に使わないのかについて、社内外に明確に説明していかなければならない。

　顧客データを収集することが、法的に制限されている場合もある。たとえば米国においては、医療保険の相互運用性と説明責任に関する法律（HIPAA）によって、製薬会社が患者の処方箋情報を入手することを禁じている。これらの法律は、もちろん間違いなく順守する必要がある。しかしながら、どんな場合でも、顧客に価値を提供する道は残されている。たとえば、病気や不

調に悩まされる消費者に対しては、病気に関する各種情報を提供するサイトや、サポートコミュニティのウェブサイトを適切に活用することで商品情報を提供したり、また、顧客からのフィードバックを通じてインサイトを得ることができる。

　ここで、常に意識する必要があるのは、顧客との交流やコミュニケーションを通じて、新たな価値を生み出すことであり、情報を得ることで、顧客の弱みにつけこむようなことがあってはならないという点だ。「私にとって何のメリットがあるのか？」という顧客の疑問に、顧客視点で答えられることを意識しなければならない。その上で、データに真摯に向き合い、自社の資産として大切に取り扱おう。セキュリティの担保と付加価値の創出の組み合わせが、顧客の信頼を高める上でのカギとなる。

第4の障壁を乗り越える：ITリソース、ツール、投資の障壁 データ・ドリブン・マーケティングのインフラを構築する

　マーケティング担当者はとても忙しい。時間や経営資源、あるいは適切なツールの欠如は、非常によくある課題だ。データ・ドリブン・マーケティングを機能させ、そのプロセスを快適なものにするためには、測定が行いやすいよう、事前にしっかり設計することがカギとなる。これは、それほど難しいことではない。

　私の経験からすると、適切な測定指標を見極め、どのようにデータを収集するかを決めるには、キャンペーンのプランニング段階で、普通は数時間、どんなに大規模なキャンペーンでも1日か2日を割くだけで十分だ。しかし、この作業こそが、キャンペーンをデータ・ドリブン・マーケティングとして機能させていくために不可欠な基礎づくりとなるのだ。次章では、どうやって適切な測定指標を選択し、測定が容易なキャンペーンをどのように設計していくかについて、体系的に説明する。事前に測定しやすい設計を行っておくことは、後々の99％の価値を生むために必要な1％の作業だと言っても過言ではない。これによって、マーケティングの効果を定量的に把握することが可能になるのだ。

データ・ドリブン・マーケティングとマーケティング効果測定の素晴らしいところは、その成果を文字通りデータで定量的に示すことができるため、データ・ドリブン・マーケティングを支えるインフラを強化すべきであるという根拠を示すことが容易になる点だ。

データ・ドリブン・マーケティングのインフラ

ノートパソコンとマイクロソフト・エクセルの組み合わせは、信じられないほどパワフルなツールだ。この組み合わせは、ほとんどのマーケティング担当者にとって、データ・ドリブン・マーケティングを開始する上で十分なインフラとなる。とはいえ、過剰な期待をさせないよう、注意点も挙げておく。マイクロソフト・エクセル2003では、ひとつのスプレッドシートあたりの行数あるいは顧客レコード数に6万5536件という上限があった。エクセル2007における上限は104万8576行、1万6384列だ（注5）。したがって、膨大な顧客数がいる場合には、エクセルをマーケティング・データベースとして使うことはできないし、使うべきではない。

エクセルが大活躍するのは、ブランディングや顧客満足度に関する定量調査データの分析（第4章）、インターネット関連指標の初歩的な分析（第7章）、財務上のマーケティング投資収益率（ROMI）の計算（第5章）などにおいてだ。またマーケティング・キャンペーン・スコアカード（第3章）も、エクセルで始めることができるし、第8章では、マイクロソフトが、1700万ドル規模のキャンペーンで、リアルタイムに近い週次データをエクセルで管理した事例を紹介する。エクセルは、本書で紹介する測定指標の大半において、最初に使える実に有効なツールだ。エクセルを使って行うのが難しいのは、ダイレクト・マーケティング・データベース（第1章、第9章）、顧客生涯価値ベースのマーケティング（第6章）、大規模な顧客ベースにおける解析マーケティング（第9章）といったあたりだ。

これらの用途では、データの規模や特性によって、必要なITインフラの要件が決まってくる。数千件単位の顧客データセットを分析し、いくつかの軸でセグメンテーションを行い、ターゲットごとのマーケティング設計を行

うということなら、ノートパソコンとエクセルやSAS JMP（第10章のアースリンク社事例を参照。訳注：現在は、統計解析のオープンソースソフトウェアであるRやビジュアライゼーションソフトウェアのtableau［タブロー］などが使われることも多い）といったソフトウェアで十分だろう。しかしながら、同じことでも、5000万件の顧客データから、複数の軸を使ったセグメンテーションを行い、100万件の重要顧客を抽出し、その100万件の顧客に向けたターゲットごとのマーケティング設計を行う場合は、強力なITインフラが必要だ。高性能データウェアハウス設計の専門家であるリチャード・ウィンターは、「これらの目的で求められるITインフラの差は、戸建て住宅を建てるのと高層ビルを建てるのに必要なものが異なるのと同様だ」と表現した。

　また、1回限りの分析を行う場合は、比較的安価なシステムを使い、できるだけ手作業でデータ処理を行ってもよいだろう。しかし、顧客の購買行動ごとにリアルタイムで顧客生涯価値を再計算してアクションを決める、イベント・ドリブン・マーケティングを行うような場合には、やはり高度なインフラが必要となる。

　つまり、顧客数や企業と顧客の接点の多さに影響されるデータサイズと、データを使って何をしたいかが、必要なマーケティング・インフラを左右することになる。顧客数、データ量、そして必要な分析頻度によって、ITインフラにかけなければならない金額は増減するだろう。第10章では、このITインフラのトレードオフについて、様々な顧客数の規模やマーケティングの必要条件ごとに議論する。

　しかし、まずは本章の重要なテーマに立ち返ろう。大きく考え、小さく始め、スピーディに拡大していくのだ。大きく考える時に、データ・ドリブン・マーケティングの最終目標によって必要となるITインフラが決まり、またITインフラは容易にスケール拡大できる必要があるということを考慮すべきである。

大企業向けのインフラ

　フォーチュン500社に名を連ねる大企業の幹部が、「こんなものが、いっ

図表2.2 大企業でのデータ・ドリブン・マーケティング戦略を支える IT インフラ

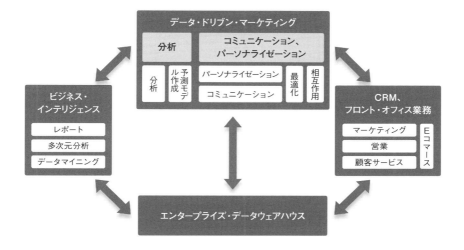

たい何の役に立つのですか？」と憤った調子で私に聞いてきたことがある。データ・ドリブン・マーケティング向けの IT インフラの費用の大きさと、IT 部門による専門用語混じりの説明の難しさに対する苛立ちを隠せないようだった。また別のビジネス部門の管理職は、「IT 部門は自分たちが何をしているかを、平易な言葉で説明できない」と話していた。

そこで、まずはデータ・ドリブン・マーケティングの IT インフラについて、必要不可欠な要素と、それらの要素がどのように機能するのかという概念を説明する。それらを理解してもらった後に、マーケティング部門が IT 部門と協働する上での、部門間の壁の乗り越え方を議論していく。

膨大な顧客数を抱える大企業は、その顧客数に見合った IT インフラを、図表2.2で示すような構成で整備していく必要がある。図表2.2の構成は、データ・ドリブン・マーケティング向け IT インフラの最終形だと考えてほしい。右側にある要素は、企業と顧客の間の、様々な接点においてデータを収集するためのシステムだ。これらのシステムは、一般的にオペレーショナル CRM と呼ばれるもので、販売情報、コールセンター、ウェブサイト、返品情報などから、顧客情報を収集する。したがって、たとえば自動車整備

サービスショップのジフィー・ルーブ社の顧客がオイル交換のためにショップを訪れると、オペレーショナルCRMシステムは、ナンバープレート情報からデータを照合し、「マークさん、こんにちは。前回のオイル交換から4000マイル走行されていますね」と話しかけるよう、販売員に指示を出す。顧客が車から降りる時には、既にその指示が出ている。

一つ一つの来店客情報データは、タグ付けされた上で、**図表2.2**の下部に記載されているエンタープライズ・データウェアハウス（EDW）に保管される。大企業のEDWは、自社と顧客との接点情報すべてを蓄積する、非常に大きなデータ・ストレージであり、理想的にはそこに、業務データや財務データも含まれているべきだ。**図表2.2**の左側にある要素は、EDWのデータを掘り起こし、レポートを作成するのに必要なツール群だ。作成されるレポートの例としては、地域の売上データの週次レポートや、定期購読を解約した顧客に関するレポートのようなものなどが挙げられる。

図表2.2で一番重要なのは、EDWの上部にあるデータ・ドリブン・マーケティング用システム群だ。セグメンテーション分析、ターゲティング、顧客リレーション構築システムなどが含まれる。自動車整備サービスのジフィー・ルーブの例で言うと、販売店での来店時挨拶を決めて指示するのは、ナンバープレート情報をもとにEDWを検索し、顧客レコードを取り出し、当該顧客向けにカスタマイズされたメッセージを作成し、それを担当者のコンピュータ画面に表示するプログラムだ（第6章のRBC社の事例でも詳述する）。

分析やモデリングには、ターゲティングを行うためのデータマイニング・ツールが活用される。第9章では、傾向分析モデル、アソシエーション分析、決定木分析という、3つの重要な分析手法を説明する。たとえば、『ベター・ホーム・アンド・ガーデン』誌など、多くの女性向け通販雑誌を出版するメレディス社では、顧客が次にどの商品を購買する可能性が高いかを推定するために、モデリング分析を行っている。週次のマーケティング・キャンペーン実施にあたっては、コミュニケーションおよびパーソナライズ・ツールを使って、EDWから顧客データを抽出し、オファー予測モデルを実行し、その予測結果に応じて、顧客ごとにカスタマイズされたEメールを送信する。詳しくは第9章を参照されたい。

このようなインフラを、どうやって構築していけばよいのだろうか。まずは小さく始めるために、特定の業務プロセスをシステムで実行し、従来からマーケティング部門が行っていたのと同様のことを、より効果的に、より素早く、より安価な、より洗練されたやり方で実行できることを示すべきだ。その上で、徐々に適用範囲を広げながら、ITインフラも拡大していく。第10章では、ハラーズ社のITインフラに関して詳述しながら、データ・ドリブン・マーケティングのITインフラに関する、「何を用意すればよいの？」というよくある疑問に対する答えを提示する。ハラーズの事例では、同社が段階的に付加価値を高めていった結果、いかにそのITインフラが、カジノ業界における競争優位性の源泉として機能したかを読み取れるはずだ。

マーケティング部門とIT部門との関係性

　多くの企業において、マーケティング部門とIT部門との間で対立が存在している。マーケティング部門とIT部門の関係は、患者と医者のような関係であるべきだと私は考えている。テニスをしていて肘を痛めた時に、医者に向かって「MRI検査をして、痛み止めのためにバイコディンをひと瓶処方してください」とは言わないだろう。症状を説明した上で、医者から解決方法を提示してもらうのが普通だ。同様に、マーケティング部門はIT部門に対して、マーケティング上の要件や目的を明確に伝え、データを使って何がしたいのかを説明しなければならない。それに対しIT部門は、解決方法を提示し、責任を持ってマーケティング部門が説明した要件を満たすようにしなければいけない。また、適切な納期と、合意した予算内で解決するのも重要だ。そのような前提で、ビジネス上の成果に対して責任を負うのはマーケティング部門であり、IT部門ではない。

　自分の両親や子供や親戚など、身近な家族が重い病気を患った経験を持つ読者なら、そういう場合に、患者自身がだんだんその病気に関する専門家になっていくことをご存知だろう。病気に関するあらゆる情報を調べ、多くの専門家に相談し、治療法のベスト・プラクティスや、進展の傾向、付随するリスクについて知識を蓄えていく。データ・ドリブン・マーケティング向け

ITインフラのプロジェクトも同様である。

　マーケティング担当者は、データ・ドリブン・マーケティングを支える技術について、ユーザーとして知識を深めていかなければならない。技術の専門家に対して適切な質問を繰り返すことによって、システム構築が途中で崩壊してしまうような事態を回避し、確実に価値を実現することが重要だ。第10章では、これらの問題を詳述し、データ・ドリブン・マーケティングのITシステムを構築していく上で、有能なマーケティング担当者になるための重要な考え方や知識を提示する。ひとことで言うと、データ・ドリブン・マーケティング向けのテクノロジーは重要すぎて、技術者任せにはしておけないのだ。

第5の障壁を乗り越える：組織と人の障壁
データ・ドリブン・マーケティングを企業文化に埋め込む

　データ・ドリブン・マーケティング導入の話をしていると、「私はただの中間管理職で、大がかりな改革を行う力がありません」というような話をよく耳にする。私が思うに、多くの人は、自分が持ち得る影響力の大きさを過小評価している。時として、小さな変化が非常に大きなインパクトにつながるのだ。第8章では、マイクロソフトのセキュリティガイダンス・キャンペーンの事例を紹介する。そこで詳しく述べる通り、この事例では、広告のランディングページを変更するだけで、キャンペーン効果を400％上昇させることができた。小さな変更が大きな成果につながるのだ。

　あなたも企業文化の構成要素の一部なのだ。あなた自身が変わることから始めてみよう。身近な人たちにポジティブな影響を与えるような変化から始めることを勧める。次章では、マーケティング・キャンペーンの評価に、体系的な効果測定指標を導入し、マーケティングのバランス・スコアカードを作成する方法を紹介する。たとえば、これらをあなた自身が担当するマーケティング活動に導入し、自分のチームメンバーにスコアカードの使い方を教え、このやり方の有効性を経営陣に説明してみよう。その結果は、経営陣に対して雄弁な説得材料となるだろうし、スコアカードはあなたのマーケティ

ング施策の結果を管理していくのに役立つだろう。

　もちろん、データ・ドリブン・マーケティングを企業文化の一部にしていくことは、自分1人で完結するプロセスではない。社内の人々を説得していくことが必要であり、それには早い段階で成功事例を作ることがカギとなる。強力な指揮命令系統の組織の下の方にいる場合、そのようなことを始めるのは気が重く、困難に感じられるかもしれない。そこで、私は成功しているトップマネジメント層の人たちに、組織で働き始めた頃のことを尋ねてみた。

　ケリー・クックは、コンチネンタル航空に所属していた頃に、まず彼女が必要としているデータが、社内のどこにあるかを見極めた。次に、様々な機能部署において、彼女と同じようにデータを活用しようと考えている同志を4、5人見つけた。結果として、彼女は他部署において、自分と同じ階層の仲間を見つけ、非公式な社内横断チームを組むことによって、初期的な成功事例を実現させていくことができた。誰から説得していけばよいかを見極めるためには、まず組織内の誰が、力と意志を持っているかを理解する必要がある。組織で最も力と意志を持つのは、部門の幹部とは限らないし、むしろそうでないケースの方が多い。

変化を阻害するのは人

　小さい組織であれば、上司を説得し、結果を示すことさえできれば、変革を進めていくのは比較的スムーズだ。しかしながら、大組織においては、データ・ドリブン・マーケティング向けに企業文化を変えていくのは、やさしい仕事ではない。たとえば、**図表2.2**のようなITインフラを構築するには、100万ドル単位の投資が必要になる可能性が高く、実現するには、経営陣の非常に強い賛同を得なければならない。

　企業文化は、合理的、官僚的、政治的という3つのタイプに大別することができる。私が教える若いMBA学生の多くは、組織とは合理的なものだと考えているが、それは理想論に過ぎない。経験豊富な管理職なら、それがまったく事実でないことをよく知っているはずだ。現実には、大半の企業が、残り2つのいずれかのタイプの企業文化を保有している。官僚的な企業の組

織構造は非常に硬直的で、経営幹部に何かを伝えるためには、定められた厳密な手順に従う必要がある。この形の組織は、軍隊的にトップダウンで指示が与えられ、部門長は現場の前線できちんと指示が遂行されていることをそのつど確認する。これとは対照的に、政治的な組織においては、権力が集中する部分が複数存在していることが多い。権力が集中するのは、予算や人事の権限を握っている人のところで、彼らは組織内に自らの王国を築き上げる。私は大学に勤務しているが、大学組織というのは世の中で最も政治的な組織だと言い切れる。ヘンリー・キッシンジャーは「アカデミアにおいて政治的な競争が非常に熾烈なのは、取り分が少ないからだ」（訳注：大学組織内での議論は瑣末なことについてばかりなので、政治的な対立が激しくなるという意味）と述べている。

　政治的な組織でうまく生き抜いていくには、経験を重ねる必要があるが、その最初のステップとして、組織内の誰が強い力を持っているかを把握することが重要だ。力を持っている経営幹部の中で、結果を重視し、データに基づいた意思決定を行いたがる幹部を探しあて、味方につけよう。大組織において、広範囲に影響の及ぶ取り組みを成功させるには、権限のある経営幹部たちに先導してもらう形をとることが必要だ。この幹部たちによる審議会が、戦略策定と実行を統括し、進展のモニタリングも行う。**図表2.2**のようなITインフラの構築を、IT部門による大規模ITプロジェクトとして扱う動きが出てきがちである。しかし、IT部門に任せることは、災いの元になりかねない。データ・ドリブン・マーケティングを導入する取り組みは、技術陣ではなく、必ずマーケティング部門が牽引していくべきである。

　経営幹部の後ろ盾が重要なのは間違いないが、部長層や課長層の賛同を取り付けることも、必要なプロセスだ。なぜ現場では変革が受け入れられにくいのだろうか。多くの人は、今あるものを過大評価し、変革が生み出す価値を過小評価してしまうからだ。最も変革を進めやすいのは、組織が危機に直面した際だ（注6）。

- 「このままでは我々のマーケティング予算が36％も削減されてしまう。何とかして将来のマーケティング支出の意義を示さなければならない」

- 「当社の市場シェアが著しく低下している」
- 「値引きを繰り返す我々のマーケティング手法のせいで、収益性が大きく悪化してしまっている」
- 「我々の顧客が大量流出してしまっていて、その上、どの顧客が最も当社にとって価値が高いのかもわかっていない」
- 「競合他社にずっと負けていて、このままでは潰されかねない」

　これらはすべて、マーケティング部門が変革に対する意欲を高めやすい状況だ。金融危機と大不況の影響で、2009年には大量の人員削減や大幅な費用削減が頻繁に見られた。そこから3年以上が経過し、景気が金融危機前の水準に戻りつつある現在は、変革意識を高める出来事として世界金融危機を活用しながら、データ・ドリブン・マーケティングを企業文化に採り入れていく絶好の機会だ。

　では、どうすれば取り組みへの注目を集め、人に意見を聞いてもらえるようになるのだろうか。勝者は誰からも注目を受ける。したがって、ここでもまずは小さく始めて、成功事例を作ることが有効だ。身近にいる人がまず気づいてくれるだろう。そしてまた次の成功につなげよう。これによって勢いがつき、人に対する影響力が増し、組織内での信頼やステータスが築かれていくはずだ。誰もが、成功しているチームに参加したがるようになる。それには、自分たちのやっていることが話題になるように仕向け、データ・ドリブン・マーケティングの考え方に則ると成功する、ということを示していくことが有効だ。

変革への動機付け：測定と行動

　多くのアメリカ人と同様、私は体重管理に苦心している。出張が多く、外食機会も多いことがその一因で、その結果、ウエストが太くなっていく。とはいえ、私はこの問題を解消するためのシンプルな公式を昔から知っている。日常生活や運動で消費するカロリーよりも、食事を通じた摂取カロリーを減らすことだ。しかし、カロリー計算を続けるのは非常に面倒だ。

最近になって、Lose Itという、カロリー計算を簡単にしてくれるiPhoneのアプリを見つけた。毎日、食事や運動の記録を入力していくが、過去の食事をコピーしたり、編集したりすることも可能なため、ほんの数秒の作業で記録を付けることができる。その結果、私の食生活に関して、データに基づく透明性がもたらされた。毎晩のココナッツ・チョコレートチップ・クッキーが600キロカロリー以上も摂取カロリーを上乗せしている。しかし、週に2ポンド（訳注：約900グラム）体重を減らすためには、私は1日の摂取カロリーを1600キロカロリー以下に抑えなければいけない。このままこのクッキーを食べ続けるか、代わりのものを見つけるかの決断を迫られた。私は、半カップのキャラメルアイスクリームが160キロカロリーであることを発見した（素晴らしい代替案だ！）。しかも、満足度はこちらの方が高い。
　私が言いたいのは、測定することができるものは、コントロールすることも可能だということだ。この例で言うと、測定対象は摂取カロリーと運動による消費カロリーだ。その結果、食べるものの選択基準が明確になり、実際に体重を減らすことができたし、食生活も劇的に改善することができた。測定すること、特に測定結果を公開することは、組織文化を変えるのにも作用する。
　米海軍の戦闘機パイロットは、非常に能力の高い人たちばかりだ。空母の会議室には、各パイロットの飛行任務を、様々な側面から採点したスコアボードが掲げられており、同僚の点数との明確な比較ができるようになっている。この結果、良い飛行任務はどういうものなのかに関する透明性が向上すると同時に、パイロット同士の相互プレッシャーによって、皆が飛行を改善するための努力をするようになった。
　私が教授を務めているケロッグ経営大学院は、トップクラスのビジネススクールだ。トップクラスになった要因のひとつとして、30年ほど前に、ドナルド・ジェイコブス学長が、学生による授業の評価点数を、全学生や教授陣に対して公開したことが挙げられる。評価される教授の側からは強い抗議の声が上がったが、数カ月もすると、全体として授業の評価が著しく改善した。教授陣は同僚と比べて見劣りする評価を受けたくないという思いから、皆が教え方を改善したのだ。

マーケティングについても、指標や測定結果を組織内で公開することは、変革を後押しすることになるだろう。しかし、大切なのは、測定する対象を間違えないことだ。多くの組織では、マーケティングの結果ではなく、マーケティング活動自体を評価・促進してしまいがちなので、マーケティングの成果・価値をしっかり測定する指標に焦点を当てる必要がある。次章は、どうやってこれを実現していくかがテーマとなっている。

　あなたの目指していることが、データ・ドリブン・マーケティングの手法を大規模なマーケティング組織に浸透させることであり、既に幹部の賛同や支援を得られているならば、キャンペーンを担うマーケティング担当者たちに対し、なぜその手法を採り入れる必要があるかを説明し、実際にやってみせよう。新しい手法やツールを使いこなしてもらうためのトレーニングも不可欠だ。理想的なパターンでは、草の根的な支援も得ることができ、また成功事例が話題になることで、変革へのポジティブな動きが、雪だるま式に膨らんでいく。しかし、必ず取り残される人たちも出てくることになる。実践していない人たちに対しては、再度考え方やもたらされるメリットを説明し、取り組みが良い結果につながった場合にボーナスを支給するなど、インセンティブを提供しよう。セカンド・チャンスまでは、このようなやり方が効果的だが、3度目となると、ムチを振るう必要が出てくるかもしれない。

　1990年代中頃、カジノ大手のハラーズ・エンターテインメント社は、ユーザーに複数のハラーズカジノ施設を利用してもらうために、消費者インセンティブの付与方法を抜本的に変革した。新しい戦略を遂行するためには、各カジノ施設間でデータを共有することによって、データ・ドリブン・マーケティングを実現する必要があった（詳しくは第10章を参照）。当時、各カジノの支配人たちは、自分の施設の利益に応じた報酬を得ており、同社内であっても「競合」である別のカジノの支配人にデータを渡さなければいけない新しい戦略に対して、強い抵抗を示した。最終的にハラーズは、新しいデータ共有ポリシーに従わないことを理由に、非常に優秀な支配人を何人か解雇せざるを得なかった。しかし、この解雇によって瞬く間に新しいポリシーが社内に浸透することになった。

データ・ドリブン・マーケティングのスキル不足を克服する

　私の定量調査によると、データ・ドリブン・マーケティング・スキルには、組織間で大きな差がある。調査回答者の64％が、複雑なマーケティング・データをトラッキングし、分析するスキルを持った社員が足りないと答えた。また、回答者の55％が、自社のマーケティング担当者には、ROIやNPVやCLTV（指標については第5章および第6章を参照）といった、財務的な考え方に関する実践的な知識が不足していると答えた。

　スキル不足の問題については、インタビュー調査でも確認された。たとえば、ある経営幹部は、「新しいマーケティングの世界を正しく理解している人員の不足は、深刻な問題だ。デジタル・マーケティングに関するしっかりした理解があり、かつきちんとしたブランド・マーケティングのバックグラウンドも持ったマーケティング担当者は、10人にも満たないと思います」と語った。また別の経営幹部は、「まだまだ人間の解釈や予測に頼るプロセスがたくさんある。難しいのは、そういったプロセスが残る以上、人為的ミスも避けられないということだ」と述べた。

　組織のマーケティングの総合力を高めるためには、きちんとしたトレーニングが不可欠だ。自社のマーケティング管理を最適化し、最高レベルのデータ・ドリブン・マーケティングを実践していくためには、社員に適切な手法、ツール、テクニック、スキルを身につけさせる必要がある。ケリー・クックは以下のように語る。

　「成功するためには、優れたマーケティングおよび事業戦略が必要です。事業モデルに合った業務プロセスも整えなければなりません。また、それらを支えるテクノロジー・ツールも必要になります。4つ目の不可欠な要素は、従業員です。データ・ドリブン・マーケティングは、『環境さえ整えれば成果がもたらされる』という類のものではありません。従業員自身が、優れたマーケティング成果を生みたい、と強く思うことが欠かせないのです。家の掃除をしようとやる気になった時には、驚異的なスピードで掃除をすることができるのと同じようなものです」

私の経験上、組織の変革に際して、トレーニングや研修は極めて重要な要素だ。従業員トレーニングを通じて、新しいテクニックや手法、ツールが企業文化の一部になっていく。したがって、研修予算をケチってはいけない。面白みのない表面的な説明ではなく、活気のあるグループワークを行うことで、参加者がデータ・ドリブン・マーケティングについてワクワク感じるようにさせよう。学びを補強するための追加セッションも行うことを勧める。力強い外部の講師を呼んで、講演してもらうことも有効だ。彼らの説得力ある話を通じて、組織にデータ・ドリブン・マーケティングの効果の大きさを、より深く知ってもらうことができるし、あなたが語ったことと重複したとしても、さらに組織内の浸透度合いを深めることにつながるだろう。

トップダウンとボトムアップ

　本書で説明する戦略に従えば、あなたの所属するマーケティング組織に大きなインパクトを与えることができるだろう。変えるのは、自分自身の日々の業務かもしれないし、普段一緒に仕事をするチームの業務かもしれない。私が知る限り、データに基づくマーケティングの考え方を実践できた人は、組織内で実力を認められやすく、昇進が早く、成功の道を歩んでいく人が多い。しかしながら、大きな組織の組織文化自体を変革することは、完全なボトムアップでは実現できない。

　前線のマーケティング担当者たちに適切なツールやプロセスを用意することは、企業が成功するための必要条件の一部でしかない、というのが長年の経験を経て私が得た結論だ。データ・ドリブンな性質の組織へと、企業文化レベルから変革していくためには、経営幹部による強いリーダーシップが不可欠となる。トップ層が模範を示して、リードしていく必要があるのだ。

　経営幹部の後ろ盾やサポートを取り付けるのは、途方もなく難しいことに思えるかもしれない。だからこそ、社内の政治事情に精通しておくことが欠かせないのだ。より優れたマーケティングを、より安く、素早く、スマートに行えることを示すデータを提示することで、あなたと考え方の似た幹部層を集めてまとめよう。経営幹部が、データ・ドリブン・マーケティングの取

り組みをあなたのアイデアとしてではなく、彼ら自身のアイデアとして語り始めたら、うまくいったことの証左だ。

データ・ドリブン・マーケティング実践に向けたロードマップ

　当初の「何から始めるべきか？」の質問に立ち戻り、データ・ドリブン・マーケティング実践のロードマップを示そう（**図表2.3**）。ロードマップの第1ステージは、将来像に向けた道筋を「設計」することから始まる。つまり、最初のステップは、ゲームプランを明確化することだ。まずは、現状を評価することが役に立つ。今どういった指標を使っているかを確認しよう。意思決定に際して、どのようにデータを活用しているだろうか。あなたの組織は、データを適切に使いこなしているだろうか。データ・ドリブン・マーケティングで何を成し遂げたいのか考え抜くことが大切だ。

　続いての第2ステージは「診断」だ。ここでは、現状評価をもう一段深掘りする。どこが不足していて、どのような改善機会があるだろうか。たとえば、以前私が関わったある企業のマーケティング部門では、あらゆるマーケティング活動を短期的な販売数量で評価し、将来につながる指標を何も見ていなかった。不足しているものは明らかで、よりバランスのとれたアプローチが必要と結論づけられた。

　診断ステージにおいては、複数のオプションや、次のステップとして、複数の道筋が示される可能性が高い。そのような場合には、リスクとリターンを考えることだ。複数あるオプションの中で、最低限の努力と費用で、最も大きな成果につながるものはどれか。このプロセスを経て、初期的な成功事例につながり得る候補のショートリストを作成するのが、ロードマップの第3のステージ、「機会」だ。

　機会がはっきりしたら、最も遂行しやすいオプションを選択して、先行成功事例を作り出そう。第4ステージでは、「ツール」に焦点を当てる。測定していく指標やスコアカードを決め、マーケティング活動を進めていくのに必要な組織能力を強化していく。初期の成功事例は、しばしばマニュアル作業による1回限りの成功だが、この第4ステージの意義は、それを容易に再

図表 2.3　データ・ドリブン・マーケティングの改善・実行ロードマップ

段階	1 設計	2 診断	3 機会	4 ツール	5 プロセス
構成要素	目的 戦略との整合 対象範囲 カテゴリー 測定指標 仮説	バランス リスク リターン	初期の成功事例 緊急事態 調整	測定指標 計算式 予測モデル テンプレート ダッシュボード	週ごと 月ごと 四半期ごと 年度ごと
アウトプット	関係者が理解しやすい明解な実行計画	適切な意思決定に必要な事実把握や洞察	調査・分析してわかったことに基づくマーケティング機会の特定とアクション・プラン	定期的なレビューを行う組織能力の構築	定期的なレビュー結果に基づく意思決定

現可能なものにするためにインフラを構築していくことだ。

　最後の第5ステージは「プロセス」だ。ここでは、成果を確認するためのレビューを頻繁に行い、必要に応じた軌道修正を行っていく。これについても、始めるのに何百万ドルもするインフラは必要ない。私が勧めるのは、3インチ×5インチ（訳注：7.6cm×12.7cm）のカードを使ってスコアカードを作成し、エクセルで記録を蓄積し、初期的なダッシュボードとして機能させていくやり方だ。再現性を示し、成果が生まれてきてから、このプロセスを自動化していけばよい。

　私は多くの企業で、**図表2.3**のようなロードマップ導入の支援をしてきた。データ・ドリブン・マーケティングの実践には時間がかかる。だからこそ、問題の診断と並んで、先行成功事例の創出が重要な第一歩になるのだ。第11章は、マーケティング・プロセス（ロードマップの第5ステージ）と、データ・ドリブン・マーケティングの道のりにおける企業の成熟度との関係に関する調査結果を詳述する。第10章は、データ・ドリブン・マーケティングを導入するのに必要なインフラに関する内容で、これは、ロードマップの第4ステージ「ツール」に該当する。

　データ・ドリブン・マーケティングのロードマップに従って進めていくこ

とにより、マーケティングの成果を著しく改善でき、その結果、注目を集めることができるだろう。結果は雄弁だ。従来のマーケティング部門にありがちなように、自分がやっていることの価値について、経営層や他部門からたびたび疑問を呈されるよりも、勝者になって、組織内で尊敬される方がはるかに楽しい。

この章のポイント

- 適切なデータを集め、先行成功事例を作ることから始めよう。8割の成果につながる2割のデータはどのようなものかを見極めよう。
- 因果関係不明の障壁を乗り越えるために、正しい指標を見極め、また、マーケティングのアイデアを評価するための対照実験を行おう。実験を通じて、マーケティングの成果を著しく改善できる。
- B2B企業は、販売代理店や最終顧客に対して、データを共有してもらうことのメリットを明確に示さなければならない。
- 経営資源の不足に悩んでいるだろうか。マーケティング効果測定の設計こそが、99％の価値を生むための1％の努力となる作業であり、それによって将来の支出を正当化していくことができる。
- データ・ドリブン・マーケティングを大規模に行うには、適切なITインフラが必要になる。顧客データの量と分析の頻度が、必要なインフラの要件を決定づける。
- データ・ドリブン・マーケティング向けのテクノロジーは重要すぎて、技術者任せにはしておけない。
- マーケティング活動の実行度合いではなく、成果に対して評価を行おう。測定指標と、付与するインセンティブとを整合させよう。従業員に新しいツールや手法のトレーニングを提供しよう。
- 大きな組織で企業文化を変革する場合、経営幹部のリーダーシップが欠かせない。
- データ・ドリブン・マーケティングを導入、あるいは改善していくためのロードマップを確認しよう。まずは現状評価、次に先行成功事例、続いて成功を再現するためのツールづくり、そして最後に、成果に応じて対応ができる柔軟なレビュープロセスを設けよう。

第 **3** 章

10の伝統的な
マーケティング指標

マーケティング効果測定という難題

　マーケティング効果測定についての講義をするようになって間もない頃、経営幹部向けコースの参加者から、「あなたは現実をわかっていません！」と強い口調で言われたことがあった。その参加者の言う通り、自分は現実をわかっていないのかもしれないと思った。というのも、実際私は、テクノロジーやデータ分析の専門家ではあったが、マーケティングの世界で生きてきたわけではなかったからだ。
「どういうことか教えてもらえますか？」私は尋ねた。
「マーケティングは、クリエイティブなものなんです」というのが回答だった。「クリエイティビティは、測定できるものではありません」と続いた。
　当時も今も変わらないが、私は、あらゆるものが測定可能だと考えている。効果測定は非常にパワフルだ。前章で述べた通り、測定することを通じて、マーケティングの効果改善だけでなく、組織特性をも変革していくことが可能だ。ただし、そのためには、適切な指標を正しいやり方で測定することが必要だ。
　先ほどの参加者とのやりとりを経て、私はアンケート調査に、「御社はマーケティングのクリエイティブ制作を外注していますか？」という質問を加えた。結果は、72％の企業がクリエイティブ制作を外注しているとのことだった。この結果は非常に示唆に富む。大半の企業のマーケティング部門は、クリエイティブなコンテンツを作成しているのではなく、マーケティング・プロセスの管理を行っているのだ。第11章では、マーケティング・プロセスを最適化し、4つのプロセスに集中していくことについて取り上げる。
　多くの組織やマーケティング担当者が、指標が無数にある状況下で、マーケティング活動の効果測定に苦心していることは理解している。ある大企業のマーケティング部門の人から、社内で使用しているマーケティング活動の評価用のスコアカードを見せてもらったことがあるが、そこには、50以上もの指標が記載されていた。このスコアカードの作成には、毎月膨大な時間や手間がかけられているにもかかわらず、ほとんど意思決定の役には立って

いないようだった。指標が多すぎるし、またその指標は、マネジャーが意思決定を行うのに必要なものではなかった。この事例からも、マーケティング活動の類型ごとにどの指標が重要となるのかを明確にし、シンプルなルール・指標を作ることの必要性は明らかだ。

マーケティング活動に合った評価指標を選択せよ

マーケティング上の態度変容モデル、あるいは購買ファネルとも呼ばれる考え方は、1960年に最初に発表された。古い考え方だからといって、それが悪いものであるということにはならない。各種マーケティング活動を通じて、認知、比較検討・評価、トライアル、ロイヤル顧客化という各段階に顧客を進めていくという考え方だ。つまり、マーケティング活動は、顧客を「漏斗（ファネル）」に通すように、認知という入り口からロイヤル顧客という狭きゴールまで導くように設計される。技術革新を通じて測定対象が飛躍的に拡大してきたことで、50年以上も前から存在するこの考え方は、ますます重要性を増している。

認知向上マーケティング

認知向上マーケティングの手法として代表的なのは、テレビ広告、屋外広告、スポーツ・スポンサーシップ、スタジアムの命名権、ブランドを強調した雑誌広告、クリエイティブなインターネット広告などだ。認知向上とブランディングは、密接につながっている。簡潔に言うと、ブランドとは、消費者が商品やサービス、あるいは企業全体（たとえばディズニーやアップルなど）に対して抱くイメージのことだ。このイメージは、マーケティング、商品の使用経験、そして、友人や同僚からの推奨といったものの組み合わせによって形成される。ブランディングが極めて重要なのは、消費者に自社の商品・サービスを手にとってもらうことに有効であり、また、ノンブランドの商品

に比べて高い価格設定を可能にするからだ。

　購買行動のサイクルでいうと、認知は実購買から最も遠く離れた手前の位置にある。したがって、認知向上マーケティングから実際の購買までの間には、大きな時間差が生じる可能性が高い。このため、認知向上やブランド・マーケティングを評価するにあたっては、財務系の指標はあまり役に立たない。多くの大手企業では、大規模なブランド認知度調査を定期的に実施し、地域ごとや時系列での認知率の把握を行っている。このような調査では、各セグメントや地域で、350人以上という大きなサンプル数が必要となり、実施には多大な費用と時間がかかる。したがって、このような調査は年に1回、多くても2回ぐらいの頻度がせいぜいだ。

　認知度調査に加えて、認知向上マーケティングの効果測定によく使われる指標としては、イベントの参加者数、ウェブサイトの訪問者数、広告リーチ数などが挙げられる。たとえば、ジョイス・ジュリアス社は、スポーツ・スポンサーシップにおけるブランド露出量の測定サービスを提供している。独自の洗練されたシステムを使って、スポンサーのブランドやロゴがどのようにテレビで露出されているかを追跡し、テレビ広告で同様のブランド露出量を出稿した場合の費用を算出している。

　2005年のゴルフのマスターズ・トーナメントで、タイガー・ウッズ選手が優勝した際、ナイキのロゴは、1040万ドル相当の露出を得た。また、同年のNASCARのデイトナ500大会でジェフ・ゴードン選手が優勝したことで、デュポン社のブランドは990万ドル相当の露出を得ることができ、年間通算でジェフ・ゴードン選手は、デュポンに8500万ドル相当の露出効果をもたらした。

　しかし、このような指標の問題は、購入意向と結びつかず、マーケティングの効果を測りにくい点である。デュポンのCMOデヴィッド・ビルズは、ジェフ・ゴードン選手と組んだNASCARスポンサーシップにおける、このような効果測定手法について、苛立ちながら次のように語った。

> 「デュポンは、基本的にB2B企業であり、普通に考えれば消費者向けの広告に8500万ドルの費用をかけることはないんです」

図表 3.1 マーケティング購買行動モデルと段階ごとのマーケティング活動例

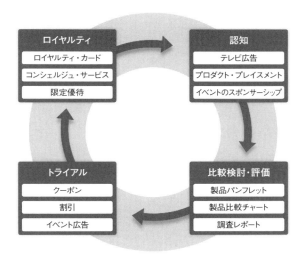

露出量やその金額換算では、マーケティングの効果・成否はわからない。では、どのような指標を使うのが正しいのだろうか。カギとなるのは、顧客が自社の商品やサービスを想起できるかどうかの指標だ。

> **重要指標①：認知指標**
> ブランド認知 = 商品やサービスの想起

調査対象者にヒントを提示しないで知っている広告やブランドを思い出してもらい、最初に想起される第1想起とは、**図表3.1**のような購買サイクルにおいて、あなたの商品やサービスが検討時の最有力候補として挙げられることを意味する。指標①として、より洗練された指標も存在するが、どの指標も、顧客が企業や商品の名前を思い起こせるか否かについてであることに変わりはない。ブランディングの効果や認知の具体的測定方法については、次章で詳細に説明する。

しかし、大がかりなブランド認知度調査を行うことが困難な中小企業の場

合であったり、そのようなブランド認知度調査結果を待っている時間がなかったりする場合には、どうしたらよいのだろうか。インターネットやモバイルの興隆によって、認知、トライアル、そして需要喚起型マーケティングを結びつけることが可能になった。たとえば、スポーツスタジアムに掲示する広告に、URLやメールアドレスを記載することで、マーケティング効果の定量化に役立てられる。すべてのテレビ広告、雑誌や新聞広告、屋外広告にURLやメールアドレスを記載するべきだと私は考えている。

各広告に記載するURLやメールアドレスをカスタマイズすることによって、どのマーケティングに対して、どれだけの人が反応したかを測ることが可能となる。第8章では、再度この考え方を詳述するとともに、これらのテクニックを使うことでマーケティング・キャンペーンの設計や遂行を迅速化する、アジャイル・マーケティングの手法を説明する。この手法によって、マーケティング効果を5倍以上に高めることが可能だ。

比較検討・評価マーケティング

比較検討・評価マーケティングでは、顧客が複数の商品やサービスを比較検討できるようにすることによって、購入意向を高めることを目指す。適用例としては、商品に関する機能や市場動向を記したホワイトペーパー、機能やメリットを詳細に記載した印刷広告、商品パンフレット、商品の詳細情報を掲載したウェブサイト等が挙げられる。

デル社は、低コストな直販チャネル（自社ウェブサイト）を保有し、卓越したサプライチェーン・マネジメント能力によって、非常に低い製造コストを実現している。これらに基づき、デルは低価格を最大の武器にしており、同社の比較検討・評価マーケティングでは、価格が最も強調されている。同社は、商品自体でも広告でも、コモディティ寄りのアプローチを採り、シンプルに事実を列記する。消費者にとって最も重要な検討要素が価格である場合、このような手法は効果的だ。商品ごとの機能や特性と価格を同時に比較できるようにすることで、トレードオフの関係にある機能と価格にどう折り

合いをつけるかを、顧客は判断しやすくなる。

　一方、アップルは異なる比較検討・評価マーケティングのやり方を採用し、優れたデザイン性や商品の革新性を強調する。アップルのiPhoneの広告では、App Storeには無数のアプリがあり、あらゆるニーズに対応できると謳い、テクノロジーによってもたらされる革新的なメリットを強調している。ノートパソコンでは、アップルはデルと比べて高めの価格設定を行っており、比較検討・評価マーケティングにおいて、価格要素をあまり強調しない傾向にある。たとえば、アップルのウェブサイトでは、実際にパーツ構成を選択し、カスタマイズし始めるまでは価格情報を目にすることがないはずだ。

　比較検討・評価マーケティングでは、商品やサービスの顧客提供価値を明確に伝え、商品のメリットとコスト（価格）のトレードオフを提示する。重要な情報を消費者に伝える方法は様々だが、その効果測定手法には、共通する課題がある。比較検討・評価マーケティングの効果測定における課題は、比較検討プロセスと実際の購買の間に数週間から数カ月、商品によってはもっと長いタイムラグがあることだ。これと関連するもうひとつの課題は、比較検討・評価マーケティングと、実際の購買とを紐づけることが難しいことだ。これらの理由で、顧客が比較検討・評価マーケティングを見てから後日購入したことを正確にトラッキングできる場合は除いて、財務系指標は比較検討・評価マーケティング活動の効果測定には向かない。

　比較検討・評価マーケティングの標準的な測定指標としては、ウェブサイトからの商品カタログのダウンロード数や、比較検討用雑誌広告のリーチ数などが挙げられる。しかしながら、これらの指標は、比較検討・評価マーケティングの効果を正しく捕捉・測定できているわけではない。では、どのようにして比較検討・評価マーケティングの有効性を測ったらよいだろうか。答えは、将来の売上につながる先行指標を測定することだ。

　自動車を購入した経験のある人の多くは、仮に購入対象が中古車だったとしても、条件に合う車のパンフレットを集めてきて、美しい写真を並べて比較検討するというプロセスを経ただろう。これらのパンフレットや、車種の詳細情報を掲載したウェブサイトが、自動車業界における比較検討・評価マーケティングの代表例だ。「この美しい写真が掲載されたパンフレットの

価値・効果はどの程度か」と問われても、定量化することはなかなか難しい。しかしながら、将来の購入につながり、また、数ある比較検討・評価マーケティングの効果を集約した指標がある。それは「試乗（お試し）」だ。

　自動車を試乗した人は、その車を購入する可能性が飛躍的に高まる、ということが実証されている。もちろん、試乗した人が全員購入するわけではないが、一定の確率で購入する。試乗した人数と、その人たちのうち、誰が後日その車を購入したかをトラッキングし、購入者数を試乗者数で割ることで、平均的な確率を算出することが可能だ。測定に値するもうひとつの指標は、ショールームへの来店者数だ。来店者が増えると試乗者も増え、そのうちの一定割合が車を購入することになる。

　この考え方は、アメリカン・フットボールの監督が、試合を見ながらプレイの評価をする手法と同様だ。アメリカン・フットボールの監督が重視する評価指標は、実際の得点ではなく、ファーストダウン（決められた攻撃回数［4回］内でボールを10ヤード以上進めること）の数だ。ファーストダウンの数が多いほど、得点の可能性、ひいては試合に勝利する可能性が高くなる。

　試乗は、将来の売上につながる先行指標だ。したがって、自動車業界における比較検討・評価マーケティングは、ショールームの来場者数を増やすこと、そして、試乗者数を増やすことを目指して設計・実施されるべきだ。比較検討・評価マーケティングのやり方を変えた際の来場者数、試乗者数を比較する対照実験を通じて、マーケティングの最適化を行うことが可能だ。

　また、グループインタビューをはじめとした定性的な評価手法を使って、新車のパンフレットのような比較検討・評価マーケティングが、顧客の「購入意向」にどのような影響を与えるかに関する理解を深めることもできる。「試乗（お試し）」の指標については、次章でさらに深掘りする。そこで詳しく論じる通り、この指標は自動車業界だけでなく、様々な業界・商品に適用可能だ。次章では、インテルのCPUやサングラス、医療システムなどを例に説明する。

> **重要指標②：比較検討・評価指標**
> 試乗（お試し）＝ 購入前の顧客による商品のお試し使用

ロイヤルティ・マーケティング

　ロイヤルティ・マーケティングの活動の例としては、たとえば、デパートのノードストローム社における、優良顧客向けコンシェルジュ・サービスなどが挙げられる。他にも、自動車整備サービスのジフィー・ルーブ社が、走行距離3000マイルを超えた顧客向けにオイル交換を促すオファーを送付するような、能動的なイベント・ドリブン・マーケティングも、ロイヤルティ・マーケティングのひとつだ。リピート購買に加えて、解約率もロイヤルティの重要指標だ。

> **重要指標③：ロイヤルティ指標**
> 解約（離反）率 ＝ 既存顧客の中で、商品やサービスの購買を中止する人の割合。年単位で計算されることが多い

　解約率は非常に興味深い指標で、特定の業界においては業績に対する影響が非常に大きい。たとえば、米国の携帯電話業界では、平均的な年間解約率は22％にも及ぶ。一度この数字を南米のある通信企業の幹部に伝えたら、「それは非常に良い数字だ！」と驚いていた。南米における一般的な解約率を彼に尋ねると、なんと50％にものぼるとのことだった。平均すると、2年間で顧客をすべて失ってしまう苦労というのは想像もつかない世界だ。

　ロイヤルティ・マーケティングにおいて、マーケティング活動と再購入の間には、著しいタイムラグが存在し得る。特に、自動車やパソコン、洗濯機のように、ライフサイクルの長い商品の場合は、そのタイムラグが長くなる。ある意味では、それだからこそ解約率が重要な指標になるのだ。商品ライフサイクル期間中の年間平均解約率を下げることができれば、年間売上の上昇

に直接的に寄与することになる。もっとも、このマーケティング効果による売上寄与自体も、実現までの間に時間がかかることを忘れてはならない。

自社の顧客が誰であるかを把握できていない企業は、解約率も認識していないことが多い。こういう企業にとって、測定された解約率の数字は、驚くべき結果となることがよくある。たとえば、私が一緒に仕事をしたある企業は、顧客離反の問題があるとは考えていなかったが、実際に測ってみると、45％もの年間解約率であった。次章や第6章では、優良顧客のリテンション（維持）が企業の利益率に非常に大きな貢献をもたらすことを説明していく。

マーケティングの黄金指標：顧客満足度

認知向上マーケティングの測定指標の議論で欠けていたのは、認知率との関連が深く、また将来の売上を見通すのにも役立つ指標だ。この非常に重要な指標は、顧客満足度（CSAT: Customer Satisfaction）だ。顧客満足度は、認知率とは異なり、よりロイヤルティに関係の深い指標である。しかしながら、ロイヤルティと認知率の間には、非常に重要な関係がある。**図表3.2**で示す通り、購買サイクルにおいて、ロイヤルティは認知のプロセスに流れ込んでいる。大企業は、当然大きな顧客ベースを保有しており、これらの顧客は、商品やサービスの利用経験をもとに、ブランドに対するイメージを形成している。

たとえば、ある大手自動車メーカーは、顧客満足度とブランドの購入意向を測定し、顧客満足度とリピート購買意向の間に、強い相関があることを見つけた。興味深いことに、所有する車で何らかのトラブルを経験した人の方が、トラブルを経験しなかった人と比べて、満足度もリピート購買意向も高かった。トラブルに直面した際の素晴らしい顧客サービスが、ブランドイメージの向上に貢献していたのだ。

このため、顧客満足度はロイヤルティとブランド認知の双方に深く関連し、また将来の売上の先行指標としても機能する、マーケティングの黄金指標であると言える。顧客満足度の測定は、「友人や同僚に、この商品（サービス）

図表 3.2 マーケティング・サイクルの段階ごとの効果測定指標

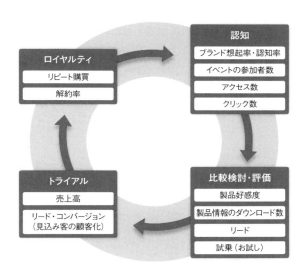

を勧めたいと思いますか？」というシンプルな質問を通じて行うことができる。10点満点で9点ないし10点という、強い推薦意思を示す人たちを、満足度の高いロイヤル顧客とみなすことができるだろう。

> **重要指標④：マーケティングの黄金指標**
> 顧客満足度（CSAT）＝「友人や同僚に、この商品（サービス）を勧めたいと思いますか？」という質問を通じて測定される、顧客満足度

ネット・プロモーター・スコアのように、顧客満足度（CSAT）から派生した指標も存在するが、上記が基本となる指標だ。次章では、実務上の顧客満足度（CSAT）測定事例をさらに紹介する。

マーケティング運用上の最重要指標

　次に、マーケティング・キャンペーンの効率を定量化する指標を紹介しよう。マーケティング・キャンペーンの運用効率を評価するために測定できる指標としては、費用、担当者1人あたりの支出額、納期や予算の計画達成度など、様々なものがある。いずれもトラッキングは可能だし、重要性も高いが、最重要な指標としては、私は次のものを選ぶ。

> **重要指標⑤：運用効率指標**
> オファー応諾率　＝　マーケティング上のオファーに応じる顧客の比率

　たとえば、ダイレクトメール、テレマーケティング、テレビCMなどを通じて100のマーケティング・オファーを行い、受け取った100人のうち3人が応じた場合、オファー応諾率は3％となる。オファー応諾率は、マーケティングがどれだけ機能しているかを戦術レベルの観点で評価する。そして、オファー応諾率を向上させることは、マーケティングの成果を飛躍的に高めることにつながる。

　オファー応諾率は、需要喚起型マーケティングにおいて使われることが多く、これについては、次節で詳述する。しかしながら、この指標は、顧客に対して何らかの具体的な行動を促す種類のあらゆるマーケティングにおいて活用可能だ。たとえば、比較検討型キャンペーンで、見込み顧客にソフトウェア商品の10日間トライアル版ダウンロードをしてもらうことを目的としたキャンペーンを実施したとしよう。この場合のオファー応諾率は、キャンペーン情報の接触者数（インプレッション数）とダウンロード数を使って計算される。なお、インターネット・マーケティングにおいて、オファー応諾率は、クリック率（CTR）にトランザクションコンバージョン率（TCR）を掛け合わせることで計算できる。インターネット関連の指標については第7章で詳しく説明する。

需要喚起型（トライアル）マーケティング

図表3.2のトライアル・マーケティングは、第1章で紹介した需要喚起型マーケティングと同じことだ。これらのマーケティングでは、比較的短期の売上向上がもたらされる。たとえば、スーパーが発行する有効期間30日間のクーポンや、期間限定の10％割引、ゼネラル・モータース（GM）が行った、期間限定での全顧客への社員割引レートの適用などがこれに該当する。

このタイプのマーケティングは、販売金額、数量の両方を向上させ、売上高の増加に寄与する。トライアル段階におけるもうひとつの重要な指標はリード・コンバージョン（見込み客の顧客化）で、これも売上高の上昇につながる指標だ。上場企業は四半期ごとの売上高と利益情報を公表することを義務づけられているが、このタイプのマーケティングの効果は、明確な数字を使って評価することが可能だ。つまり、需要喚起型マーケティングは、財務上のマーケティング投資収益率（ROMI）を使って定量評価することができるのだ。

第5章では、マーケティング投資収益率（ROMI）指標について、財務的な考え方から、エクセルを使った詳細な計算事例まで深掘りして説明する。ここではまず、4つの最も重要な財務指標を列記しておこう。これらの指標を組み合わせることで、需要喚起型（トライアル）マーケティングおよび新製品発売マーケティングの定量的な効果測定が可能となる。

4つの重要財務指標⑥〜⑨
⑥ 利益 ＝ 売上高 − 費用
⑦ NPV ＝ 正味現在価値（Net Present Value）
⑧ IRR ＝ 内部収益率（Internal Rate of Return）
⑨ 投資回収期間 ＝ マーケティング施策でかかる投資額分を、施策による利益から回収するのに必要な期間

第1章で紹介した、多くの企業でのマーケティング予算の内訳の調査によ

ると、マーケティング予算の約半分が、需要喚起型（トライアル）マーケティングに充てられていたことを思い起こしてほしい。顧客のリピート購買の結果、企業に売上がもたらされるという意味で、ロイヤルティ・マーケティングの最終的な結果も、多くの場合、トライアル・マーケティングの結果と類似している。したがって、ロイヤルティ・マーケティングも、財務系指標を使って定量評価が可能な場合が多い。問題は、そもそも過去に購入経験がある顧客を特定しなければならないという点だ。誰が自社商品を購入したことがあるかがわからなければ、ロイヤル顧客によるリピート購買と、新規顧客によるトライアル購買とを見分けることも不可能となる。重要なのは、顧客を知ることだ。特にB2B企業においてはこれが非常に難しい部分だが、解決の方策については前章で説明した通りだ。

　需要喚起、新製品発売、ロイヤルティ向上の各種マーケティングは、もたらされる売上高の増加が容易に測定可能であるため、結果として、マーケティング活動全体の半分以上に対して、財務系指標のROMIを使った効果測定が可能だというのがここでの重要なポイントだ。過半数のマーケティング活動にROMIを使えるというのは画期的だ。もちろん、ROMIが常に効果測定における正解ではないし、次節で説明する通り、私は様々な指標をバランスよく使用することを推奨している。とはいえ、財務系指標を使ったマーケティング効果の評価が、適用不可能なケースよりも適用可能なケースの方が多いという点は、注目に値する。

　図表3.2は、マーケティング活動のタイプごとに適用すべき効果測定指標を示す、シンプルかつ使い勝手の良いフレームワークとなっている。本章での説明は、最重要な9種類の測定指標に絞ってきたが、**図表3.2**のフレームワーク上に、他の重要な指標も追加していくことができるだろう。大切なポイントは、マーケティング活動のタイプに応じて最適な測定指標が決まるという点だ。1つのマーケティング・キャンペーンが複数の目的を持つというのはよくあることであり、**図表3.2**の複数のタイプにまたがるケースもあるだろう。それぞれのキャンペーンに応じた、複数の効果測定指標を記載したスコアカードを作成することで、マーケティング活動を多面的に評価することができる。

マーケティングのバランス・スコアカード

　車を運転している時、あなたは複数の情報を認識し、処理しているはずだ。フロントガラスから前方を見渡すことによって、障害物の有無を認識する。ダッシュボードのスピードメーターやタコメーターが示す数値は、前方に見える情景を補完し、運転速度が速すぎるか、あるいは遅すぎるかを判断するのに役立つ。バックミラーを通じて見える景色は、後方の状況、つまり通り過ぎた場所に関する重要なインプットだ。温度計や油圧計、その他の各種計測値は、エンジンがどれだけ正しく機能しているかどうかを示し、燃料計はガス欠に陥るのを防ぐための情報を提供する。

　マーケティングにおいて、売上高にしか注意を払わないことは、バックミラーだけを見ながら車を運転することに等しい。というのも、売上高とは通り過ぎた過去に起こったことを記録する指標だからだ。このような偏った見方をするのではなく、車を運転する際と同様に、求められるのはバランスのとれた測定指標の組み合わせ、それらを記載するスコアカードなのだ。バランス・スコアカードは、キャプランとノートン（注1）が広く提唱した考え方で、彼らは企業を評価する指標を、財務、顧客、内部プロセス、成長とイノベーションという4つの項目に分類した。マーケティングにおいても、同様の考え方を適用することが可能だ。前節で説明した、マーケティング効果測定のフレームワークがその基礎となる。

　マーケティングにおいて、将来を見通すための重要指標は顧客生涯価値（CLTV）だ。マーケティングにおける10の重要指標を締めくくるこの指標は、顧客の将来的な収益性を定量化する。

重要指標⑩：顧客価値指標
顧客生涯価値（CLTV）＝ 顧客が将来にわたってもたらす価値

　第6章では、この指標と、顧客生涯価値ベースのマーケティング意思決定について、詳細に説明していく。顧客が今後もたらす価値を定量化する

CLTVは、将来を見通す指標であるというのは重要なポイントだ。コンチネンタル航空、ロイヤル・バンク・オブ・カナダ、ハラーズ・エンターテインメント社をはじめとして、本書で事例として取り上げる各企業は、CLTVを積極的に活用して、マーケティングのリアルタイム意思決定を実現している。

マーケティング・プログラムやキャンペーンを評価するためのスコアカードは、マーケティング類型ごとにカスタマイズされている必要がある。しかしながら、指標の大まかな類型は、戦略的（先行・将来指標）、戦術的（遅行・過去指標）、運用上（内部プロセス管理）の3種類にまとめることができる。将来を見通す戦略的指標の代表的なものは、ブランド認知率、顧客満足度などだ。加えて、比較検討・評価マーケティングにおける試乗（お試し）や、顧客がもたらす将来価値の予測モデルにおけるCLTV指標なども、ここに分類される。戦術的な財務指標は、需要喚起型マーケティングやキャンペーン施策の一部に適用される。運用上の指標は、マーケティング部門の業務の内部管理において、キャンペーンがどれだけ効率的に運用されているかを評価するのに使われる。

どういったキャンペーンで、どういった測定指標がスコアカードで使われるべきかは、キャンペーンの類型と、事業上の文脈に応じて決定されることになる。**図表3.3**は、具体的な指標例を含めた、マーケティングにおけるバランス・スコアカードの考え方のまとめだ。

有用性の高いスコアカードを作成するためには、まずマーケティング担当者が自分のキャンペーンの目的をしっかりと考え抜き、**図表3.3**のどのタイプに該当するかを理解する必要がある。キャンペーンは、大局的な計画に沿って設計され、効果測定指標はその活動内容に応じて選定されることになる。たとえば、認知率の向上と売上高の拡大という、2つの目的を担うキャンペーンの場合に選択されるべき効果測定指標は、前者の目的にはブランド認知率や顧客満足度、後者の目的には需要喚起型マーケティング向けの各種財務系指標や、運用効率を測るオファー応諾率となり、さらに、それらに当該キャンペーン特有のコストや成果指標も加味される、といった具合だ。

図表3.4は、個々のマーケティング活動のスコアカードとマーケティング部門長（CMO）レベルのスコアカードがどのように結びついているかの全

図表 3.3 マーケティングのバランス・スコアカード

	効果測定のヒエラルキー
戦略的 (将来指標)	先行指標として使える測定値 例：ブランド認知率、CSAT、CLTV、試乗（お試し）
戦術的 (過去指標)	具体的なキャンペーンや戦術の効率性を測る指標 例：売上高、リード・コンバージョン（見込み客の顧客化）
運用上 (内部プロセス管理指標)	施策実行の効率性を測る指標 例：オファー応諾率、広告費、運用費用

体像を表している。経営幹部層が注視すべき全体に共通する成果指標を抽出・集約するというのが、基本的な考え方だ。個別のキャンペーンレベルのスコアカードには、キャンペーン横断での評価指標とキャンペーン特有の指標とが混在する。

具体例で説明しよう。1990年代初頭にグローバルなクレジットカード事業において、VISAカードとの熾烈な競争を繰り広げていたマスターカードは、サッカーのFIFAワールドカップへのスポンサーシップを行う意思決定を行った（注2）。マスターカード・インターナショナルのグローバル・プロモーション責任者のマッケベニーによると、この時の戦略的なビジョンは、「マスターカードのポジショニングを、米国中心のクレジットカード会社から、真にグローバルな決済サービス提供企業へと変貌させ、ブランドを確立する」と明確化されていた。これをもとに、マスターカードはスポンサーシップ戦略を、以下の事業上の獲得目標と結びつけた。

- **ブランド認知の向上**：試合のテレビ中継において、90分中7.5分相当のブランド露出を獲得することを通じて、ブランド認知を向上させる。その広告コストは、1000人へのリーチあたり0.4ドル程度の見込み。
- **カード利用の促進と新規ユーザー獲得**：ワールドカップに対する世界から

図表3.4　マーケティング組織のスコアカード

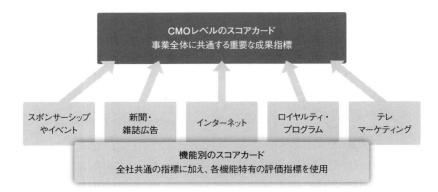

の注目度の高さを活用して、カード利用の促進と新規ユーザー獲得を実現する。世界中のカード発行会社に対して、特定用途のカード利用や利用活性化、新規加入を促進するマーケティング・プログラムを各国別で実施することを、マスターカードがサポートする。

- **カード発行会社への事業機会の提供**：来店客数の増加、Maestro（訳注：マスターカードのオンラインデビットカードサービス）やトラベラーズチェックといった関連商品とのクロスセリング、ATM利用の拡大、マスターカード取り扱いの拡大や優遇といった加盟店主導のプロモーションの実行を、カード発行会社が店頭プロモーションを通じて実現できるようにする。
- **マスターカードのグローバルな決済システムとしてのブランドイメージの向上**：世界中で人気のスポーツであるワールドカップとマスターカードとのつながりを長期にわたって訴求し続けていくことを通じて、グローバルなイメージを向上させる。

ここで、マスターカードはB2B企業であり、チャネル・パートナーとなるカード発行主体の銀行にライセンス供与を行うことが主事業であるというのは、興味深い事実だ。したがって、マーケティング・プログラムを通じた

事業上の獲得目標の対象は、最終消費者だけでなく、カードを発行する銀行も含まれる。また、このFIFAワールドカップへのスポンサーシップは、基本的には認知率向上とブランディングを目的としたものであったが、それに加えて、カード利用の促進と、新規ユーザーの獲得を通じた売上高の拡大、すなわち財務系指標で効果測定が可能な需要喚起型マーケティングとしての側面も併せ持っていた。この事業上の獲得目標に基づいて、数年間にわたるFIFAワールドカップへのスポンサーシップが戦術レベルに落とし込んで実行され、各地域において実施前と実施後の比較を行うスコアカードが作成された。

　スコアカードでは、対消費者と対カード発行銀行で、それぞれ異なる効果測定指標群が設定されていた。対消費者では、ブランドおよび認知率関連の指標に焦点が当てられ、実施前と実施後を比較するための調査では、以下のような具体的なブランドイメージの変化を理解するために必要な質問項目が採用された。

- スポンサーシップの実施によって、VISAカードとの認知率の差は縮小したか？
- マスターカードがワールドカップへのスポンサーシップを行っていること自体の認知率は上昇したか？
- ワールドカップへのスポンサーシップの認知率は、VISAカードがオリンピックへのスポンサーシップを行っていることについての認知率と同等以上か？

　ほとんどの地域において、マスターカードはこれらの項目で実施前に比べて大幅な改善を定量的に確認することができた。
　一方で、対カード発行銀行においては、スポンサーシップを通じてどれだけ事業機会を創出することができ、またカードの新規ユーザー獲得や売上の拡大を実現できたかに関する指標に焦点が当てられた。つまり、カード発行銀行に関するスコアカードは、需要喚起型の指標がほとんどであった。実際の新規ユーザー獲得数および売上高のデータに加えて、各地域における実施

前後のアンケートの結果も補完情報として活用された。

　FIFAワールドカップ・スポンサーシップのプログラム実施結果は目覚ましいものだった。世界中でブランド認知率の向上が定量的に確認され、カードの新規ユーザーや使用頻度も飛躍的に拡大し、マスターカードの売上高や収益性といった数字も改善された。このキャンペーンにおいては、カード発行銀行も多大な貢献を果たした。カード発行上位100社中75社を含め、総計450社以上ものカード発行銀行が、このグローバル・プロモーションに何らかの形で参画し、これらの企業を合わせると、3800万ドルにものぼる費用がスポンサーシップ関連のマーケティングに投じられた。参画企業の満足度もスコアカードに含まれていたが、87％のカード発行銀行がこのスポンサーシップは彼ら自身のマーケティング上も価値をもたらしたと回答した。

　この事例は、マーケティング・プログラムの設計から実行までのプロセスにおいて、スコアカードがどのように活用されるかをよく表している。優れたマーケティング・プログラムの設計は、キャンペーン全体を包含する戦略ビジョンを明確にすることから始まる。このビジョンをもとに、重要な事業上の獲得目標（KBO: Key Business Objectives）が導き出され、そこから戦術的な実行フェーズへとつながっていく。そして、バランス・スコアカードには、KBOおよび実行フェーズに関連した測定指標が使用される。あらゆるキャンペーンには、明文化された戦略ビジョンと、それを支えるKBOが存在するべきだ。そしてキャンペーンの戦術的な実行プランが策定され、スコアカードを使ってKBOにつながる重要指標の実施前後比較が行われる。

　スコアカードの仕事に取り組むことは、マーケティング・スキルを向上させる実践的なトレーニングにもなる。キャンペーン設計の初期段階において、どのような効果測定指標をスコアカードに採用し、具体的にどうやって各指標を測定するかについて、マーケティング・チーム内で数時間かけてブレインストーミングするのだ。1つのキャンペーンのスコアカードには、実際の成果との関連が強い指標を、4、5種類か、多くとも10種類以内に絞ることが必要だ。実際にこの作業を、経営幹部に何度もやってもらっているが、そのたびに各カテゴリーにおいて成果と強くリンクした3〜5種類の指標の特定と、その測定方法について非常によく考え抜かれたスコアカードが作成さ

れる。

　上流工程において、効果測定を前提にキャンペーン設計が行われれば、実施後の下流の工程で成果を測ることは非常に容易になる。しかしながら、入り口においてビジョン、KBO、測定指標、成功の基準等がしっかり決められていない場合、キャンペーンの成果も曖昧で評価しにくいものとなってしまう。このため、適切なスコアカードを最初に作成しておくことは、いわば99％の価値を生み出すために最初に取り組むべき1％の努力なのだ。キャンペーンが成功した場合には、スコアカードの情報は追加投資の意思決定を支える実績としての裏付けとなる。一方で、キャンペーンがうまくいっていない場合にも、スコアカードの情報により、悪い兆候を早く見通すことが可能だ。

　総括しよう。マーケティング・キャンペーンのスコアカードを作成することは、比較的簡単なことだ。**図表3.3**を起点にし、2、3時間作業に費やせば、あなたが実施しようとしているキャンペーンに最適なものを作り出すことができるだろう。その簡単なプロセスを経て、測定とデータのトラッキングをできるようにしておくことが、データ・ドリブン・マーケティングに欠かせない重要な第一歩になるのだ。体系的に効果測定を行うことができるマーケティング担当者は、昇進が早い。また、自分の仕事が生み出す価値を、スコアカードのデータを使って実証的に示せることから、市場環境が厳しい状況でも引く手あまたの人材になりやすい。

B2B企業が直面する測定の課題とその解決法

　B2B企業は、最終消費者から1段階遠い場所に位置していると言える。多くのB2B企業の商品は、OEM供給・販売を行った先の組立メーカーが最終製品に仕上げ、販売代理店あるいはその他の販売チャネル（通常の小売またはインターネットチャネル）を介して最終顧客へと販売されることになる。OEM供給を行っているB2B企業は、最終顧客が誰であるかを把握できていない場合がほとんどで、そのためB2B企業にとって、比較実験を実施した

り、マーケティング効果測定を実行したりすることの難易度は高い。

　B2B 企業におけるマーケティング効果測定が難しいことは事実だが、実現は可能である。次の事例を通じて説明しよう。マイクロソフトは、商品のほとんどを間接的なルートで販売している。同社のソフトウェアの多くはデル、HP、ソニーをはじめとした PC メーカーが製造するパソコンに組み込まれ、これらのメーカーからインターネットチャネル、ベスト・バイ、ウォルマートやその他無数の小売業者を通じてユーザーに販売される。前述の通り、マイクロソフトが直面する大きな課題は、いったい誰が自社商品を購入しているかを把握できないことだ。また、マイクロソフトは、PC メーカーとの共同マーケティングに多大な費用をかけている。

　PC メーカーによる比較検討・評価マーケティングは、購入を検討している消費者が、数ある選択肢の中から自分にとって最適なパソコンを選択することを手助けする目的で設計される。PC メーカーによるパソコンの比較評価広告の典型例は、様々なモデルの機能や特徴を詳細に記載した表の形式だ。多くの場合、このような広告の中で、「［PC メーカー名］はマイクロソフトの［製品名］を推奨します」と記載する形の共同マーケティングが適用されているが、これはマイクロソフトにとって費用対効果を最大化させるやり方と言えるだろうか。

　このことを検証するために、マイクロソフトは従来の比較評価型広告と、より製品体験に焦点を当てた広告とを比較する実験を、たびたび行っている。**図表3.5**は、2009年のウィンドウズ7発売時に使用した、「製品体験訴求型」のテスト広告だ（ConToSo 社はこの検証実験用に作られた架空の PC メーカーである）。この新製品発売マーケティングでは、ウィンドウズ7に関する、以下の3つのメッセージを訴求することを目的とした。

(1) ウィンドウズ7は、日々のタスク実行をシンプル化する。
(2) ウィンドウズ7は、あなたの思い通りに機能する。
(3) ウィンドウズ7を使って、新しいことができるようになる。

　というのも、ウィンドウズ7はより速く、信頼性が高く、ワイヤレス機能

| 図表 3.5 | ウィンドウズ7の新製品発売時の比較実験で使用された製品体験訴求型印刷広告 |

（コピー文）見晴らしがよい PC
コントソ・コンパニオンを使うと、PC が生まれ変わったように感じるはずです。
洗練された外観と、多彩な機能を兼ね備えるコンパニオンは、速い処理速度、卓越したワイヤレス接続、マルチメディア機能、低消費電力を実現します。

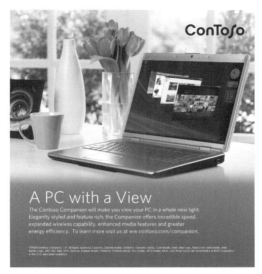

出所：マイクロソフト マーケティング部門

が向上し、マルチメディア取り扱い能力も改善し、電力消費が減っており、これらの組み合わせによって変貌したユーザー体験により、あなたは「パソコンをまったく新しい目で見るようになる」のだ。

図表3.6は、マイクロソフトのメディア・センター・エディション（MCE）において、比較評価型広告と製品体験訴求型広告の効果を比べる実験を行った際のデータだ。MCE は、パソコン上であらゆるマルチメディアを集中管理できるようにするソフトウェアだ。このソフトウェアに関する広告の効果検証を行うために、マイクロソフトは実験調査の対象者を4つのグループに分けた。350人の対象者で構成される各グループは、それぞれ異なる印刷広告を提示され、提示前後に様々な質問への回答を求められた。コントロール

| 図表3.6 | メディア・センター・エディション（MCE）に関するマイクロソフトとPCメーカーの共同広告における体験訴求型と従来型の効果比較表 |

	広告提示前後の変化度合い				広告提示後における評価		
	ウィンドウズPCを購入する可能性	次に購入するPCでMCEを利用する意向	次に購入するPCでウィンドウズ7を利用する意向	ウィンドウズ7への好感度	マイクロソフトブランドの認知度	マイクロソフトロゴの認知度	マイクロソフト製品の詳細情報の認知度
従来型比較評価（コントロール群）	++	++	+++	++	+++	++	++
マイクロソフトブランドでの製品体験訴求	+++	++++	−	+	++++	++	++
PCメーカーブランドでの製品体験訴求	+++	++++	++	−	+++	++	++
共同ブランドでの製品体験訴求（Mercury）	+++	+++++	+++	+	++++	+++	+++

出所：マイクロソフト マーケティング部門

（対照）群の対象者は、従来の製品スペック比較評価型広告を提示された。それ以外の3つのグループには、**図表3.5**のような製品体験訴求型広告が提示された。ただし、広告内でのブランド表記のあり方が3つのグループごとに異なっており、それぞれ(1)マイクロソフトブランド表記のみ、(2)PCメーカーブランド表記のみ、(3)PCメーカーとマイクロソフトの共同ブランド表記、となっていた。

結果は**図表3.6**の通りだ。機密情報なので、具体的な変化を数値として記載することはできないが、広告提示前後で対象者のマイクロソフトへのイメージ・意識がどのように変わったかが、「−」は若干悪化、「++」はやや改善、「+++」は大きく改善、「++++」は非常に大きく改善といった形で表現されている。具体的に聞かれた質問の例としては「あなたのウィンドウズ搭載パソコンの購入意向はどの程度ですか？」や「あなたが次に購入するパソコンでMCEを使用する意向はどの程度ですか？」などが挙げられる。

結果は非常に興味深いものだった。まず1行目にある通り、コントロール群では、広告提示前後で、悪くないが、素晴らしくもないというような変化

が見られた。よくある問題だが、製品スペックや機能比較の表は、消費者にとって解読が難しいのだ。処理能力や速度、ビットやバイトといった情報を羅列するものの、MCEによってもたらされる具体的なメリットが明確に表現されていない。一方で、製品体験訴求型広告では、ソフトウェアを使って具体的に何をできるのかのイメージが描かれている。身の回りのメディアを一元管理できるのだ。

　広告提示前後の変化データを見ると、製品体験訴求型広告を提示された方が、比較評価型広告を提示されたコントロール群よりも明らかに改善幅が大きい。しかしながら、この事例の特に面白いところは、ブランド提示方法の最適化の部分だ。PCメーカー単体のブランド表記が良いか、マイクロソフト単体が良いか、あるいはPCメーカーとマイクロソフトの共同ブランドが良いか、という部分だ。

　結果としては、PCメーカーとマイクロソフトの共同ブランディングの形をとった製品体験訴求型広告が、最も良い改善幅・変化を生んだ。購入意向やソフトウェアの使用意向は最も高い数値にのぼり、広告提示後に聞かれたブランドやロゴに関する質問でも、非常に高い認識率であった。これは、1＋1が時には10になり得るということを示す好例だ。PCメーカー、あるいはマイクロソフト単独ブランド表記の広告では、「ウィンドウズ7を好ましく思う」や「ウィンドウズ7を使用する意向がある」といった項目で改善が見られなかった。しかしながら、同じ広告でも、共同ブランドとして2社のロゴを併記しただけで、消費者の反応ははるかに好意的なものへと変化したのだ。

　この事例は、マーケティング効果測定や比較実験の方法に関する、複数の重要論点を浮き彫りにしている。まず、データ入手が困難なB2B企業の場合においても、顧客へのアンケートの結果を、実際の顧客データの代理指標として使うことが可能だという点だ。次に、非財務系の指標でも、将来価値を見通す目的で使うことができるという点だ。この考え方については、次章で詳述する。ここでは、「購入意向」が実際の将来の売上高につながる指標であり、したがって、比較検討・評価マーケティングの成果を測るのに使用できるということを確認しておきたい。

この実験の結果を受けて、マイクロソフトはPCメーカーとの共同マーケティングへの支出を大幅に拡大させた。もちろん、ここで彼らが支出を増加させることで期待できる効果は、今回の実験で確認された項目の改善だ。PCメーカーは、この動きを大歓迎した。マイクロソフトは、共同マーケティングのやり方を最適化することで、自社だけでなく、OEM供給先であるPCメーカーの収益性も改善させたのだ。

　正直な話をすると、マーケティング効果測定の研究に取り組み始めた当初、私はアンケートやグループインタビューをもとにした、「購入意向」のような定性的な情報を使用することに対して、強い猜疑心を抱いていた。もともと科学やエンジニアリングという定量的な性質の非常に強い分野で、「精確な答え」を計算することに慣れ親しんできた私には、違和感が強かったのだ。しかしながら、アンケート結果に基づく調査・研究を繰り返すうちに、マーケティングにおいては、「間違っている」状態から、「大体合っている」に修正することによって大きな価値がもたらされるということがわかってきた。そして、私も定性的なデータを重宝するようになった。

　1人や2人を対象に「購入意向」を尋ねても、結果は信頼に足るものにならないことは間違いない。しかし、対象者に広告を提示し、その後で同じ質問をするということを、350人に対して繰り返せば、そこには統計的有意性が生まれる。結論としては、定性的なデータは有用だが、サンプルサイズが十分に足りていることがその前提になるということだ。

　実際的な目安として、アンケート結果に基づいて判断する場合、100人のサンプルがあればそこそこ良いし、300人を超えれば、かなり信頼性が高いと言えるだろう。ただし、1人の人に対する詳細な個別インタビュー調査や、6〜10人を対象にしたグループインタビュー、あるいは30〜50人を対象にした小規模なインターネット調査などが、消費者インサイトをつかむのに非常に役立つことも多々ある。小規模サンプルは、スピーディなテストマーケティングや実験には向いているが、そこで得られるインサイトは特殊・例外である場合があり、全顧客や他の地域への一般化が難しい場合もあり得るということには留意しておくべきだ。私としては、実験を通じて、早い段階で失敗して問題点を洗い出し、うまくいく方法へと改善・調整を繰り返してい

く方が、何の測定もせずに大型投資を行って、大金をドブに捨てることになるよりは圧倒的に良いやり方だと考えている。

> **この章のポイント**
> - マーケティング活動の類型に応じた適切な効果測定指標が様々に存在する。
> - 50％以上のマーケティング活動に対して、財務的な評価指標が適用可能である。
> - 財務系指標が使えない場合、将来の売上につながる先行指標を見つけることが重要となる。
> - キャンペーンに先立ってマーケティング・チーム内でしっかり議論し、スコアカードを用意して、あらゆるマーケティング・プログラムやキャンペーンが、バランス・スコアカードを使って評価されるようにしよう。
> - B2B企業は、アンケートやグループインタビューを効果的に使うことで、顧客データの不足を補うことができる。

第II部

マーケティングの成果を劇的に向上させる15の指標

第4章

5つの重要な非財務系指標
①ブランド認知率、②試乗(お試し)、③解約(離反)率、
④顧客満足度、⑤オファー応諾率

第5章

投資リターンを示せ！
4つの重要な財務指標
⑥利益、⑦正味現在価値(NPV)、⑧内部収益率(IRR)、⑨投資回収期間

第6章

すべての顧客は等しく重要……ではない
⑩顧客生涯価値(CLTV)

第7章

クリックからバリューへ
インターネット・マーケティングの重要指標
⑪クリック単価（CPC）、⑫トランザクションコンバージョン率（TCR）、
⑬広告費用対効果（ROAS）、⑭直帰率、⑮口コミ増幅係数（WOM）

第 **4** 章

5つの重要な非財務系指標

①ブランド認知率
②試乗(お試し)
③解約(離反)率
④顧客満足度
⑤オファー応諾率

ブランドイメージの形成
重要指標①ブランド認知率

　ブランディングは、マーケティングの中でもとりわけ魅惑的で、非常に特殊性の高い活動だ。ブランディングとは、顧客がどう感じているかがすべてだ。たとえば、ボトル詰めの飲用水について考えてみよう。純水というのは無味無臭の、水素原子2つと酸素原子1つが結合したH_2O分子からなる液体で、地球の表面の約7割は水で覆われている。つまり、水というのは、非常にシンプル、かつ、ありふれた存在である。しかしながら、ペットボトル水のブランドの豊富さには、目を見張るものがある。たとえば、アイス・マウンテン、アクアフィーナ、ガイザー・ピーク、ポーランド・スプリング、ダサニ（訳注：いずれも米国で販売されているペットボトル水の商品ブランド）などのブランドを私は思い浮かべる。

　同じ水ならば、なぜ1本25セントで売られているスーパーのプライベート・ブランドではなく、1本2ドルもする商品をわざわざ買うのだろうか。こういう話を講義ですると、必ず学生から「中身は全然違うものです。私が飲んでいる水は、アルプスの高地の湧き水なんですよ！」と強い反発を受けるのだが、山奥で人が手作業で月に100万本単位のボトルに水を詰めているわけでもなかろう。炭酸があり、きれいな緑色の瓶に入ったペリエが他とは違うというのは、私にもわかる。ダサニの場合は、「ミネラル」を差別化要素として謳っていて、彼らの場合は青いペットボトルを採用した。

　ペットボトル水は、ブランドの力を端的に表している。ブランド力がある商品は、中に入っている物質だけではなく、感情や体験、知覚品質などの価値によって、消費者が高い対価を払ってでも欲しいと思わせることができるのだ。このような、ブランドの価値あるいはブランド・エクイティ（資産的価値）というものは、金額で定量化することが極めて困難だ。

　ブランド・エクイティを測るやり方としては、株価ベースの企業価値から、各種推定に基づいて有形資産の価値を差し引き、残った部分を無形のブランドの価値として扱うというやり方がある。この手法の問題点として言えるのは、計算過程において様々な推測を重ねる必要があり、引き算で算出された

ブランド・エクイティの数字の妥当性が怪しくなってしまうというところだ。

これよりも良い手法として、消費者への質問調査で、ノーブランドの類似商品と比べて、当該ブランドの商品にどれだけ高い価格（プレミアム）を支払ってもよいかを尋ねるというやり方がある。このプレミアム価格の数字に、実際の販売数量を掛け合わせた結果が、ブランド価値の概算値となる。ただし、これはあくまでも概算の推定値であることに注意する必要があるし、ブランド価値を高めるマーケティング活動の成果を財務系指標で測ることは基本的に不可能である。私は、こういった財務系指標を使ったアプローチではなく、ブランド・マーケティングの効果を測るには、非財務系指標を使うことを推奨する。本章では、非財務系指標を使ってブランド・マーケティング・キャンペーンの成果を最大化する方法について説明していく。

消費財企業におけるブランド・マーケティング

前章図表3.2の購買サイクルを考えた際に、高い認知率を誇るブランドは、消費者の比較評価段階において、真っ先に検討する対象になりやすい。消費者のブランドに対するイメージは、時間とともに変化するものであるため、企業はブランディング活動に常に取り組み続けなければならない。たとえば、フィリップス社が製造販売する、非常にきれいな深剃りを実現する電気シェーバーの事例を見てみよう。本製品が発売された時期、T字カミソリ最大手企業のジレット社の巧妙なブランディング活動の成果などによって、消費者の間では、電気シェーバーよりもT字カミソリの方が深い剃りが実現できるというイメージが形成され、電気シェーバーの人気は衰えてしまっていた。ジレットのT字カミソリとフィリップスの電気シェーバーの事例は、いかに消費者のイメージが重要で、往々にして製品スペック以上の影響力を持つかということを明確に示している。

2007年のクリスマスシーズンに、フィリップスはオランダにおいて、ニベア・フォー・メンという新しい電気シェーバーのブランディング・キャンペーンを開始した。そのテーマは、美しい女性のロボットが、シャワーの中

図表 4.1　フィリップスの電気シェーバー「ニベア・フォー・メン」のブランド広告

　　　　（a）テレビ広告　　　　　　　　　　　（b）ポスター、ダイレクトメール

出所：フィリップス社コンシューマー・ライフスタイル部門、イプソス社 ASI

で電気シェーバーを使って髭を剃る男性を手助けするというものだ。もちろん、この広告のターゲットは男性だ。キャンペーンは、テレビ広告、MTVでのプロモーション、駅の看板広告、ダイレクトメール、特設ウェブサイトを使った統合型マーケティング・コミュニケーション（IMC）として展開された。**図表4.1**は、このキャンペーンで使用されたクリエイティブの例だ。

　イギリスの調査会社イプソス社は、ブランドに対する消費者認識を把握するために、週次でターゲット層の男性120人に対するアンケート調査を実施した。以下は具体的な質問の例だ。

- 電気シェーバーについて、最近見たり、聞いたり、読んだりしたことについて思い起こしてください。色々な媒体での広告、スポンサーシップ、その他プロモーション活動を含めて、あなたは以下のブランドの電気シェーバーについて見たり、聞いたり、読んだりしましたか？
- あなたは、［具体的な媒体の広告］を見たり、聞いたり、読んだり、体験したりしましたか？

　助成認知率（訳注：消費者に特定のブランドの広告等を見せた場合に、それがどのブランドの広告であるかを認知している割合）を把握するために、各種の広告を見せた上で、「これはどのブランドの広告ですか？」という質問もな

| 図表 4.2 | フィリップスの電気シェーバー「ニベア・フォー・メン」の
キャンペーンにおける週次広告トラッキングデータのサンプル |

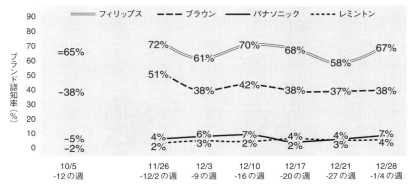

母数となる回答者数：10/5-12の週は313、11/26-1/4の期間は各週120

出所：フィリップス社コンシューマー・ライフスタイル部門、イプソス社 ASI

された。また、商品ごとの認知率の、週ごとの時系列変化を把握するために、「あなたはフィリップスの電気シェーバーを認識していると回答されましたが、以下のどのフィリップス製シェーバーをご存知ですか？」という質問も行われた。

購入意向については、「今後あなたが、フィリップスのニベア・フォー・メン・ブランドの電気シェーバーの購入を検討する可能性について、最も良く表しているものを以下の中から選択してください」という質問を使った。

図表4.2は、最初の質問への回答をまとめたものだ。キャンペーン開始前の10月5〜12日の週のフィリップスの認知率は65％で、競合ブランドの中で最も高い認知率は38％だった。これを、キャンペーン前の基準値とする。キャンペーン開始後のデータによると、立ち上げ当初に認知率のピーク値が記録され、広告投入が最大化された12月中旬に認知率が再度上昇していることが見て取れる。同じ時期のデータで、実際の広告クリエイティブを見せられたターゲット層の86％が、過去に見覚えがある広告だと回答している。しかしながら、広告認知率は往々にして、市場シェアの大きさを反映するだけの結果になることが多い。キャンペーン実施前後でのブランド認知率を、

図表4.3 フィリップスの電気シェーバー「ニベア・フォー・メン」の商品認知率および購入意向のキャンペーン前後比較

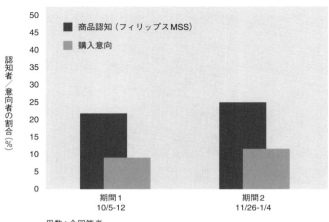

母数：全回答者

出所：フィリップス社コンシューマー・ライフスタイル部門、イプソス社ASI

商品レベルで比較する方が有意義な発見につながることが多いので、次にそれを見る。

図表4.3は、キャンペーン実施前後の、商品レベルでのブランド認知率および購入意向の変化を表している。ニベア・フォー・メンの商品レベルでのブランド認知率は、キャンペーン前の22％から実施後には25％へと上昇し、購入意向は9％から12％へと上昇した。これは、3カ月という比較的短い時間軸における新製品発売マーケティングのインパクトを示している。加えて、第3章で説明したように、購入意向は将来の売上の先行指標であるため、この調査では、ブランド認知率だけでなく購入意向を測ることで、次のトライアル段階の見通しを可能にしている（前章**図表3.2**参照）。

しかしながら、認知率の変化を数字で捉えるだけでは十分とは言えない。その変化の背景にある理由、すなわち何が認知率上昇につながったのか、キャンペーンのどの要素が機能して、何がうまくいっていないのかについても理解する必要がある。認知率向上の広告を評価する手法として広く使われているのは、1000インプレッション（接触者数）あたりの単価を表すCPM

図表 4.4　ブランド想起と広告認識の2軸による、認知率向上マーケティングの評価と最適化

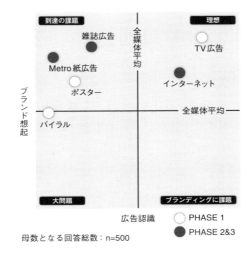

出所：イプソス社 ASI

という指標だ。CPM は、テレビ、雑誌、新聞、ダイレクトメール、インターネットなど各媒体における広告のインプレッション数（接触者数）を推定し、投下費用をこのインプレッション数で割ることで算出される。そして、CPM が最も低い媒体が最も効率的ということになるのだ。しかしながら、この方法ではマーケティングとしての効果が考慮されない。効果とはすなわち、当該広告が実際にブランドに抱く消費者のイメージに影響を与えることができたか否か、という点だ。

　広告で非常によくある失敗は、クリエイティブの好意度は高いものの、消費者がどのブランドの広告であったかを覚えていないというものだ。**図表4.4**は、フィリップスのニベア・フォー・メンのキャンペーンに関して、消費者による広告自体の認識と、広告をブランドと正しく結びつけられるかどうかを図にまとめたものだ。調査対象者はまず、何も見ない状態で、記憶に残っているシェーバーの広告があるかどうかを聞かれる（非助成広告認識）。次に、実際の各種の広告クリエイティブを見せられた上で、「この広告はど

のブランドの広告だと思いますか？」と聞かれる（助成ブランド想起）。

　ブランド想起と広告認識の双方が高いのが、**図表4.4**の右上の象限だ。これは理想的な状況で、フィリップスのニベア・フォー・メンの場合は、テレビとインターネット広告がここに該当する成果をあげた。ブランド想起は低いが、広告自体の認識は高いというケースは右下の象限で、これはキャンペーンの到達度は問題ないが、ブランディングに課題があるという状況だ。今回のフィリップスの事例においては、ここに該当する媒体はなかった。一方、**図表4.4**左上の象限である、ブランド想起は高いが、広告認識が低いというケースは、この事例において複数見受けられた。これはブランディングの伝わり方は問題なく機能しているが、広告自体が消費者に届いていないという課題だ。この場合には、クリエイティブに消費者の関心を得るぐらいのインパクトを持たせるか、あるいは掲載場所を改善することで消費者の目に届きやすくできないか、といったことを自問し、改善につなげていく必要がある。

　ブランド想起と広告到達度の双方が低い左下象限は、当然ながら最も好ましくない状況だ。今回のキャンペーンでは、「口コミ（バイラル）」がここに位置づけられている。とはいえ、イプソス社の幹部、ジェイミー・ロバートソンは、次のように語っている。「キャンペーンにおいて、うまく機能していない要素を見つけたからといって、それをすぐにやめてしまうことが必ずしも正しいとは言えません。マーケティングがどのように機能して、どこを中心に機能していないかを再評価することによって、効果を改善していく方法を探るべきなのです」。

　図表4.5は、ブランド認知率向上における各媒体（テレビ広告、ダイレクトメール、ポスター、MTV広告など）の重要性と、それらの各媒体で実施された広告の認識率の2軸で今回のキャンペーンを分析したものだ。この詳細な分析により、ポストカード、MTV、バイラルの施策は、ブランド認知への貢献が限定的だったことがわかった（**図表4.5**の左下象限に該当）。この結果をもとにイプソスは、これらの媒体からインターネット、新聞、雑誌、ポスターといった、ブランド想起は高いが、到達度が不足している媒体へと予算をシフトすることを提案した。

図表 4.5　各媒体のブランド認知に影響する重要性と、広告認識の2軸による、認知率向上マーケティングの最適化

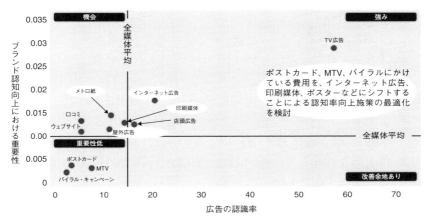

出所：イプソス社 ASI

フィリップス社コンシューマー・ライフスタイル部門のグローバル・コミュニケーション責任者であるサブリナ・トゥッチは以下のように語っている。

「認知率向上マーケティングの効果測定によって、この商品のブランド認知率や購入意向の把握だけでなく、将来の新製品発売キャンペーンでの施策最適化に向けた知見を、組織として蓄積することができました。データ・ドリブンな認知率向上マーケティングによって、対象市場やターゲット消費者に関する価値あるインサイトも得られました。これらの学びによって、事業部やマーケティング部門によるコミュニケーション戦略の策定が、大きくレベルアップしました」

この事例で私が特に素晴らしいと感じるのは、効果測定や将来のキャンペーンの最適化を前提に、キャンペーンが設計されていた点だ。ブランドおよび商品レベルの認知率を測り、キャンペーン構成要素の効果を検証するための質問調査が実施されていたおかげで、有用な分析結果や発見が得られた

のだ。キャンペーンの結果、フィリップスの電気シェーバーは、爆発的にというわけではないが、目標に沿った売上の成長を達成した。一部のフィリップス幹部は、このキャンペーンが短期的な視点で高いROIを生まなかったことに不満を述べたが、キャンペーンの狙いは短期の財務指標を改善することではなく、現在電気シェーバーを購入していない消費者層に、ブランドに対するイメージを理解してもらい、将来的な購入意向を高めてもらうことであった。この目的に対し、キャンペーンは大きな成果をあげた。加えて、データに基づくアプローチによって、今後実施するキャンペーンにおける費用配分の最適化に関する知見も得ることができた。

　データというものは、良きにつけ悪しきにつけ、仕事の結果の明暗を明確に示してくれる。たとえば、「このブランドイメージの変化は、投じたマーケティング支出に見合った価値のあるものか？」といった、評価は難しいものの、事業にとって重要な議論が、データによって可能となる。こういった質問を投げかけ、議論していくことを通じて事業戦略上の獲得目標とマーケティング支出とを整合させ、また費用配分を最適化していくことができるのだ。ただし、そのためには、すべてのマーケティング活動についてROIを計算する必要があるわけではないし、特にブランディング活動を財務的な指標で評価することはほぼ不可能であるという事実を、経営幹部にまず理解してもらう必要がある。財務指標で直接評価ができなくとも、将来の売上につながるような重要な非財務系のブランド認知指標を見極め、消費者のブランドイメージの変化を観測することを通じてマーケティングの成否を評価することは可能だ。

　図表4.4および4.5のようなブランド・キャンペーン最適化作業を自社で実施することは難しいと感じるかもしれない。その場合、初めから同じような詳細な分析を目指すのではなく、まずは地域限定で簡単なブランド・サーベイを実施することから始めればよい。キャンペーン実施によって、消費者認知がどう変化したかを確認する。その次のステップとして、もう少し詳細にブランドや商品想起、そして個別広告の認識に関する質問を追加していくことで、図表4.4や4.5と同様の分析ができるはずだ。これをもとに、具体的にどの媒体がブランド構築に貢献しているのか、あるいは何が機能して何

がうまくいっていないのかを見極めることができる。

B2B企業におけるブランド・マーケティング

　消費財企業とB2B企業のブランド・マーケティングには、驚くほど多くの共通点がある。B2Bにおけるブランディングの目的は、消費者に伝わりにくい商品やサービスの魅力を、顧客に認識してもらうことだ。たとえば、インテル社は「インテル、入ってる（訳注：英語では"Intel Inside"）」というコピーを使ったブランディングによって、パソコン業界に革命的な変化を起こし、デュポン社はNASCARへのスポンサーシップを通じて、自動車用塗料のブランディングを行っている。

　B2Bビジネスにおける消費財ビジネスとの大きな違いは、直接の販売先だけが顧客なのではなく、その先の企業や最終消費者も顧客であるという点だ。このため、販売代理店やOEMパートナー向けと最終消費者向けとで、異なるブランド・マーケティングを展開する必要が生じ得る。たとえば、デュポンはブランド構築と、取引先との良好な関係づくりのために、毎年2万社にのぼるB2B「パートナー」企業をNASCARイベントに招待している。しかしながら、ブランド・マーケティングの効果測定における基本的な考え方は、消費者向けでも企業向けでも変わらない。

　ナビスター社は、「インターナショナル」というブランドの大型トラックやスクールバス、軍用車両を製造する企業で、売上高は141億ドルにのぼる。このナビスターの子会社、ICバス社はスクールバス市場におけるトップメーカーだ。2009年の世界的な不況に伴い、トラックおよびバス市場は大きく落ち込み、同社も危機的な状況にさらされた。しかし、このような状況下でも、ICバスは限られた予算の中で、最大限の革新的な商品開発とブランド構築を進めていった。地球温暖化や環境問題に対する世間の関心が高まり続ける中、市場で唯一のプラグインハイブリッド式のスクールバスという差別化された商品を展開することで、ICバスは競合とは異なるポジショニングを実現していた。

ICバスはまず、カリフォルニア州サクラメントにおいて、ラジオ広告を使ったパイロット・キャンペーンを小さく展開し始めた。ここでの大局的な目標は、25～49歳の母親という影響力の強い消費者層のブランド認知を向上させることだった。そのために、スクールバスを利用することのメリットを小さな子供が説明する形のラジオ広告が展開された（注1）。

- 全米スクールバス協会によると、スクールバスを1台導入すると、送迎用の自家用車の稼働を36台削減できる。スクールバス全体では、送迎のために走る車を年間で1730万台も減らしていることになる。
- 子供がスクールバス通学をすることにより、毎年31億ガロンものガソリン消費の節約を実現している。
- スクールバス利用者を10％増やすことができれば、さらに年間3億ガロンのガソリン消費を節約することができる。
- 子供がスクールバスを利用することによって、子供1人あたりで年間663ドルのガソリン代と、3600マイルの自家用車走行距離を節約できる。幼稚園から高校卒業までを合算すると、4万6800マイルの走行距離と8619ドルの燃料費だ。
- 送迎にかかる子供1人あたりの燃料費は、自家用車の場合1日平均3.68ドルだが、スクールバスの場合、0.73ドルで済む。

　このような公共メッセージとしてのラジオ広告の最後に、「ICバス社がお届けしました」というブランドの言及がなされた。
　キャンペーンによって、ブランド測定指標は目覚ましく向上した。幼稚園児から高校生までの子供が少なくとも1人いる、25歳から49歳までの母親層300人を対象にした質問調査が、キャンペーン実施前と実施後である2009年の1月と4月に実施された。調査では、まず「最近、スクールバスが環境にやさしいという内容の広告を見た/聞いたことがありますか？」という、非助成での広告認識についての質問がなされた。非助成でのスクールバス利用による環境保全に関する広告の認識率は、キャンペーン実施後に29ポイント上昇した。つまり、ターゲット消費者層の約3割が広告を聞いたことを

覚えていたということだ。また、他の質問を通じて、調査対象者が広告の内容・メッセージについても記憶していることが確認された。

　非助成での広告認識の質問の後に、実際のラジオ広告が再生され、「このラジオ広告を聞いたことがありましたか？」という助成想起の質問がなされた。この助成想起率のキャンペーン実施前後での上昇幅は32ポイントであった。このことから、非助成で聞いたと回答した対象者の頭にあったのも、ICバスの広告であった可能性が高いと推察される。電話で実施されたこの質問調査では、続いて「この広告メッセージを聞いたことを受けて、あなたが今後お子さんをスクールバスで通学させようと思う可能性はどのように変化しましたか？」という質問を通じて、広告の影響力が測られた。これは、消費財における「購入意向」の質問と同じ位置付けだ。世帯収入7万5000ドル以上の対象者で、この質問に対するポジティブな回答率は13ポイント上昇した。

　この事例の良いところは、キャンペーンが地域を絞って小さく開始され、そこでの実施前後の調査結果を比較することで、事業上の目標に沿ったブランドイメージ要素への影響度を確認していった点だ。これによって、ターゲット消費者層の3分の1が広告を覚えていること、また広告がスクールバスの「利用意向」の向上に強く作用することが確認できた。

　このマーケティングの次に、ICバスのマーケティング部門は、学校を巻き込んだエッセイコンテストを企画した。「全米で最もエコな学校（AGS: America's Greenest School）コンテスト」と銘打たれたこの企画では、優勝者は奨学金を得られ、優勝者の所属する学校にはICバスのハイブリッド・スクールバスが寄贈された。この取り組みについて、ICバスのマーケティング・コミュニケーション・マネジャーであるディナ・ロイヒターは次のように語っている。

「2009年に費用削減の波が押し寄せた際、私たちはどの予算を削減するかの判断を迫られました。新しいブランディング・キャンペーンの立ち上げには、大きな費用がかかります。特に、『全米で最もエコな学校コンテスト』は、従来と異なるターゲット向けのまったく新しい手法で、不確実性の高い企画であったため、真っ先に削減対象となってもお

図表 4.6　DiscoveryEducation.com に掲載された「全米で最もエコな学校コンテスト」の広告

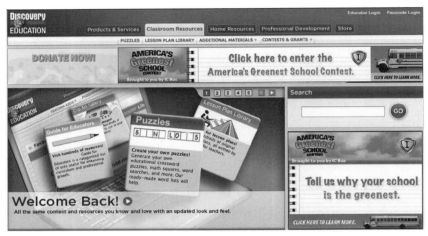

出所：ディスカバリー・エデュケーション社および IC バス社マーケティング・コミュニケーション部門

かしくなかったと思います。そんな状況の中でも、私は何としてでも『全米で最もエコな学校コンテスト』の予算を手放さないよう守り抜きました。これほどシンプルで、かつ、会社や業界にとって革新的な結果をもたらせるに違いないと直感的に思える企画を削減対象にしては絶対にいけないと考えました。他の企画の削減は受け入れても、『全米で最もエコな学校コンテスト』だけは当初計画通りの予算規模で実行するのだと心に決めていました」

このブランディング・キャンペーンに必要な予算額は約35万ドルと、比較的小規模であった。優勝エッセイを書いた生徒には5000ドルの奨学金が与えられ、学校には IC バス社から20万ドルのハイブリッド・スクールバスが寄贈された。コンテストを告知するマーケティング活動としては、広報的なプレスリリースや E メール、DiscoveryEducation.com というウェブサイトでのインターネット広告（図表4.6）などが行われた。教育上の意義が認められるコンテストであるということから、DiscoveryEducation.com を通

じて全国9万4000人の教員にEメールを送信させてもらえた。9万4000通のEメールの開封率は13％で、その中のクリックスルー率は16％にのぼった。コンテストは子供、親、教員、学校、教育委員会の各関係者の強い支持を獲得することができた。また、これらの関係者は皆、地域のスクールバス導入に関する意思決定に何らかの形で影響力を持っている。彼らにスクールバス、特にICバスのハイブリッド・バスが環境にやさしいという事実を認知してもらうことは、非常に有意義なことだった。

キャンペーン開始の2009年1月1日から、コンテスト優勝者が発表された2009年6月12日までの間に、「全米で最もエコな学校コンテスト」は、10の大都市圏でのテレビ報道、全国紙のUSA Today、各種ウェブサイトやママ・ブログ等を含めた各種媒体を通じて、3億ものインプレッションを獲得した。そして、それ以上に重要だったのは、消費者のコンテストへの関与度（エンゲージメント）の高さだった。エッセイ執筆は大変な作業であり、多くの場合、家族総出の取り組みとなる。エッセイ評価の投票には2万人が参加し、最終選考に残った10のエッセイが獲得した票数は、合計で3万票にのぼった（1人あたり複数投票が認められていた）。さらに、「全米で最もエコな学校コンテスト」のウェブサイトを訪れた8万人のうち、40％以上が今後ICバス社からのEメールを受け取ることを了解した。ロイヒターは、「最低でも100作品のエントリーは欲しいな、と思っていたところに、2000ものエッセイを受け取った時点で、これは大成功になると確信しました」と振り返る。「全米で最もエコな学校コンテスト」キャンペーンは、キャンペーン設計とその実行における独創性によって、効果を驚くほど増幅できるということを物語っている。このマーケティング施策は、効果測定を組み込んで設計されていただけでなく、消費者の高いエンゲージメントも兼ね備えていた。これらの組み合わせによって、この素晴らしいキャンペーンは支えられていたのだ。

まとめると、以下の2つのシンプルな質問を通じて、消費財、B2Bいずれの場合でも、顧客のブランド認知を測定することができる。

> **重要指標①：ブランド認知率を測る必須の2つの質問**
>
> ［商品やサービスのカテゴリー］について考えた時に、最初に思いつく［企業または商品名］を教えてください。
> ［商品やサービスのカテゴリー］において、他に聞いたことのある［企業または商品名］を教えてください。

　これらの質問によって、商品やサービスの非助成想起を測定できると同時に、競合ブランドとの対比も可能になる。上記が基本形の質問だが、キャンペーン内容に応じて聞き方を調整する必要がある場合もあるだろう。これらに続く質問としては、広告を提示した上での助成認知の確認や、マーケティング・メッセージがブランドイメージや購入意向にどう影響しているかの評価などがある。

　このような調査は、具体的にどう実行したらよいだろうか？　ブランド認知率の測定は、電話インタビューやアンケートを通じて、容易かつ比較的低コストでデータ収集が可能だ。「全米で最もエコな学校コンテスト」の事例でもそうだったように、キャンペーンがインターネット施策を含む場合には、マーケティングに反応した顧客行動も捕捉できる可能性がある。顧客行動はエンゲージメントとの関連が強く、これもブランド・マーケティングの成果のひとつとして捉えられる。

　次のステップとして、フィリップスのニベア・フォー・メンの事例で紹介したように、マーケティング上の費用対効果を最大化するための施策の最適化プロセスも比較的容易に実行することが可能だ。これをやるには費用や経営資源が足りないと読者は考えるかもしれないが、広告支出を10％削減してでも、このための測定・分析に予算を回すべきだ。最適化プロセスを実行することで、減らした10％を大きく上回る効率改善メリットを実現できる。フィリップスの電気シェーバーの事例では、将来のキャンペーン効率を20％以上も改善できる発見があったとイプソス社は述べている。

比較マーケティング
重要指標②試乗（お試し）

　2009年3月9日、NYダウ平均株価は、過去12年間で最低の6574ドルを記録した。これと同じ週の3月6日、ポルシェ・ノースアメリカが、ある挑戦的なマーケティング・キャンペーンを開始した。「ポルシェのブランドが象徴するものとして、自信の強さや主導権の掌握があり、ポルシェのオーナーの多くもまたこのように自信に満ち溢れていらっしゃいます。そこで、今回の『ポルシェ・ファースト・マイル・キャンペーン』を通じて、購入をご検討中の皆様にも、ポルシェの試乗によって高まる自信を感じていただければと考えております」とポルシェ・ノースアメリカのマーケティング部長、デヴィッド・プライアーはプレゼンした。「購入を検討している皆様は、試乗をすることで、実際に購入する可能性が大きく高まることがわかっています。また、多くのお客様が、当社の車は手の届かない存在で、現実感がないと捉えておられることも理解しています」。

　2009年4月に米国で開始された本キャンペーンでは、インターネット広告で2億4100万のインプレッション、新聞・雑誌広告で1700万のリーチが獲得された。**図表4.7**は、実際に出稿された広告の例だ。この広告出稿を通じて、2000人の消費者がポルシェの試乗を申し込んだ。「当初ディーラーは、このキャンペーンに懐疑的な反応をしていました。しかし、開始から3、4週間もすると、キャンペーンがなければあり得なかったような販売機会が生じるようになり、これによってディーラーも試乗キャンペーンの効果と重要性を理解するようになりました」とプライアーは振り返った。

　「ポルシェ・ファースト・マイル・キャンペーン」は、データ・ドリブン・マーケティングの考え方を実行に移したベスト・プラクティス事例だ。キャンペーンのあらゆる構成要素がトラッキングされた。たとえば、**図表4.7 (a)** の広告に記載されている、携帯SMSやインターネットURLを見てほしい。週ごとに獲得された見込み客が地域別に把握され、また集められた情報をもとにキャンペーンの改善策が検討され、キャンペーン期間中に実際に改善されていった。これは、第8章で詳述するアジャイル・マーケティング

図表 4.7　ポルシェ・ファースト・マイル・キャンペーンの (a) 雑誌広告および (b) インターネット広告の例。(a) の雑誌広告中にあるインターネット URL および携帯 SMS 用番号に注目。

(a)

(b)

出所：ポルシェ・ノースアメリカ

の考え方の根幹部分だ。

　たとえば、マーケティング部門の分析の結果、売上の構成比から考えると、米国南部の地域で獲得されている見込み客の数が少なすぎると考えられた。これを受けて、2009年5月には、リード獲得を向上させるために当該地域をターゲットにしたインターネット広告および雑誌・新聞広告が追加投入された。「他の自動車メーカーはポルシェの5倍から50倍もの規模のマーケティング予算を持っています。このため、当社は効率を最適化し、価値の高い

マーケティング活動に集中していかなければ、競争力を保てないのです」とポルシェ・ノースアメリカマーケティング・コミュニケーション・マネジャーのスコット・ベイカーは語った。

　自動車の場合がまさにわかりやすいが、あらゆる商品において、試乗（お試し）の指標は購入意思決定における重要な要素となる。たとえば次に、パソコンの部品であるCPUチップで考えてみよう。

　インテルは、ウィンドウズのパソコンおよびサーバーで使用されるCPUにおいて、80％以上の市場シェアを誇っている（訳注：2010年当時）。インテルの営業モデルは、この独占的な市場占有率を前提としている。同社の巨大な直販部隊は、OEMパートナー企業との良好な関係づくりと交渉を通じて、OEMメーカーが製造するパソコンやサーバーのマザーボードに、自社のCPUチップを採用してもらうことを働きかけている。インテルの営業活動は、マザーボード設計の初期のディスカッションから、実際にOEM企業がインテルの新しいチップを搭載したコンピュータを製造・販売するまでの間に、大体18カ月程度のリードタイムを要する。このように、営業サイクルが比較的長いと、営業部隊のインセンティブ設計や比較評価マーケティングの効果測定が困難になりがちだ。

　一方、インテルとの協議を開始してから数カ月の段階で、OEM企業はインテルのチップをマザーボードに採用したコンピュータを製造・販売することに関するフィージビリティ・スタディを行う必要がある。このように、設計段階で部品として採用されることを、インテルでは「デザイン・ウィン」と呼んでおり、これが、CPUという商品における将来の売上につながる試乗（お試し）にあたるプロセスと言える。もちろんOEM企業としては、インテルとの協議を進めているものの、購入を約束したわけではない。しかしながら、製造のフィージビリティ・スタディを行うチームを組織し、ヒトやカネといった経営資源を投入する意思決定は、高い採用意向なしには不可能だ。CRM業務システムを使って、インテルはデザイン・ウィンから実際の採用・売上へのコンバージョン率を計算することができ、その結果、1年以上先の売上を予測することが可能となる。マーケティング部門は、デザイン・ウィンの増加につながるよう、比較評価マーケティングを改善していく

ことに集中している。

　試乗（お試し）を理解するためのもうひとつの別の事例として、医療用のMRI装置やCTスキャナーを取り上げてみよう。フィリップス・メディカル・システム社は、高額なMRI装置やCTスキャナーを病院に販売している。病院における購買の意思決定はグループの総意で下されるため、販売を実現するためには、医師、看護師、経営陣、サポートスタッフといった各種ステークホルダーの賛同を得なければならない場合が多い。そこで、フィリップスはMRI装置やCTスキャナーにおける試乗（お試し）手法を導入した。その結果、多くの病院では、まず機材を試験導入し、医者やスタッフに評価してもらう期間を設けるようになった。フィリップスにとっては、試験導入こそが何カ月か先の販売につながり得る、購入意向の表れと捉えることが可能になったのだ。

　インターネットの発達によって、比較評価マーケティングの手法が多様化し、またその効果測定の幅も広がった。たとえば、中型・大型トラックメーカーのナビスター社は、何人のユーザーがインターネット上でバーチャルなトラックのカスタマイズを行ったかをトラッキングできる。これは、バーチャルな試乗（お試し）体験であり、比較評価マーケティングの改善は、この指標の上昇によって定量的に確認される。この領域におけるインターネットの活用方法で非常に革新的と言える事例は、ルクソティカ社のケースだ。ルクソティカは、イタリアのミラノに本拠地を置くグローバルなファッション企業で、年間の売上高は90億ドルにのぼる。

　ルクソティカは、ハイエンドのサングラス市場向けに数百ドルから1500ドルに及ぶ価格帯の商品を展開し、大きな市場シェアを握っている。同社はこの市場で、レイバン、オークリー、マウイジム、プラダ、ドルチェ・アンド・ガッバーナをはじめ、数多くのブランドを取り扱っている。さらに、ルクソティカは垂直統合を進め、米国内でサングラス・ハットやレンズ・クラフターズといった小売チェーンも保有している。

　サングラスを購入する際、従来だと店舗を訪れ、鏡の前でいくつかの型の商品を試着して、気に入ったものを購入するというプロセスを経るのが一般的だった。ルクソティカは、このプロセスをインターネット上でシミュレー

図表4.8　レイバンの「バーチャル・ミラー」によるオンラインでのサングラス試着シミュレーション

出所：ルクソティカ・グループ

ションするという、新たな試乗（お試し）手法・比較評価マーケティングを導入した。たとえば、レイバンのウェブサイトでは、ユーザーが「バーチャル・ミラー」を使ってサングラスの試着をできる、革新的なウェブアプリケーションが導入された（**図表4.8**参照）。サイトを訪問した消費者は、パソコンに搭載されているウェブカメラを使い、顔を動かしながらバーチャル・ミラー上でサングラスを装着した姿を確認し、店舗と同様の体験をすることができる。ユーザーは、最終的に気に入ったサングラスをかけた状態の写真を印刷することができ、ルクソティカはこの印刷が実行された数を試乗（お試し）の指標としてトラッキングする。

　サングラスの試乗（お試し）指標は、比較評価マーケティングの効果測定に加えて、サプライチェーン・マネジメントにおいても有用な情報となる。サングラス事業で難しいのは、季節性が強く、1年における販売機会は、実質的に夏を中心とした7カ月間しかないという点だ。その上、翌年にはファッションの流行が変化してしまうため、新商品のライフサイクルは1年しかないのだ。サングラスの製造には4カ月のリードタイムが必要であるた

め、1つの製品のライフサイクル期間中、ルクソティカはシーズンの始まる前と、シーズン開始後2、3カ月時点という2回だけで、正確に需要を予測することを求められる。

　新製品のデザインを発売の数カ月前にウェブサイトで公開し、各新製品がバーチャル試着を経て印刷された回数を把握することによって、ルクソティカはより正確な需要予測を立て、製造数量を調整することができるのだ。このことから、試乗（お試し）の指標はルクソティカにとって、当該シーズンに店舗に並べる商品の構成や出荷数を最適化し、利益を最大化することを可能にする非常にパワフルなツールとなっている。

　ただし、インターネットベースの比較評価マーケティングでは、訴求できるユーザー層に偏りがある点には留意する必要がある。ジェネレーションXおよびY（訳注：米国において1961〜1980年生まれの世代がジェネレーションX、1981〜2000年生まれがジェネレーションYと呼ばれている）は、インターネットで商品情報を調べることが多く、レイバンの施策もこの層に対して大きな成功を収め、合計300万以上のユニーク・ユーザーを獲得した。一方、ドルチェ・アンド・ガッバーナのサングラスの主要顧客は40歳以上の女性であり、この層が購入前にウェブで情報収集を行うことは稀だ。このため、バーチャル・ミラーの比較評価マーケティングを、同ブランドで採用することは難しい。

　どの顧客が試乗（お試し）に参加し、そして誰が実際に購入したかを把握することができれば、コンバージョン率を計算することも可能だ。試乗コンバージョン率は、購入数÷試乗数で求められる。たとえば試乗コンバージョン率が20％だとすると、試乗を100件獲得するごとに、20の販売を見込むことができるということだ。これによって、試乗と収益とを結びつけることが可能になるが、そのためには、個々の顧客について試乗と購買のそれぞれを把握しておく必要がある。

　まとめると、試乗は、購買サイクルの比較評価段階における最も重要な測定指標である。まずは自社の商品やサービスにおいて試乗にあたる活動は何であるかを明確にし、次にその試乗を増やしていくための比較評価マーケティング・キャンペーンを設計していくことになる。試乗指標の変化は、比

較評価マーケティング・キャンペーンの有効性を表すと同時に、将来の売上高の先行指標としても機能する。

> **重要指標②：比較評価における必須の指標**
> 試乗（お試し）＝ 商品やサービスを実際に購入する前にユーザーが試用すること

ロイヤルティ・マーケティング
重要指標③ 解約（離反）率

　私の住んでいる築75年の家は、ガレージの扉が少し小さめだ。ある土曜日、私は自家用車のレクサスの左のドアを、この扉の端にこすってしまった。自分の運転技術の未熟さについて3日間ほど深く反省した後、修理のためにディーラーに車を持ち込んだ。自動車修理に詳しいわけではないが、ちょっとしたへこみを修理するだけで1000ドル近くかかることも多々あることは知っていたため、私は最悪のケースも想定しながらディーラーに向かった。

　感じの良いレクサス・ディーラーの店員にキーを預けるのと引き換えに代車を受け取った私は、翌日再度ディーラーを訪れた。

　クレジットカードを取り出しかけながら、私は「どのくらいかかりますかね？」と尋ねた。するとディーラーの店員は「タッチアップペイントによる補修は無償ですよ」と答えた。

　予想だにしていなかった嬉しい対応に、私は大喜びしてしまった。私の車の側面が主にプラスチックでできており、90センチ近い傷が、綺麗に磨き上げられてしまうこともまったく知らなかった。私は有頂天になって家に帰り、この幸運な体験を妻に話した。

　顧客のロイヤルティを測る上で、最も重要な測定指標は解約（離反）率だ。解約率は、既存顧客のうち、自社との取引をやめると決めてしまった顧客の割合で、通常年間ベースで計算される。たとえば、年間の解約率が20％だとしよう。この場合、年初に100人の既存顧客を抱えていたとしても、年末

には顧客が80人に減ってしまっていることになる。

　自動車業界において、レクサスは驚異的に高い水準の顧客ロイヤルティを誇っている。レクサス・ユーザーの約70％が、次の自動車購買において、またレクサスを選択している。一般的な自動車の購買サイクルが5年ごとだとすると、レクサス・ブランドからの5年間の離反率は30％だ。これを通常の解約率の考え方に合わせて年間ベースで見ると、約6％となる（年間6％の離反×5年間＝5年間で30％）。

　解約率を下げることがもたらす、利益改善効果は絶大だ。ある別の高級自動車メーカーでは、リピート購買率が約50％となっている。先ほどと同様に、5年の購買サイクルを前提とすると、年間ベースの離反率は10％だ。年間離反率における10％と6％の差は非常に大きい。レクサスは競合よりも、リピート購買からの売上高を2割多く見込めるということになる（注2）。

　レクサスが行っているロイヤルティ・マーケティング施策としては、代車の無償提供、無料の洗車サービス、一部のディーラーにおける毎週土曜日の朝食サービス、レクサス・ライフスタイル誌の定期送付、「ティーからグリーンまでドライブしよう」と銘打たれた、LS450モデル発売タイアップのゴルフイベントへの招待などが挙げられる。言うまでもないが、無償のタッチアップペイント補修も、ロイヤルティ施策のひとつだ。

　実は、無償の補修は、レクサスにとっても大きなメリットがある。既に説明した通り、顧客ロイヤルティが非常に高いため、多くのレクサス・ユーザーは買い替え時に新たなレクサスを購入するわけだが、この時に、今まで乗っていたレクサスを下取りに出すことになる。タッチアップペイントによる補修という低コストなメンテナンスを行うことで、サビつきを防止し、下取りしたレクサスの中古車としての価値を高く保つことができることを考えると、この補修サービスを無償提供することは、レクサス自身にとっても有意義なのだ。この事例は、自社にとっては低コストだが、顧客は大きな価値を感じてくれるサービスを無料で提供するという、最高のロイヤルティ・マーケティングのあり方を体現している。顧客との接触を増やすことを通じて、より利益率の高い商品やサービスを販売する機会を得やすくなり、ロイヤルティを構築し、またリテンションも向上させることが可能となる。つま

り、ロイヤルティ・マーケティングを通じて、解約率を低下させることができるのだ。

　このような考え方は、決して大企業だけに該当するものではない。デンタル・ケア・パートナーズ（DCP）社は、1981年にエドワード・メックラーが開業した歯科医院だ。メックラーの歯科医院は、オハイオ州クリーブランドに位置し、長年にわたり成功を収めてきた。メックラーは、患者を治療することにこの上ない喜びを感じる一方、いかに多くの人が、必要な歯科治療を受けていないかという点について頭を悩ませるようになっていった。また彼は、患者の治療を行うだけでなく、歯科医院を事業として経営していくことの難しさについても、強く感じていた。

　メックラーは、これら2つの問題を同時に解決する、画期的な策を考案した。彼は、歯科医に対して必要な施設や設備、管理業務やマーケティングのサポートを提供するビジネスモデルを作り出し、その顧客となる歯科医たちが患者の治療に集中できるようにすることを目指した。効率化によってもたらされたコスト削減のメリットは、治療費の値下げという形で患者に還元され、その結果、経済的な理由により歯科治療を受けることができなかった人たちも治療を受けられるようになった。2009年には、DCPが経営サポートを行った歯科医院の数は162にのぼり、年間1億ドルを超える売上高を計上した。

　DCPは、「ホワイトニング生涯無料」という革新的なロイヤルティ・マーケティング施策を実施している。これは、DCPで歯のホワイトニング施術を一度利用すると、以後生涯にわたって、無料でホワイトニングをやり直すことができるということだ。最高歯科責任者（チーフ・デンタル・オフィサー）のチャールズ・ザッソーによると、「我々は、歯科医としての指導、顧客ごとにカスタマイズされたマウストレーの設計、そして専門性の高い商品を組み合わせることで、優れたホワイトニング・サービスを提供しています。フォローアップでホワイトニングを実施することに対して、お客様には非常に高い価値を感じていただけるのですが、歯科医の時間を大幅に割く必要があるわけでも、新しい機材等が必要になるわけでもないため、我々にとってのコストはそれほどかかりません」とのことである。「ホワイトニング生涯

無料」とすることで、患者は定期的に歯科医院を訪れる理由ができ、その結果、DCPは継続的に他の歯科治療も提供していけるようになるのだ。

このロイヤルティ・マーケティングの結果、DCPは解約率を大幅に引き下げることに成功し、この改善を通じて大きな利益貢献も実現された。その結果は、解約率低減による収益改善にとどまらず、マーケティングのあり方の変革にも及んだ。歯科サービスにおける典型的なマーケティング手法は、低価格訴求に集中するやり方で、新規顧客獲得にフォーカスしたものだった。これに対し、DCPのマーケティング部長であるブライアン・コバックは、次のように語っている。「このプログラムは、新規顧客獲得と既存顧客リテンションの両方において効果的に機能し、また、歯科サービスの価格ではなく、価値を訴求していくことを可能にしたのです」。

解約率は、通常年間ベースでトラッキングされるが、非常に重要なのは、今まさに離れていきそうになっている顧客をつなぎ止める策を講じていくことだ。インターネット・サービス・プロバイダーとして年間9.6億ドル程度の売上高をあげている、中規模プレイヤーのアースリンク社の活動は、その典型例だ。アースリンクのビジネス・インテリジェンス部門のシニアマネジャーであるサム・マクポールは、「できるだけ早いタイミングでユーザーに接触することで、解約の防止に努めています」と語る。アースリンクのロイヤルティ・マーケティングは、30日および90日単位での解約数を最小化することに重点を置いている。アースリンクにおける解約率改善の詳細については、第9章で詳述する。

図表4.9は、解約率の改善がもたらす売上寄与の計算テンプレートだ。この例では、年率30％の解約率、顧客1人あたり平均1000ドルの年間売上、10万人の顧客ベースを前提としている。テンプレートでは、これらの変数をあなたの事業に応じた内容に変更することが可能だ。表の下部では、解約率をそれぞれ5％、10％、25％改善した場合に、売上高がどう変動するかを表している。30日あるいは90日単位のリテンション・マーケティングの効果を測るには、年間の解約率を12ないし4で割ることで、月や四半期単位の解約率を求めればよい。テンプレートは、www.agileinsights.com/book からダウンロード可能（英語のみ）で、あなたの事業に合わせた分析に利用でき

図表 4.9 解約率低減による業績改善シミュレーションのテンプレート

変数を入力	
顧客ベース	100,000 *
顧客1人あたり年間売上	$1,000 *
年間解約率	30.0% *
解約率を5%改善	28.5%
解約率を10%改善	27.0%
解約率を25%改善	22.5%
解約影響の分析	
年間売上総額（解約なし）	$100,000,000
解約によって失われる顧客数	30,000
解約によって失われる売上	$30,000,000
解約を反映した売上総額	$70,000,000
5%改善後の解約によって失われる売上	$28,500,000
5%改善の売上貢献	$1,500,000
10%改善後の解約によって失われる売上	$27,000,000
10%改善の売上貢献	$3,000,000
25%改善後の解約によって失われる売上	$22,500,000
25%改善の売上貢献	$7,500,000

*にあなたの事業における数値を入力

www.agileinsights.com/book からダウンロード可能（英語のみ）。

る。このテンプレートでは、30日と90日単位の解約率分析を行うことも可能だ。

　多くのB2C企業は、自社の顧客に関するデータを直接把握することができる。これらの企業は、ポイントカードや自社ブランドを冠したクレジットカードを通じて解約率を測定し、マイレージ型のポイントやカード会員限定の割引などを通じて、継続購買を促進する。一方で、自社の最終顧客が誰であるかを把握しにくいB2B企業においては、正確な解約率の測定は困難に思えるだろう。この場合、まずは顧客への質問調査を通じて解約率を推定することから始めるべきだ。たとえば、300の顧客を対象に調査を実施し、そ

のうちのどれだけの割合が、半年ないし1年後に取引を中止してしまっているかを追跡調査する。そしてこの結果をもとに、全体の顧客ベースにおける解約率を推定するのだ。

B2B企業の場合、最終顧客ではなく、販売代理店の解約率に絞って管理していく考え方もあるだろう。販売代理店は最終顧客の手前段階に位置づけられる顧客であり、ここでの解約率は、1年間で自社の商品やサービスの販売を中止する販売代理店の割合になる。B2Bにおけるパートナー企業向けロイヤルティ・マーケティングとしては、ゴルフイベントやカンファレンス、報奨プログラムなどが挙げられる。これらの活動を通じて、パートナー企業内での自社の商品やサービスの存在感を高め、ひいては解約率を抑制することにつなげていく。

まとめると、解約率は顧客ロイヤルティを高め、リピート購買を増やしていくために欠かせない非常に重要な指標だ。解約率は、通常は1年、短ければ90日や30日といった一定期間において取引を中止する顧客の割合として測定される。解約率の低減は、大幅な利益改善につながることが多く、そのため、ロイヤルティ・マーケティングはこの指標に主眼を置いて進められるべきだ。

> **重要指標③：ロイヤルティ・マーケティングにおける必須の指標**
> 解約（離反）率 ＝ 既存顧客のうち、一定期間の間に自社の商品やサービスの購買を中止する顧客の比率。1年、90日、30日といった単位で測定される。

この取り組みを始めるにあたって最初にすべきは、顧客のリピート購買率を販売データから直接把握したり、質問調査を通じて間接的に推定したりして現状の解約率を測定することだ。多くの場合、解約率は読者が想像しているよりも高いはずだ。次のステップとしては、自社にもたらす価値が大きく、重要性の高い顧客層に対するロイヤルティ・マーケティングのキャンペーンを企画し、小規模な実験を通じてマーケティング活動の効果を改善していくことになる。顧客生涯価値ベースのマーケティングについては、第6章で具

体例を用いて詳述する。

顧客満足度
重要指標 ④ CSAT (Customer Satisfaction)

　私は、子供の頃から度のきつい瓶底メガネをかけているオタクタイプであった。2002年のある日、私はあるパーティで、主催者のジャッキーがレーシック手術について熱弁しているのを聞かされた。私は自分の近視がいかに重度で、レーシックは効果がないであろうことを説明した。するとジャッキーは、同程度の近視だった彼女の友人もレーシック手術を受けたという話をし、今度は同じくパーティに来ていたその友人が、レーシックおよび担当医の素晴らしさについて熱く語り始めることとなった。どうやらジャッキーがその友人に医師を紹介し、またジャッキー自身も誰かからこの医師を紹介されたようだった。私は、医者や手術が関わるような話には慎重なタイプだが、一方で、毎朝目覚めとともにぼやけた視界と対峙することにうんざりしてもいた。そこで私は、ジャッキーに紹介された医師に会ってみることにし、最終的にはレーシックを受けることに決めた。その結果、今では私は標準的な視力を取り戻すことができており、この手術は私の人生を変貌させる出来事となった（注3）。この私の体験でも明らかなように、信頼する人からの推奨というのは、商品やサービスの選択において非常に強い影響力を持ち得るのだ。

　私はMBAやエグゼクティブ・コースの受講者に、商品やサービスを友人に勧めた経験について尋ねてみた。すると、ジェットブルー航空、ブルーナイル（訳注：オンライン宝石店）、レクサス、ネットフリックス、シャッターフライ（訳注：フォトアルバムやポストカードなどの印刷サービス）の名前が挙がった。特にジェットブルー航空については、熱心に語る受講者が多く、人気のポイントは、革張りのシートや個人用テレビの存在のようだ。ブルーナイル（www.bluenile.com）は、高品質なダイヤモンド販売を行うオンライン小売店で、100％満足度保証（全額返金保証）を提供している。ある学生は、ブルーナイルで婚約指輪を購入し、顧客サービスの良さとリーズナブルな価

格に感激した体験を語ってくれた。この学生は、購入したダイヤモンドを専門家に鑑定してもらい、その品質と価値の高さを確認したそうだ。その後、彼は自分の素晴らしい購入体験について数えきれないほど多くの人に熱心に説明することになった。

　顧客が満足していることを明確に表すのは、「あなたはこの商品（サービス）を友人に勧めたいと思いますか？」という質問に対する回答だ。「非常に満足しており、ぜひ友人に勧めたい」を10点満点とする1〜10の点数で回答してもらい、9点あるいは10点をつけた顧客は、満足度が高いと言えるだろう。フレッド・ライクヘルドは、この質問の回答を使った「ネット・プロモーター・スコア（NPS: Net Promoter Score）」という概念を提唱している。このスコアは、9点ないし10点をつけた推奨者の割合から、0〜6点をつけた批判者の割合を差し引くことで計算される（注4）。

「勧めたいと思いますか？」という質問が、「満足していますか？」よりも適しているのか、また、批判者の数を推奨者の数から差し引くのが妥当であるのかといった点については、学術的な議論が起きている。しかし、私の考えとしては、アンケート調査において「勧めたいと思いますか？」と「満足していますか？」の両方を尋ねたらよいと思うし、回答は強い相関を見せるはずだ。行動につながる指標は、シンプルな質問から得られるものが好ましく、そこから経営判断が導かれるべきだというライクヘルドの基本的な考え方には私も賛成だ。

　質問の仕方によって回答が影響されるというのは、当たり前のことだ。たとえば、米国の大手ゴミ処理およびリサイクル企業では、顧客満足度を測るための調査として、ユーザーに一連の質問を行っていた。この調査では、冒頭で、ゴミのタイプや収集の行われ方、収集車の清潔さ、作業員のフレンドリーさなどについて延々と尋ねた後、最後に満足しているかの質問をしていた。その結果、満足度の質問に至るまでに多くの回答者は飽き飽きしてしまい、肝心の満足度の質問に対しては可もなく不可もないというような内容の回答ばかりが見受けられた。最後ではなく冒頭で、「このサービスを人に勧めたいと思いますか？」と質問することによって、より明確な満足度の評価が得られたはずだ。

実務における顧客満足度（CSAT）の重要性を表す事例として、DSW社を紹介しよう。DSWは、主に女性用のブランド靴のディスカウント販売を行う小売企業で、年間の売上高は約14億ドルにのぼる。DSWは、2000以上の種類のフォーマル、カジュアル、スポーツシューズに加え、ハンドバッグや靴下、アクセサリーも取り扱っている。35の州に約300の店舗を展開し、オンラインでの販売も行っている。同社は2010年まで、年間10店前後のペースで新規出店しており、また、単独の店舗以外でも、全国375の百貨店内にテナントとして入ってもいる。

　顧客満足度（CSAT）を測定するために、DSWは以下の質問項目による調査を実施している。

- あなたが友人や親戚、同僚などにDSWを勧める可能性はどの程度ですか？
- 総合的に考えて、DSWでの体験にどの程度満足していますか？

　また、将来の販売機会の見通しにつながるよう、DSWは以下の項目も質問している。

- 過去4カ月間を振り返ってください。DSWと他の靴屋のそれぞれにおいて、ご自身用の靴の購入にいくら使いましたか？
- 次に、今後4カ月間について考えてください。DSWと他の靴屋のそれぞれにおいて、ご自身用の靴の購入にいくらぐらいかける予定ですか？

　最初の「勧めたいと思いますか？」の質問に対しては、DSWの顧客の37％が、積極的に勧めたいと回答した。DSWが店舗とオンライン共通で提供するポイント・プログラムは非常に評判が良く、高い顧客満足度の大きな要因となっている。消費者は、商品の購入ごとにポイントを付与され、このポイントは、将来の購買時に使用することができる。DSWを勧めたいと回答した顧客を対象とした調査によると、これらの顧客の68％がポイント・プログラムに非常に満足している。さらに、これらの顧客は今後4カ月間に

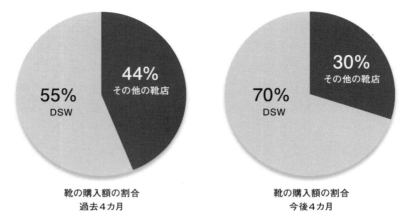

図表4.10 DSW社の満足度が高い顧客における顧客満足度と将来の支出意向の関係性

靴の購入額の割合
過去4カ月

靴の購入額の割合
今後4カ月

出所：DSW社による調査

おいて支出を増額するつもりだ（図表4.10参照）。顧客満足度と将来の販売につながりがあるというこの発見は、DSWにとって非常に重要なものだ。もちろん、将来の支出意向額については、実際よりも大きな数字を回答する顧客もいるため、数字の解釈には注意が必要だが、この結果をもとに、DSWが正しい方向に向かっており、考え方としても間違っていないとは結論づけられるだろう。

DSWの上級副社長兼CMOのデレック・アングレスは、以下のように説明してくれた。「当社のお客様は、靴をこよなく愛しています。皆様が商品やブランドに強い思い入れを抱いていらっしゃるのです。また、お客様の満足と靴への支出額の間には強い相関があります。当社での購入体験に満足していただければいただけるほど、より多くの靴を購買していただけるようになるのです」。

私に言わせれば、マーケティングの究極の形は、顧客が商品やサービスに興奮するあまり、自分の友人や同僚に推奨してくれるようになるというものだ。アングレスは以下のように語った。「ブランドのファンや伝道師は、ブランドに対して強い心理的なつながりを感じ、どこへ行っても自らがそのブ

ランドのマーケティング部門の人間であるかのように活動してくれるようになるのです。さらに素晴らしいのは、このような顧客による情熱を伴った推奨は、受け手にとって非常に信憑性が高いのです。このため、顧客による推奨というのはブランドにとって何よりも強力な武器になります」。

顧客満足度は、諸刃の剣だ。これまでの逆の質問として、「あなたが友人に勧めたくないと思う商品やサービスを教えてください」というものがある。これに対しては、かなり強いトーンの回答を得られることが多い。私が学生から聞いた例では、高級車のディーラーが故障を修理できなかった話、電話会社が間違った内容の請求書を送り続けてきた話、非常にサービスが悪い航空会社の話などが挙げられる。学生たちは、これらの企業相手の体験が、いかに酷いものだったかについてまくし立てた。顧客満足度が低下・悪化し始めたら、それは将来の売上の減少につながることが多く、また間違いなくブランド価値に傷がつくことになると言えるだろう。顧客満足度（CSAT）は、消費者購買行動サイクル（**図表3.2**参照）における、ブランドとロイヤルティを関連づける指標であり、私はこれをマーケティングにおける黄金指標と捉えている。

まとめると、顧客満足度（CSAT）は、将来の売上高の先行指標であり、「人に勧めたいと思いますか？」というシンプルな質問を通じて測定することができる。補足質問を通じて、将来の購入意向も測ることが可能だ。言うまでもないが、CSATが上昇傾向にあるのは良い状態で、下落傾向にあるのは危険な兆候だ。企業は、CSATを売上・収益と同じくらい重要な指標として捉え管理していかなければならない。

> **重要指標④：顧客満足度（CSAT）を測る必須の質問**
> あなたは友人や同僚に［製品、サービス、企業名］をどれくらい勧めたいと思いますか？

現時点で顧客満足度（CSAT）を測定していない場合でも、特定の顧客セグメントか、特定の商品やサービスに関して、質問調査を実施することで簡単に始められる。CSATは、企業にとって最も重要なマーケティング指標の

ひとつであり、将来の業績を予測するのにとても効果的な指標である、ということを CFO や CEO に説明すれば、非常に喜ばれるだろう。

キャンペーンの運用効率評価
重要指標⑤ オファー応諾率

本章で紹介する最後の指標は、キャンペーン業務運用上で非常に重要となる、オファー応諾率だ。オファー応諾率は、キャンペーンの効率を測る内部指標として非常に有用であり、キャンペーン費用との関連性も強い。オファー応諾率とは、文字通りオファーを受け入れる顧客の比率を指す。たとえば、ダイレクトメールやテレマーケティングを使った需要喚起型マーケティングを 1000 人の顧客に案内し、そのうち 50 人が応諾した場合、オファー応諾率は 50 ÷ 1000 = 5％ となる。

仮に、ダイレクトメールあるいはテレマーケティングで顧客に接触するために、1 人あたり 5 ドルの費用がかかるとしよう。1000 人の顧客に対してアプローチしたわけなので、1000 人 × 5 ドル／人 = 5000 ドルがキャンペーンにかかる費用の総額となる。これに対して 50 人が応諾したのだから、顧客獲得単価（Acquisition Cost）は以下の通りとなる。

$$顧客獲得単価 = 5000 ドル \div 50 = 100 ドル$$

すなわち、顧客獲得単価とは、マーケティング費用総額をオファー応諾人数で割った数字を指す。

重要指標⑤：マーケティング効率を示す必須の指標

$$オファー応諾率 = \frac{オファー応諾数}{オファー送付数}$$

また、顧客獲得単価は以下の式で計算される。

$$顧客獲得単価 = \frac{オファー送付単価 \times オファー送付数}{オファー応諾数} = \frac{オファー送付単価}{オファー応諾率}$$

　なお、利益率については、次章で議論していく。ここでは、オファーが応諾されて売れる商品やサービスがもたらす利益が、顧客獲得単価としてかかる100ドルに満たない場合、この需要喚起型マーケティングによって損失が生まれているということだけ理解してほしい。

　顧客獲得単価の等式は、シンプルながら、マーケティング費用効率に関して非常に示唆に富む情報をもたらすだろう。記載の通り、顧客獲得単価は、オファー送付単価をオファー応諾率で割った数字と等しい。したがって、送付単価を下げれば顧客獲得単価は低下するし、オファー応諾率を改善することでも顧客獲得単価を低く抑えることが可能となる。しかも、これらの効果は掛け算されることになる。たとえば、送付単価が半減し、応諾率は2倍に増加した場合、顧客獲得単価は4分の1に低下するのだ。

$$\frac{1}{2} \div 2 = \frac{1}{4}$$

　このように、送付コストの削減とオファー応諾率の改善を同時に達成できれば、顧客獲得単価を劇的に引き下げ、マーケティング費用を抑制することができる。もう1つ例を挙げて説明しよう。オファー応諾率が6％で、送付単価が4ドルのオファーを1000人に送付した場合、顧客獲得単価は1000人×4ドル／人÷60人＝66ドルだ。これは、送付単価5ドル、オファー応諾率5％、すなわち顧客獲得単価が100ドルの場合と比べると、33％低コストだ。図表4.11は、ここまで説明してきたオファー応諾率、送付単価、顧客獲得費用の関係を表したエクセルのテンプレートだ。テンプレートはwww.agileinsights.com/book から無料でダウンロードできる（英語のみ）。

　図表4.11の項目間の関係は、マーケティング予算を検討するにあたり、企業規模の大小にかかわらず有用である。言うまでもないが、目指すのは送付コストを最低限に抑え、応諾率を最大化することだ。需要喚起型マーケ

図表 4.11 オファー応諾率分析のテンプレート。(a) は送付数を固定し、応諾者数が変動、(b) は応諾者数が固定となっている。

変数を入力	
オファー応諾率	3.00% *
送付単価	$5.00 *
改善後の応諾率	3.50% *
(a) 送付数を固定する場合の影響分析	
オファー送付総数	100,000,000 *
オファー応諾者数	3,000,000
マーケティング費用総額	$500,000,000
顧客獲得単価	$166.67
3.5%の応諾率の場合	
オファー応諾者数	3,500,000
顧客獲得単価	$142.86
(b) 応諾者数を固定する場合の影響分析	
3.5%の応諾率の場合	
オファー応諾者数（固定目標値）	3,000,000 *
オファー送付総数	85,714,286
マーケティング費用総額	$428,571,429
顧客獲得単価	$142.86
送付コスト削減額	$71,428,571

*にあなたの事業における数値を入力

www.agileinsights.com/book からダウンロード可能（英語のみ）。

ティングにおいては、顧客獲得単価を丁寧にトラッキングし、獲得した顧客がもたらす利益よりも顧客獲得費用の方が大きいようなキャンペーンは中止していかなければならない（注5）。これに対し、キャンペーンが損失を生んでいたとしても、ブランディングの観点からは意味があるので続けるべきだというような議論をよく耳にする。キャンペーンの目的がブランディングであった場合に財務系指標がふさわしくないというのは私も同意するが、目的が需要喚起であるにもかかわらず損失を生んでいる場合には、キャンペーンを中止し、他のやり方を試す方が合理的だ。

特に大規模なマーケティング・キャンペーンにおいては、応諾率のわずかな改善が非常に大きな成果をもたらす。たとえば、米国の携帯キャリア事業

者などは、ダイレクトメールやテレマーケティングを使って、毎年1億人規模の消費者に接触している。1件あたり5ドルと見積もると、年間5億ドルものマーケティング費用がかけられているということだ。このケースにおいて、応諾率が3％から3.5％に上昇することを考えてみよう。つまり、同じ数の消費者に接触しながら、より多くの応諾者を得ることができるということだ。オファー応諾者の増加数は、1億人×0.5％＝50万人にのぼる。

次に、応諾者の絶対数を固定し、オファー送付数を減らすことができる場合を考えてみよう。1億人に送付し、3％の応諾率だったのだから、300万人が応諾していたことになる。これに対し、応諾率を3.5％に改善できた場合、送付数は8571万まで減らせることになる。これを求められる計算式は、1億×3％÷3.5％だ（**図表4.11**参照。また、8571万×3.5％が300万人になることからも計算の妥当性を確認できる）。

この計算にどういう意味があるだろうか？ 300万人という一定数のオファー応諾者を獲得したいと考えていて、応諾率を3％から3.5％に改善できるとすると、送付数を1億から8571万に減らせる。つまり、1429万の送付数を削減でき、送付単価5ドルなら、7100万ドルのマーケティング費用を削減しながら同じ結果を得られるということなのだ（**図表4.11**参照）。

もちろん、何億ドルものマーケティング予算を扱うケースは限られるだろう。しかし、ここで私が示したかったのは、応諾率の改善が、マーケティング費用対効果に大きく寄与するという事実だ。大きな顧客ベースを抱える企業ほど、この効果も大きなものとなる。**図表4.11**で示したテンプレートを使って、あなたの会社の数字を当てはめた場合の試算を行ってみてほしい。

また、応諾率の考え方は、ブランディング、比較評価、ロイヤルティといった、異なる目的のためのマーケティング施策においても適用可能だ。この場合、オファー応諾は購買行動ではなく、たとえばソフトウェアのトライアル版や商品情報のダウンロード数、あるいはスタジアム内の看板広告に記載された番号へのSMS送信数など、消費者に促したい行動の実現数を使って測定される。

まとめると、オファー応諾率の改善や送付単価の低減は、マーケティング費用効率を劇的に改善することにつながる。だからこそ、応諾率を改善する

ためのデータ分析がもたらす費用対効果は大きなものとなる。第6章および第9章では、データ分析やイベント・ドリブン・マーケティングを活用して、応諾率の改善と解約率の低減を実現し、マーケティングの成果を5倍以上に拡大する方法を説明する。

既存のマーケティング費用を削減することができれば、新たなデータ・ドリブン・マーケティング施策に予算を回すことができるようになる。だからこそ、オファー応諾率の改善と送付単価の低減、そしてこれらの要素が相乗的にマーケティング費用の削減につながっていく構造を理解することが肝要なのだ。

この章のポイント

- **ブランド認知率（重要指標①）**：ブランド力の強さは初回購買時の選択に強く影響し、また、ノーブランドの商品やサービスに対してプレミアム価格を設定することを可能にする。質問調査で得られた非財務系指標を使って、ブランド認知率およびブランドマーケティングの成果をトラッキングしていく。

- **試乗（お試し）（重要指標②）**：比較評価マーケティングにおける必須の指標。自社商品あるいはサービスの試乗（お試し）を促すようなマーケティング施策を設計し、試乗から購買へのコンバージョン率も測定する。

- **解約（離反）率（重要指標③）**：ロイヤルティ・マーケティングにおける必須の指標。顧客の離反を防止することは、利益率の大幅な改善につながる。

- **顧客満足度（CSAT）（重要指標④）**：マーケティングにおける黄金の指標と言える顧客満足度（CSAT）は、ブランディングと顧客ロイヤルティを結びつける概念だ。企業は売上高と同じくらいの重要性を認識して、顧客満足度（CSAT）の動向を管理していくべきだ。

- **オファー応諾率（重要指標⑤）**：マーケティング業務運用における必須の指標。応諾率を向上させ、顧客獲得単価を下げることで、マーケティング費用を大きく削減できる。

第 **5** 章

投資リターンを示せ！

4つの重要な財務指標

⑥利益
⑦正味現在価値（NPV）
⑧内部収益率（IRR）
⑨投資回収期間

財務系指標で語れなければ、経営陣の信頼は得られない

　ファイナンスはビジネスの共通言語であり、この言語を理解するマーケティング担当者は、経営層からの厚い信頼を得ることができるだろう。ある会社では、CMOがCEOに対して、提案のマーケティング施策を実行すれば、株価を40セント上昇させることができるという内容のプレゼンテーションを行った。それに対してCEOは強い関心を示し、そのマーケティング・プログラムに必要な予算の承認につながった。

　第1章で説明した通り、数あるマーケティング施策の半分以上に対して、マーケティング投資収益率（ROMI）の考え方を適用することが可能だ。トライアル・マーケティングや需要喚起型マーケティング、新製品発売マーケティングなどがその代表例だ。本章では、これらに関してさらに深掘りし、財務系指標を使ってマーケティングの定量評価を行うための論点を解説していく。私が実施した調査に回答したCMOの55％が、自社のマーケティング部門は財務系指標を正しく理解していないと回答した。実際、数字や財務が得意ではないマーケティング担当者も多い。本章では、そのような方を前提に、なるべくわかりやすい説明を心がけていく。ファイナンスに造詣が深い読者は、マーケティング担当者向けのファイナンス解説を飛ばし、詳細事例解説へと読み進めてもらって構わない。

重要指標⑥
利益

　最も簡単な利益の定義は、以下の通りだ。

> **重要指標⑥：第1の必須財務系マーケティング指標**
> 利益 ＝ 売上高 － 費用

　見ての通り、利益の定義は難しいものではないが、第1章の議論に関連し

た留意点がいくつか存在する。まず、マーケティング格差として説明した通り、多くの企業は需要喚起を目的とした割引やプロモーションに予算の大半をかけ、その結果、利益を犠牲にして売上を伸ばしている。一方、勝ち組の企業はブランディングやカスタマー・エクイティへの投資を重視し、その結果、高い価格設定すなわち高い利益率を実現している。私が15の「重要」指標に売上高を含めていないのは、このような問題があることに起因している。それでも、もちろん売上高はマーケティング活動の結果としてもたらされる、極めて重要な指標だ。

　価格競争は、利益を犠牲にせざるを得ないため、往々にして負け試合にしかならない。ウォルマートやデルといった限られた企業だけが、このやり方で成功を収めてきた。彼らがうまくいったのは、その卓越したサプライチェーン・マネジメント能力によって、コストを最低限に抑えることができるからにほかならない。もちろん、これらの企業のように、極めて優れたオペレーション効率が戦略の柱となっているならば、価格競争を仕掛けることも有力な選択肢として捉えるべきだ。しかし、そうではない多くの企業にとっては、優れたマーケティングを通じて利益を最大化していく方が、適切な戦略となるだろう。

　これに関連して、利益と市場シェア（＝市場全体の中で自社商品が占める割合）のどちらを優先すべきかについても言及しておこう。特に大企業において、市場シェアをつかみ取ることが最重要になっていることがしばしばある。もちろん、市場シェアは重要だが、そのシェアを得るために、継続的に利益を失わなければならないとしたら、それは戦略として間違っていると言わざるを得ない。

　多くの企業において、営業部門は利益ではなく、販売量・売上高で評価されるため、マーケティング部門と営業部門の対立というのもしばしば発生する。営業成果に関する分析を進めた結果、毎年表彰されるような優秀な営業マンが、実は利益率で見ると非常に低く、場合によっては赤字を生んでいたりすることが判明するケースは珍しくない。

　マーク・ハードは、ヒューレット・パッカード（HP）のCEOに就任した際、この問題に対処するために、真っ先に同社の法人営業部門のインセン

ティブ制度の改革に取り組んだ。営業マンの報奨を決める要素を、販売数量から、販売した商品の利益額へと変更した。この取り組みと、そして全社的な費用管理の強化を通じて、HPは2005年から2007年の間に、売上高の成長率20％に対して、年間の純利益を24億ドルから73億ドルと大幅に拡大し、株価は243％の上昇率を記録した。

売上高や利益を最大化するための最適価格を求めるには、複雑な数学的手法が必要とされる。一方で、取引価格とは、結局のところ、市場において買い手が支払う意思のある金額によって決まる。そこで、やや乱暴だが最適価格を見つけるのに有効なやり方として、毎月5～10％程度の値上げを続け、売上が大きく減少する価格を見つけるという方法がある。この結果、売上高や利益を最大化する価格を実証的に見出すことができる。本書の主題はマーケティング効果測定指標であり、プライシング理論を論じることを主眼としているわけではないので、興味のある読者は価格戦略に関する専門書を参照することをお勧めする（注1）。

ここで強調したい点は、競争のプレッシャーや販売の落ち込みに対処するために、利益率を犠牲にした値引きという選択肢を採用してしまう企業が非常に多いということだ。この選択肢を採用してしまうと、ほとんどの場合においてその後に待ち受けているのは、利益減の負のスパイラルだ。それよりも、しっかりとブランドやカスタマー・エクイティを向上させる活動に注力していくことを通じて、価格ではなく価値で勝負する方が、多くの企業にとっては優れた戦略だ。顧客生涯価値ベースのマーケティングは第6章の主題となっている。

マーケティング担当者向けの財務系指標
重要指標 ⑦ 正味現在価値（NPV）、⑧ 内部収益率（IRR）、⑨ 投資回収期間

ゴルフのハンディキャップを保有している人に対して、あなたはスコアを付けていますか、と尋ねれば、当たり前じゃないか、と一笑に付されるだろう。彼らはなぜスコア管理を行っているのだろうか。「自分がうまくなって

いるかどうかを確認したいから」というのが一番の理由だろう。本書の目的は、マーケティングにおけるスコア管理の方法を明らかにし、成果改善につなげていけるようにすることだ。この過程はスポーツに通ずるところが多々ある。

ゴルフのハンディキャップは、直近10回のラウンドにおけるスコアを使って計算される。ハンディキャップとは、標準打数（パー）を上回った打数の平均値だ。ゴルフをしない人のために説明しておくと、ゴルフは18ホールを回るスポーツで、各ホールはパー3、パー4、パー5のいずれかに分類される。このパーというのがそのホールの標準打数（ショットとパットの合計）で、熟練ゴルファーがカップインまでに何打必要かというのを目安に設定されている。一般的なゴルフコースにおいて、18ホールのパー打数を足し上げると72打になる。2001年のマスターズ大会において、タイガー・ウッズは16アンダーのスコアで優勝した。これは、大会中の4ラウンドにおいて、ラウンド平均してパーよりも4打少なく回ったということだ。

なぜこんなにもゴルフの話に脱線するのか。ゴルフとマーケティングの間にある共通点を紹介し、ゴルフのたとえを使って、ファイナンスの重要概念を説明しようと考えているからだ。もし読者がゴルフを好きでないなら、自分の好きなスポーツに置き換えて読んでほしい。アルバート・アインシュタインは、現実世界に関連した空想を繰り広げることで物理法則の理解を深める「思考実験」という手法を多用したことで有名だが、我々はゴルフを題材にこの思考実験を行ってみよう。ファイナンスは相対性理論よりもはるかにシンプルなので、安心してほしい。

あなたのゴルフのハンディキャップが10だと仮定する（前述の通り、思考実験は空想でよいので、上級者レベルを仮定してよいのだ）。つまり、平均して、あなたは1ラウンドあたり10オーバーの82打で回ることができるということだ。米カリフォルニア州モントレー郡にある、世界最高峰のゴルフコース「ペブルビーチ」でラウンドする機会をあなたが得たとして、あなたはちょうど82のスコアでプレイすることができるだろうか。その可能性は低いだろう。恐らく、いつもより多くの打数を重ねることになるだろう。たとえば90ぐらいだろうか。これも90ちょうどではなく、82から100の間のどこか、

という予想の方が適切かもしれない。

　このゴルフの話から、以下3つのことがわかる。

(1) 優れたゴルファーは、自分のプレイを振り返るためにきちんとスコア管理を行っている。
(2) ハンディキャップを取得するためには、ラウンドを回るたびにデータを記録している必要があり、その結果、時系列のトレンドデータが存在している。この時系列データを使って、将来の予測を行うことも可能だ。ただし、初めてのコースでプレイする際にはリスクも存在する。
(3) このリスクの存在により、未来を正確に予測することは不可能であり、起こり得る結果は幅で予測される。

　これら3つの要素は、いずれもマーケティング投資収益率（ROMI: Return On Marketing Investment）の議論において重要な考え方となるものであり、事例を使って詳述する際に、再度これらに言及していく。

　ペブルビーチでは、毎年2月にプロアマ混合のゴルフトーナメントが開催される。マイケル・ジョーダン、ビル・マーレイ、ケビン・コスナーといった定番の顔ぶれを含めた有名人と、プロゴルファーのタイガー・ウッズやフィル・ミケルソンなどが一緒にラウンドするのだ。あなたがこの大会に参加することになり、4ラウンドを信じられないような好成績でプレーした末、なんと優勝してしまったと想像してほしい。

　興奮冷めやらぬ中、あなたは大きなトロフィーと、100万ドルの小切手を渡された。小切手の下部には小さな文字で、賞金の受け取り方の選択肢が書かれている。選択肢の1つは、向こう10年間にわたって毎年10万ドルずつ受け取るやり方で、もう1つは、52万ドルの現金を即座に受け取るというやり方だ。この2つのうち、あなたならどちらを選択するだろうか。

　これはまさにファイナンス的な選択であり、決断にあたっては、まず10年間にわたって毎年10万ドル受け取ることが、今現在のお金の価値に換算するといくらになるのかを理解することが有用だ。直感的に、今日の1ドル（あるいは1円、1ポンド、1ユーロ、1バーツなど）と、1年後の1ドルとではその価値に差があると考えられるが、では実際、両者にはどの程度の価値の差があるのだろうか。今日1ドル保有していれば、それを1年間投資すること

図表 5.1 お金の時間価値の概念を表した図。(a) 今日の1ドルは、投資することで1年後に利子と合わせて (1+r) ドルに増やすことができ、したがって1年後の1ドルは今日の価値にすると1／(1+r) ドルとなる。(b) 毎年末に受け取る10万ドルを今日時点の価値に換算するためには、それぞれ (1+r)、(1+r)^2、……で除する。

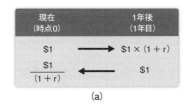

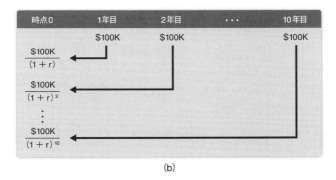

で、リターンを得られるというのが基本的な考え方だ。その結果は、以下のような式で表すことができる。

現在保有している1ドルを1年間投資した結果 → 1ドル×(1+r)

　式中のrが、投資で得られると考えられる期待リターン（収益率）を表している。今日投資ないし預金した1ドルは、1年後には収益ないし利息を含めて、(1+r) ドルに増えることになる。これは等式なので、両辺を (1+r) で割ることができ、その結果、1年後に1ドル得ることは、今日時点の価値にすると1／(1+r) ドルであるということがわかる（**図表5.1** (a) 参照）。たとえば、rが10％の場合、1年後の1ドルは、今日の価値にすると91セントとなる。

我々の思考実験に出てきた、毎年10万ドルずつ受け取る賞金の現在における価値は以下の通りだ。

$$\text{現在価値（PV: Present Value）} = \frac{10\text{万ドル}}{(1+r)} + \frac{10\text{万ドル}}{(1+r)^2} + \cdots + \frac{10\text{万ドル}}{(1+r)^{10}}$$

　お金の現在価値は、1年あたり（1 + r）倍になる時間価値の分を割り引くことで計算される。将来受け取るお金は、現在のお金と比べて価値が低いのだ。割り引く計算は、1年後なら（1 + r）、2年後なら（1 + r）^{2}、といった数字でそれぞれ受け取る金額を割り算する。つまり、将来の受け取り額をひとつずつ現在の価値に直し、それを足し上げるのだ。**図表5.1（b）** では、この考え方を図解している。

　この計算におけるrは、あなたが投資によって得ることを期待するリターンの率であり、割引率、資本コスト、ハードルレートなどと呼ばれる。2008年の金融危機以前において、多くの企業の経営幹部は、自社で使用するハードルレートのrは12％かそれ以上だと非公式に教えてくれていた。一方、景気が悪化して以降は、5％やそれ以下の数字を耳にすることが増えた。ここでは、ビジネススクールでよくやるように、簡易的にrを10％として進めていこう。エクセルのNPV関数で、rを10％、キャッシュフローを10年にわたる10万ドルの受け取りとして設定すると、61万4457ドルという現在価値が得られる。**図表5.2** はこの結果を表しており、実際のスプレッドシートは www.agileinsights.com/book からダウンロードすることも可能だ（英語のみ）。

　これが、割引率をr = 10％に設定した場合での、毎年10万ドルずつ10年間にわたって受け取る賞金の現在価値だ。では、52万ドルの現金をすぐに受け取るのと、10年間の分割で受け取る現在価値61.4万ドルの受取方法のどちらを選ぶべきだろうか（注2）。分割の方が価値としては大きいのは明白だが、決断にあたっては、これ以外にも様々な要素を検討する必要があるだろう。たとえば、10年後に定年退職を控えており、退職後に備えて年間10万ドルを積み立てていきたいと思えば、年10万ドルの選択肢が最適だろう。

図表5.2 エクセルのNPV関数を使った現在価値計算のテンプレート

年	1	2	3	4	5	6	7	8	9	10
受取額	$100	$100	$100	$100	$100	$100	$100	$100	$100	$100

r: 10%
PV: $614.46 (千)

www.agileinsights.com/book からダウンロード可能(英語のみ)。

一方、住宅購入を検討しており、即座に現金が必要な場合には、52万ドルを一括で受け取る方が最適な選択になるかもしれない。

この例から言えるのは、数字を算出すること自体は、経営上の意思決定における第1ステップに過ぎないということだ。計算結果に加えて、置かれている状況や背景も極めて重要であり、意思決定においては非常に多くの要素を考慮する必要があるのだ。物理法則の世界とは異なり、マネジメント上の意思決定では、絶対的な正解や不正解は存在しない。しかしながら、往々にして「より状況にマッチした」答えは存在するというのが私の考えだ。

まとめると、意思決定は指標の数値にとどまらない色々な要素に左右されるものではあるが、適切な判断をするためには、お金の時間価値、期待収益率r、そしてキャッシュフローの現在価値の計算方法をまず理解しておく必要がある。これらは、マーケティングにおける2つ目の重要な財務系指標の構成要素だ。

> **重要指標⑦:第2の必須財務系マーケティング指標**
> 正味現在価値(NPV: Net Present Value) = PV(現在価値) − 費用

ゴルフを例にした思考実験でいうと、大会出場登録料、プライベート・ジェットでの旅費、ペブルビーチのコースを見渡せる豪華なホテルの宿泊費などは、すべて埋没費用(サンク・コスト)だ。これらの費用は、52万ドルの一括受け取りか、10万ドルずつ10年間分割で受け取るかの選択とは無関係に、既に発生している共通費用だ。これに対し、正味現在価値(NPV: Net

Present Value）の考え方は、選択によって将来かかる費用が変わってくる、複数のマーケティング施策を比較するのに役立つ。それぞれの施策が生み出す現在価値から、施策に必要な費用を差し引いた数字を比較するのだ。実際には、費用も複数期間にわたって発生するため、⑦の指標をより具体的に表すと、以下のようになる。

$$NPV = -C_0 + \frac{(B_1 - C_1)}{(1+r)} + \frac{(B_2 - C_2)}{(1+r)^2} + \frac{(B_3 - C_3)}{(1+r)^3} + \cdots + \frac{(B_n - C_n)}{(1+r)^n}$$

見た目は複雑だが、考え方は**図表5.1**と同様にシンプルだ。期間0においては、マーケティングの初期費用のみが発生し、以後1期目からn期目までにわたり、マーケティングの成果として得られる売上がB_n、期ごとに発生するマーケティング費用がC_nで表される。したがって、ここでは各期において売上から費用を差し引いた利益（重要指標⑥）の計算を行い、時間価値を反映させるために（1 + r）の累乗で割引計算を行っているに過ぎない。将来の利益は、現在の利益に比べると価値が低いということだ。マーケティング・キャンペーンにおける正味現在価値の計算については、**図表5.3**の事例を参照されたい。

では、自社で使うべきrはどのような数字なのだろうか。その答えは、投資家が同業の類似企業に投資する際に期待する収益率ということになる。たとえば、製造業の企業の収益率が一般的に12％程度であるのに対し、ソフトウェア企業のそれは18％程度となっている。この差は、ソフトウェア産業が製造業と比べて高成長、高リスクな業界であることに起因している。投資家は、どの企業に投資するかの選択肢を保有しているわけだから、同じ業種の類似企業と同様の収益率をもたらさない限り、自社に投資してくれないはずだ。

経営の意思決定においては、正味現在価値の値がプラスならば投資を実行し、マイナスなら否決するというのが基本的な考え方となる（注3）。なぜなら、正味現在価値がプラスであるということは、将来の収益の価値が目減りするということを考慮に入れても、期待される便益が必要な費用を上回ると

いうことを示しているからだ。

　マーケティング重要指標⑦の正味現在価値には、単に施策への投資の可否を決める以上の有用性もある。たとえば、企業全体の現時点における価値、すなわち企業価値は、その企業が将来にわたって創出するキャッシュフローを推定し、それを割り引いて現在価値に換算することで算出することができる（注4）。無借金経営の（有利子負債のない）企業であれば、この企業価値を発行済み株式数で割り算したものが株価となる（注5）。本章の冒頭で紹介したCMOの、マーケティング施策の実行によって株価を40セント上昇させることができるという説明は、この計算に基づいていたのだ。

　あなたの会社が、電子書籍リーダーの新製品開発を計画しているとしよう。新技術を使った製品の開発には1年を要し、必要な開発費やマーケティング費用を反映した電子書籍リーダーの正味現在価値（NPV）は、5000万ドルにのぼると試算された（注6）。新製品の計画に関する広報発表を行った直後には、世界中のアナリストがこのプロジェクト投資の評価を行い、試算結果が会社発表と同様であれば、あなたの会社の株を買い付け始める。有利子負債がなく、発行済み株式数が1億株だとすると、この電子書籍リーダーの新製品発表は、株価を50セント押し上げる（5000万ドル÷1億株）効果をもたらすはずだ。この発表によって、あなたの会社の株式の価値が50セント上昇するのだ。

　次に、先ほどの新製品の計画発表から6カ月が経ち、製品の開発に遅れが生じているという状況を想定してみよう。新製品の発売は1年間延期される見通しで、この1年分の収益機会が失われると同時に、この間に追加の開発費用が必要となる。その結果、期待される正味現在価値（NPV）は、当初の5000万ドルではなく、2500万ドルとなった。このことは株価にどのような影響を与えるだろうか。正味現在価値（NPV）の減少分2500万ドルを株式数1億株で割った25セント分が下落することになるのだ。

　つまり、正味現在価値（NPV）がプラスのマーケティング施策やキャンペーンに投資すべきなのは、それが株価を上昇させることになるからで、正味現在価値（NPV）がマイナスの施策は、株価を下落させるから実施してはならないのだ。多くの上場企業において、経営陣のボーナスは株価と連動し

ているため、彼らはこの正味現在価値（NPV）と株価の関係についてよくわかっているし、当然関心も強い。したがって、マーケティング担当者は、正味現在価値（NPV）と株価の関係を理解することで、取締役会と共通のものさしで議論を進めることができるようになるのだ。

ただし、この一連の議論は、合理的かつ効率的な株式市場の存在を前提としている。2008年から2009年にかけての市場の大暴落を目にした読者は、株式市場が合理的で効率的であるということに疑念を抱くかもしれないし、実際に、時として市場がとんでもないおかしな動きをすることがあるのは事実だ。2008年の金融危機においては、景気の見通しや、将来における企業価値の不確実性が一気に高まり、混乱した市場において、株式が投げ売りされる事態につながった。正味現在価値（NPV）の計算における将来の売上、必要な費用、割引率rといった各要素は、予測に基づいた推定値であるために、実際にはブレ幅が大きいものであり、正確な値を厳密に求められるわけではないことを強調しておきたい。しかし、だからといって、不況期において正味現在価値（NPV）を無視すべきということにはならない。むしろ逆に、景気が芳しくない時期においてこそ、経営者にとって適切な意思決定をするための情報は重要性を増し、正味現在価値（NPV）は重要なツールとなるのだ。

ところで、ROIとは何だろうか？　5人のマーケティング担当者にこの質問をしたところ、7種類ほどの異なる定義が返ってきた。これは、マーケティング担当者が悪いというよりも、多くのマーケティングの教科書や新聞記事などに記載されている定義に問題があるのではないかと思っている。頻繁に見かけるのは以下のような定義だ。

$$\text{ROI} = \frac{\text{便益} - \text{費用}}{\text{費用}} \times 100\%$$

ここで、便益とはマーケティングを実施した結果として得られる収益を、費用はマーケティングにかかる費用を表している。要は、この式は重要指標⑥の利益をマーケティングにかかる費用で割り算したものにほかならない。

この定義には、2つの点において、時間の概念が欠如している。1点目は、上記のROIの式では、お金の時間価値を考慮に入れていない点だ。本章で説明した通り、将来手に入るお金は、現在手元にあるお金よりも価値が低いはずだが、このROIの式ではどの時点でもお金は等価値として扱われることになる。2点目は、実施期間に関する要素が含まれていない点だ。たとえば、2つのキャンペーンがあり、1つは9カ月間、もう1つは3年間にわたって実施されるとし、この定義に基づくROIは2つのキャンペーンとも100%だとしよう。ROIの数値は等しいが、この2つの収益率はまったく異なるということは直感的にすぐわかるだろう。これらの2点を理由に、上記の定義のROIは本書における重要指標に含めていない。代わりに、より適切な指標として以下を推奨したい。

> **重要指標⑧：第3の必須財務系マーケティング指標**
> 内部収益率（IRR: Internal Rate of Return）＝ キャンペーンや施策を実施する場合の投資利回り（複利）

たとえば、キャンペーンの最初の第1期で10万ドルの利益（便益－費用）が創出され、内部収益率（IRR）が25％だとしよう。第2期になると、この10万ドルは12.5万ドルに増える。さらに第2期にも10万ドルの利益が創出されるため、第3期には22.5万ドル×（1＋0.25）＝28.1万ドルまで増えることになる。

実は、正味現在価値（NPV）の算出式を使い、正味現在価値（NPV）が0になるようなrを導き出すと、このrが内部収益率（IRR）の数値となる。

$$0 = -C_0 + \frac{(B_1 - C_1)}{(1+IRR)} + \frac{(B_2 - C_2)}{(1+IRR)^2} + \frac{(B_3 - C_3)}{(1+IRR)^3} + \cdots + \frac{(B_n - C_n)}{(1+IRR)^n}$$

見た目の複雑さに身構えてしまうかもしれないが、エクセルには正味現在価値（NPV）と並んで内部収益率（IRR）も標準の関数として搭載されており（注7）、簡単な作業で算出することができる。キャンペーンの内部収益率

(IRR)の計算テンプレート事例としては、**図表5.3**を参照されたい。

内部収益率（IRR）を使った財務上の意思決定は、IRRの数値と、ハードルレートと呼ばれる割引率rとを比較することで下される。内部収益率（IRR）がハードルレートrの数値を上回っていれば投資を実行し、下回っていれば却下するというのが原則だ。

図表5.3は、重要財務指標を計算するエクセルのテンプレートを表している。ここにある2つの事例は、(a) が3年間にわたるマーケティング施策、(b) が9カ月間のキャンペーンだ。どちらのケースにおいても、まず費用と収益を入力することで、各期における重要指標⑥の利益が算出される。これらの利益は、割引率rを使って現在価値に換算される。ここでは、rは15%に設定されている。いずれの例においてもNPVはプラスであり、年間ベースのIRRは15%のrを上回っているため、施策ないしキャンペーンは、投資実行に値すると言える。

マーケティング投資収益率（ROMI）における最後の重要な財務系指標は、投資回収期間だ。

重要指標⑨：第4の必須財務系マーケティング指標
投資回収期間 = 投じた累計支出と同額の累計利益を稼ぐまでにかかる期間

投資回収期間は通常、割引率を考慮せずに計算され、経験則による意思決定に使われる。**図表5.3**では、3年と9カ月のそれぞれのキャンペーン事例について、投資回収期間を算出している。投資回収期間の算出に必要なのは、利益の累計額を足し上げていくだけのシンプルな計算だ。利益の累計額がマイナスからプラスに変わる時期が、獲得した収入がそれまでにかけた支出を上回るタイミングであり、そこに至るまでにかかる期間が投資回収期間だ。**図表5.3**（a）における投資回収期間は約18カ月、(b) においては約8カ月となっており、いずれも良い数字だ。本章の後半では、これらの重要指標をつなぎ合わせた、より詳しい事例を紹介していく。各指標はwww.agileinsights.com/bookでダウンロード可能なテンプレート（英語のみ）を

図表 5.3 4つの重要財務指標の計算を行うテンプレート。(a)は3カ年のマーケティング施策、(b)は9カ月のキャンペーンの例。金額は1000ドル単位。

	時点0	1年目	2年目	3年目
マーケティングおよびその他費用	(100)	(250)	(250)	(250)
売上高	-	300	300	300
利益(売上高－費用)	(100)	50	50	50
r	15%			
NPV	12.31(ドル)			
IRR	23%			
増分キャッシュフロー	(100)	(50)	-	50

回収期間 → 約18カ月

(a)

	月	1	2	3	4	5	6	7	8	9
マーケティングおよびその他費用		(60)	(20)	(20)	(10)	(20)	(20)	(10)	(20)	(20)
売上高		-	25	25	15	30	30	20	30	30
利益(売上高－費用)		(60)	5	5	5	10	10	10	10	10
r(年率)	15.0%									
r(月あたり)	1.25%									
NPV	1.04(千ドル)									
月間IRR	1.6%									
年間IRR	19.21%									
増分キャッシュフロー		(60)	(55)	(50)	(45)	(35)	(25)	(15)	(5)	5

回収期間 → 8カ月目の末

(b)

www.agileinsights.com/book からダウンロード可能(英語のみ)。

使って、簡単に計算できる。

　財務系マーケティング指標についてまとめよう。マーケティング投資収益率(ROMI)は1つの指標で測れるものではなく、重要指標⑦のNPV、重要指標⑧のIRR、重要指標⑨の投資回収期間という3つの指標で見る必要がある。これらの3つの指標を組み合わせてマーケティング活動の価値を測定するのが、私が考えるマーケティング投資収益率(ROMI)である。それぞれの直感的な説明としては、次のようになる。

• NPVとは、各期において収入から支出を差し引いた利益を、お金の時間

価値を反映させるために割り引き、足し上げたもの。
- IRRとは、キャンペーンによって企業内でお金が増幅していく度合いを表した率。
- 投資回収期間とは、キャンペーンに費やしたのと同額のお金が収入で返ってくるのにかかる期間。

マネジメント意思決定においては、NPV＞0およびIRR＞rが投資すべき、NPV＜0およびIRR＜rが投資すべきでないことと覚えておこう。同様に、回収期間が短いのは良いこと、長いのは悪いことだ。この後で説明していく通り、これらのマーケティング投資収益率（ROMI）指標を使うことで、従来のROI指標を使うよりもはるかに適切な意思決定を行えるようになる。

マネジメント意思決定のためのマーケティング投資収益率のフレームワーク

では、具体的にどのようにして、キャンペーンや新製品発売マーケティングのROMIを把握できるのだろうか。**図表5.4**は、ROMIの体系的なフレームワークを示している。このROMI分析の手法は、新製品の発売、製品ラインの拡大、需要喚起型マーケティング・キャンペーンなどに共通して適用することができる。最初のステップの事業環境分析では、既存のマーケティングや製品の効果を把握し、新たなマーケティング手法や新製品がもたらし得る効果が調査される。次のステップでは、事業がこれまで通りに継続される場合に予測される収入と支出を、ベースケースとして算出する。「スコアのトラッキング」を行ってきている組織の場合には、ベースケース分析を行うことは比較的簡単だが、過去のマーケティングの影響度合いを正しく把握できていない組織の場合、必要な作業が増大する可能性がある。

図表5.4における第3のステップは、新たな取り組みに伴って発生する費用を網羅的に把握することだ。既存製品の新たなマーケティングを行う場合には、販促品の開発費用、顧客コミュニケーション・コスト、携わる従業員の給与や間接費、代理店報酬などが費用として挙げられる。新製品の場合なら、さらに製品開発費、発売前マーケティング、発売後の継続的なマーケ

図表5.4 　需要喚起型マーケティング施策や新製品発売における ROMI フレームワーク

事業環境分析	市場調査や分析を通じ、既存事業に関する理解を深めるとともに、新たなマーケティング・キャンペーンや新製品がもたらし得る効果を把握する。
ベースケース	既存のマーケティングや商品を継続した場合の売上、費用およびキャッシュフローを推定する。
費用	新たなマーケティング・キャンペーンや新製品にかかるすべての費用を把握する。発売前マーケティング、顧客コミュニケーション費用、新製品開発費、発売後の継続的なマーケティングや顧客サポート費用、メンテナンス費用などを含める。
アップサイド	新たなマーケティング施策や新製品を導入することによって得られる売上増分を把握する。
ROMI計測	増分キャッシュフロー（アップサイドからベースケースを引き算したもの）を使ってNPV、IRR、投資回収期間を算出する。
感度分析	各種推定の前提条件を変更することで最良、最悪、通常シナリオを作成し、各種指標の変化度合いを把握する。

ティングや顧客サポート費用も追加されることになる。いずれもベースケースの費用に、これらの項目を上乗せする形になるはずだ。

　次のステップでは、新たなマーケティングや、新製品によってもたらされる追加収入をアップサイドとして計算する。ここでは、様々な推定に基づいて、新たな取り組みの影響度合いを数値化する。そして最後に、これらの情報をまとめて、マーケティング投資収益率（ROMI）の計算を行う。まず、新プロジェクト実行を前提にしたキャッシュフローから、ベースケースのキャッシュフローを引き算する。この引き算の結果は、新製品やキャンペーンによって得られる増分キャッシュフローと呼ばれる。つまり、新たな取り組みを行うことで追加的に得られる利益（キャッシュフロー）を指す。この増分キャッシュフローの数字を使って、ROMIの3つの指標（IRR、NPV、投資回収期間）を算出する。これで投資判断の意思決定を行いたいところだが、これらの数字はあくまでも仮定に基づいた数字である。その仮定が予想と異なる場合を想定して、最終ステップでは感度分析を行う。最良シナリオ、最

図表 5.5　キャンペーンROMIのテンプレート。この事例では、通常のケースにおいて n 個、アップサイド・ケースにおいて o 個の新たなキャンペーンが実施されることになっている。N 期間はこの例においては年単位だが、月単位に変更することも可能となっている。

ベースとなるケース		時点0	1年目	…	N 年目
セグメントあるいはキャンペーンの売上	キャンペーン1				
	キャンペーン2				
	⋮				
	キャンペーン n				
	売上総額				
	売上原価				
	マーケティング費用				
	営業利益				
	法人税				
	ベースケースのキャッシュフロー				

新キャンペーン実施時					
セグメントあるいはキャンペーンの売上	キャンペーン1				
	キャンペーン2				
	⋮				
	新キャンペーン o				
	売上総額				
	売上原価				
	マーケティング費用				
	営業利益				
	法人税				
	新キャンペーン実施時のキャッシュフロー				
	増分キャッシュフロー				

www.agileinsights.com/book からダウンロード可能（英語のみ）。

悪シナリオ、通常シナリオにおいて、ROMI の3指標などがどう変動し得るかを理解するためだ。感度分析については、本章最後で詳しく説明する。

　図表5.5は、一般的なマーケティング・キャンペーンに適用可能な ROMI 算出用エクセルのテンプレートで、**図表5.6**は、新製品発売の場合に使えるテンプレートだ。いずれの場合も、上部に従来通りに進める場合の収支を記入・算出し、下部で新キャンペーンや新製品発売を行う場合の収支を記入・算出している。増分キャッシュフローは、新キャンペーン実施時や新製品発売時のキャッシュフローからベースケースのキャッシュフローを差し引いた

ものだ。これが、新施策の実施前後での利益の差額となる。NPVおよびIRRは、この増分キャッシュフローと、エクセルの標準関数を使って簡単に計算することができる（エクセルスプレッドシートのテンプレートファイルはwww.agileinsights.com/bookからダウンロード可能となっている。英語のみ）。

　図表5.5のスプレッドシートは、複数年にまたがるマーケティング・キャンペーンを前提にした設計となっているが、同じものを月次の数字に置き換えて利用することも可能だ。年度の数字を月に変更し、rを12で割ることで月次の割引率とすればよい。月次に変更して算出されるIRRも月次IRRとなることには注意が必要だ。「年次のIRRは割引率rを上回っていて、投資を実行すべきか？」という質問に答えるためには、この月次IRRを12倍してやればよい（注8）。**図表5.3（b）**では実際にこの作業を行っているので、参照されたい。

　図表5.4で示したフレームワークと同等の結果を得られる手法として、最初から、新たなマーケティングによってもたらされる追加効果を増分キャッシュフローとして推定していくやり方もある。しかしながら、類似した既存の商品やマーケティングがある状況においては、一部のみを切り出した将来予測が難しく、新製品や新たなマーケティングをひっくるめた事業全体のキャッシュフローを推定し、そこからベースケースのキャッシュフローを差し引く方が算出しやすいだろう。

　前節で説明した通り、増分キャッシュフローから求められるIRRがプロジェクトの割引率を上回る場合というのは、NPVがプラスになるのと同義であり、新製品あるいはキャンペーンへの投資は前向きな検討に値する。ただし、このプロセスには、数多くの前提条件の推定が重ねられているため、各種推定値の妥当性、新たな取り組みに関わる費用の洗い出し、もたらされる収益の見通しといったそれぞれの要素において、慎重な検討が必要とされる。

　実際にキャンペーンが実施された後になって、自社のマーケティング投資収益率（ROMI）を把握したいと相談されることがしばしばある。多くの場合、将来の追加支出を正当化する要素を探しており、今までに行ってきたマーケティングが、良い効果を生んできたに違いないと信じている。こうい

| 図表5.6 | 新製品発売 ROMI のテンプレート。図表5.5ではキャンペーンとなっていた箇所に、n 種類のセグメントを入れ、N 年にわたる影響を測定する。セグメントをキャンペーンに、年を月に置き換えることも可能だが、通常新製品は複数年にわたって効果を生むことが多い。 |

ベースとなるケース		時点0	1年目	…	N 年目
セグメントあるいはキャンペーンの売上	セグメント1				
	セグメント2				
	⋮				
	セグメントn				
	売上総額				
	売上原価				
	マーケティング費用				
	営業利益				
	法人税				
	ベースケースのキャッシュフロー				

新製品発売時

セグメントあるいはキャンペーンの売上	セグメント1				
	セグメント2				
	⋮				
	セグメントn				
	売上総額				
	売上原価				
	マーケティング費用				
	新製品開発費				
	減価償却費				
	営業利益				
	法人税				
	税引後利益				
	減価償却費の足し戻し				
	新製品発売時のキャッシュフロー				
	増分キャッシュフロー				

＊ベースケースの製品については償却完了している前提

www.agileinsights.com/book からダウンロード可能（英語のみ）。

う依頼では、限られた事実しか測定されてこなかった状態から、追加のマーケティング投資を行わなかった場合のベースケースの数値をゼロから推定することが求められ、社内外インタビューや分析作業に多大なリソースを割かなければならなくなってしまう。それは、さながら考古学における発掘調査のような作業である。

この問題は、キャンペーンを実施する前から基本的な測定を実施しておくことで、容易に回避することが可能だ。既存のマーケティングにおける商品やサービスの売上水準をトラッキングしておくことで、新たなキャンペーンを実施してからの売上増加率を確認することができる。スコアをトラッキングすることは、ROMIにおける不可欠な要素であり、優れたマーケティング力を誇る企業に共通して見られる組織文化である。

　新マーケティング実施前の数値・水準が測定されていなかった場合の代替手段として、新マーケティング導入後の期間においてもキャンペーンの対象とならないコントロール群を設定し、このコントロール群と比較して、どれだけの増分が得られているかを測定するやり方がある。たとえば、日産自動車は、2005年の2月から3月にかけて、「100万台でドライブしよう」と銘打った懸賞キャンペーンを実施し、全国およびローカルメディアを通じて積極的な広告を行った。3月末のキャンペーン終了期限が近づくにつれ、猶予期間の短さを煽るために、検索連動広告、オンライン広告、ダイレクト・マーケティングなどを通じたカウントダウン広告が展開された。これらの各媒体において、コントロール群との比較を通じて増分の測定がなされ、ダイレクトメールでは10％、電子メールでは50％にも及ぶ売上増加が観測された。ここでは、コントロール群の数値が**図表5.5**の上部（変化前）に相当し、「100万台でドライブしよう」キャンペーンのメッセージが届けられた顧客群の結果が下部（変化後）として扱われたのだ。マーケティングにかかった費用を当てはめることで、この場合でも**図表5.4**のフレームワークを使ってROMIの分析を行うことができる。

　この日産のケースでは、実施期間が短く、お金の時間価値の重要性が乏しいため、従来型のROI計算を使った評価で問題ないとする考え方もあるかもしれない。しかしながら、やはりこの曖昧な従来型のROI計算手法では、たとえば18カ月間にわたって実施されたキャンペーンと、6カ月間という短期間で行われたキャンペーンの成果の比較ができない。前述の通り、短い期間のキャンペーンにおいては、**図表5.3（b）**のテンプレートで、年間の割引率を12で割った数字を使って月次の増分キャッシュフローからIRRやNPVを算出し、月ベースまたは年ベースに計算し直したROMI指標を活用

する方が好ましいだろう。

スポーツ・スポンサーシップにおける マーケティング投資収益率（ROMI）

　第1章で説明した需要喚起型マーケティング（トライアル・マーケティングを指す場合もある）は、実施中もしくは実施直後の売上につながるため、比較的容易に収益をキャンペーンと直接結びつけることが可能だ。需要喚起型マーケティングとしては、クーポン、値引き、期間限定イベントなどが挙げられる。売上に直結するこれらの施策は、財務系指標、マーケティング投資収益率（ROMI）を使って定量評価するのに適している。

　次に、複数のキャンペーンから構成されるマーケティング・プログラムの場合でも、ROMIの手法が適用されるかを見ていこう。この事例は、実在するクライアントが、ヨーロッパの大手スポーツチームに対して3年間のスポンサーシップを行った際のものだ（**図表5.7参照**）。秘密保持契約により、クライアント名は非公開となっている。このスポンサーシップは第3ランクに分類されるもので、クライアント企業のロゴがチームのウェブサイトやプロモーション・グッズ、イベント用ポスターなどに掲載されるものの、選手が着るユニフォームや使用する器具といった、観客から非常に目立つ場所には露出されない。このマーケティング投資のROMIを測る前に、まずはスポーツ・スポンサーシップというマーケティング手法についてもう少し説明しよう。

　通常、スポンサーシップは、ブランディングあるいは認知率向上マーケティングと位置づけられ、したがって第4章で説明した通り、非財務系指標を使った定量評価の方が適している。しかしながら、今回の事例のスポンサーシップは、認知率向上と並んで需要喚起の目的も併せ持つマーケティング施策であった。このような二兎を追うやり方を、私は他にも何度か見たことがあり（注9）、スポンサーシップを通じてブランド認知率の向上と売上の増加の両方を達成することは実際に可能であると考えている。重要なポイントとなるのは、スポンサーシップにいくらの費用をかけるかではなく、適切

図表 5.7 スポーツ・スポンサーシップにおける ROMI 分析の例。機密上の理由から数字は実際とは異なる。

単位：ドル

	時点0	1年目	2年目	3年目
スポンサーシップによる売上		500,000	750,000	1,000,000
ルーマニアキャンペーン		2,500,000	2,500,000	2,500,000
英国キャンペーン			2,500,000	2,500,000
ブルガリアキャンペーン			2,500,000	2,500,000
ポーランドキャンペーン			2,500,000	2,500,000
売上総額		2,500,000	10,000,000	10,000,000
売上原価		(1,750,000)	(7,000,000)	(7,000,000)
粗利益		750,000	3,000,000	3,000,000
スポンサーシップの費用	(250,000)	(850,000)	(850,000)	(850,000)
マーケティング展開の費用		(250,000)	(600,000)	(750,000)
費用総額	(250,000)	(1,100,000)	(1,450,000)	(1,600,000)
営業利益	(250,000)	(350,000)	1,550,000	1,400,000
法人税	96,250	134,750	(596,750)	(539,000)
税引後利益（あるいは損失）	(153,750)	(215,250)	953,250	861,000

NPV	916,813
IRR	132%
回収期間	1.4年

www.agileinsights.com/book からダウンロード可能（英語のみ）。

なマーケティング活動と組み合わせることで、消費者の行動を喚起していくことだ。

　このクライアント企業が行ったスポンサーシップは、低予算であったが、適切なマーケティング活動を組み合わせた消費者の行動促進によって、大きな成果を生むことができた。スポンサーとなったチームには、東ヨーロッパで非常に人気の高い選手が在籍していた。この選手の人気の高さを活用するために、同社はルーマニアで自社の商品を販売している代理店と共同で、選手が登場するテレビ CM と懸賞型店頭キャンペーンを実施した。スポンサーシップの金額は年間85万ドルで、その契約の中で選手を CM に使用する権利を得ることができた。パートナーの代理店は、CM 放送枠や店頭ディスプレイの費用を負担することに合意した。

　クライアント企業が販売代理店を巻き込みながらプロモーションの旗振り

役として立ち回り、販売代理店に収益をもたらしつつ、その製品のメーカーとしての利益も享受した。このプロモーションは、売上を108％、利益を164％増加させるという目覚ましい効果を生んだのであった。この成功を受けて、スポンサー企業は同様のキャンペーンをポーランドと英国でも展開することを決定し、これらの市場では、プロモーション対象とならないコントロール群との比較実験によって成果が測定された。英国でもキャンペーンは成功し、売上と利益が20％増加した。

図表5.7は、このスポーツ・スポンサーシップの3カ年ROMIを分析したものだ。この表は、マーケティング・プログラムにおけるROMI測定のベスト・プラクティスと言えるものだ。個々では1年未満のキャンペーン施策を複数合わせることで、全体としては3年にわたるマーケティング・プログラムを構成している。**図表5.7**では、プログラムを実行しない場合の数字を省略し、各マーケティング活動によってもたらされた売上の増加分のみが表示されている。これも秘密保持の観点から正確な数字を記載することはできないが、大まかな規模感としては、事実に沿ったものとなっている。

図表5.7では、増加分の売上から売上原価、スポンサーシップの費用、マーケティング展開にかかる費用を差し引き、利益増加額（増分キャッシュフロー）が計算されている。この結果のNPVは91.7万ドル、IRRは132％、投資回収期間は1.4年だ。正の値のNPV、高いIRR、2年を下回る回収期間はいずれも素晴らしいROMIと評価でき、これは将来、同様の取り組みに予算を確保することを十分に正当化し得る結果だと言えよう。

しかしながら、私の経験上、**図表5.7**のようなROMIの分析結果を会議で提示すると、必ずと言ってよいほどの確率で、会議室の後方から「ルーマニアでの150％改善というのは本当に正しい数字と言えるのか？」といったような質問が投げかけられる。これは、「売上増をもたらした要因がこのキャンペーンだと証明できるのか？」という意味で、具体的な数字を提示した時には本当に頻繁に聞かれるし、尋ねられるべき正当な疑問だ。だからこそ、会議の前にあらかじめ回答を準備しておかなければならない。たとえば、「ルーマニアではこの期間に他のマーケティング施策が行われておらず、したがって、150％の売上増はこのスポンサーシップ・マーケティングに起因

するものでしかあり得ません。一方で、英国においては、コントロール群を設けることでキャンペーンの影響を切り分けることができる、（本書第2章で説明した）比較実験的な手法を用いており、こちらもキャンペーンの効果と結論づけることができます」というような回答をできれば説得力が増すだろう。

　懐疑的な視点を持つ人は必ずいるので、分析に対して鋭い質問をぶつけられることを想定して準備をしておくことは非常に重要だ。次節では、ROMI指標を使ったマネジメント意思決定を適切に行うための前提条件の考え方や結果の解釈について、さらに深掘りしていく。また、本章の最後で説明する感度分析の手法を用いれば、さらに明晰となり、懐疑派も静かになるだろう。

新製品発売時におけるマーケティング投資収益率（ROMI）

　本章のこれまでの内容を読んだ読者は、マーケティング施策全体の半数を占める需要喚起型マーケティングにおいて、財務上のROMIを示すスキルを身につけているはずだ。前節までに紹介した事例やテンプレートを使えば、数カ月のキャンペーンでも、複数のキャンペーンで構成された数年にわたるマーケティング・プログラムでも、このROMIを適用して評価を行うことができる。ファイナンスという、ビジネスにおける共通言語を使いこなすことによって、経営幹部たちはマーケティング担当のあなたに好印象を抱き、評価を上げることだろう。本章の残りの部分を通じ、あなたはファイナンスを上手に使いこなすマーケティング担当者になることができるはずだ。本節では、新製品発売や新チャネル導入時におけるROMIの考え方を、事例を使いながら詳述する。内容が複雑に感じるかもしれないが、ROMIにおいて悪魔は細部に宿るのだ（なお、新製品発売や、ROMIの複雑な説明に興味が湧かなければ、一旦この節を飛ばしてしまっても構わない）。

　次に挙げる事例は、ネット販売チャネルの立ち上げと、そのマーケティング・キャンペーンに適用されたROMIの分析だ。新しいネット販売チャネルを例にとって説明するが、考え方は、一般化してあらゆる新製品や既存製

品のライン拡張に適用可能だ。また、ここでのベスト・プラクティスは、これまでに説明したような、キャンペーンを通じた売上拡大のケースにも適用できる。

　この事例におけるネット販売チャネルは、ユーザーが電話やFaxの代わりにオンラインで商品の購入を行うことができる通販サイトで、マーケティングの目的は、このサイトにユーザーを誘導することだ。この事例のネット販売チャネルは、中規模のB2B電気機器卸売業者のものであるが、秘密保持の観点から実際と異なる数字を使い、また、わかりやすいように簡素化してある（注10）。したがって、ここで挙げる売上や費用の数字は、説明のための架空の数字となっている。目的は、ネット販売チャネルの立ち上げに必要な費用を理解することではなく、**図表5.4**で示したフレームワークと、**図表5.6**で説明したROMIの計算手法に関する理解を深めることだ。

ベースとなるケース

　ROMI分析の最初のステップは、事業のベースケースを見極めることだ。これは、ネット販売チャネルを導入せず、現行のやり方を続けた場合に期待される収益や費用がどのような水準かを理解するということだ。新製品や新チャネルがどのような収益や費用項目に影響を与えるかを理解し、それらに集中してこの分析を進める。既存事業を理解するこのプロセスは事業環境分析と呼ばれ、これが**図表5.4**で示したROMIフレームワークの第1ステップだ。

　事業環境分析のベスト・プラクティスは、その市場における事業上の重要指標を理解し、それらについて、競合の数値をベンチマークとして比較分析するやり方だ。ベンチマークできる数値が手元にない場合には、市場調査を実施する必要が生じる。ネット販売チャネル導入の事例における事業環境分析の結果、概算値として推定された内容を**図表5.8**および**5.9**にまとめている。

　図表5.8（a）におけるベースケース推定は、ダイヤモンド、プラチナ、ゴールド、シルバーという市場セグメントごとの導入前（時点0）収益規模だ。それ以外には、年別売上成長率、法人税率、割引率（あるいはハードルレー

図表 5.8 ネット販売チャネル立ち上げの ROMI 分析において仮定された数値。(a)は導入前のベースケース売上および費用、(b)は新チャネル開発およびマーケティング費用、(c)は市場調査に基づく、注文額アップによる売上向上（増加率）。

単位：千ドル

(a) ベースとなるケース	
売上高	時点0
ダイヤモンド	554
プラチナ	252
ゴールド	103
シルバー	55
売上総額	964
年間マーケティング費用	80
ベースケースの売上成長率	3%
法人税率	38%
割引率	12%

(b) 新チャネル導入費用	
新チャネル開発費	275
新チャネル展開マーケティング費用	100

(c) 新チャネル導入による増分		
購入単価上昇率	通常ケース	最良ケース
1年目	5%	10%
2年目	10%	20%
3年目	13%	25%

最悪ケースは単価上昇なし

ト）の r などが事業環境分析から導かれた。これらの数値は、ネット販売チャネルを導入せずに、既存の営業・販売チャネルとマーケティングで展開することを前提としている。

新製品開発費とマーケティング費

　新製品や新チャネルには、開発費と継続的なメンテナンス費用がかかる。加えて、立ち上げ時のマーケティング費用や、ユーザーをウェブサイトに誘導するための施策にかかる継続的な費用もある。これらの費用は、**図表5.8 (b)** で開発費および年次の展開費用として扱われている。一般論として、費用は比較的把握が容易な項目だ。一方で、新製品やマーケティング施策の

図表 5.9　市場シェア向上の仮定値。市場調査に基づき、最悪、通常、最良の3つのケースが仮定される。

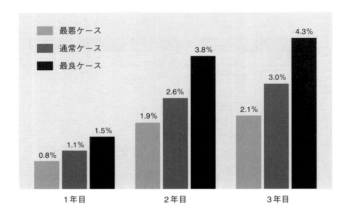

結果として期待される増分収益の把握の方が難しいケースが多い。

売上増分の推定

　事業環境分析の結果、ROMI を改善するための2つの重要なドライバーが確認された。売上拡大の1つ目のドライバーは、ウェブサイト上のマーケティングを通じた、セット購買の促進やターゲット・マーケティングにより、顧客1人あたり購入単価を向上させることだ。この購入単価の上昇は、**図表5.8（c）**に示されている。

　この企業は直販に力を入れていなかったため、この領域での市場シェアは限定的であった。売上拡大の2つ目のドライバーは、市場シェアの拡大である。しかしながら、ネット販売チャネルの導入によってどれだけ市場シェアを獲得できるかについては冷静に捉える必要がある。市場調査を通じ、向こう3年間の市場浸透率について最良、通常、最悪の3つのシナリオが導き出され、その結果を**図表5.9**のようにまとめた。事業環境分析によって、B2B市場における1ポイントのシェア向上が、当該商品ラインの年間売上を10万5000ドル増加させる結果につながることがわかった。

キャッシュフローの試算

ベースケースの売上と費用、新製品開発およびマーケティングに必要な費用、そして売上増分に関する分析を通じ、**図表5.6**のフォーマットに数字を埋めていくことが可能となり、実際に数字を記入した例が**図表5.10**となっている。これが、新製品発売に関連したキャッシュフローの試算あるいは見積もりとなる。上部にあるベースケースは、**図表5.8**で確認した導入前（時点0）の収益および費用を年率3％で成長させたもので、これが既存の形のまま事業を展開していった場合の数値を示している。アップサイドとなる新チャネル導入時の項目は、推定される売上増分に加え、新製品の開発費や立ち上げのためのマーケティング費用も反映している。

新製品開発に関する減価償却

ここで、新製品開発関係の費用の会計処理について確認しておく必要がある。マーケティング担当者にとって、会計というのは近寄りたくない領域だとは思うが、ROMIにおいては、悪魔は細部に宿るため、我慢して読み進めてほしい。サーベンス・オクスリー（SOX）法の導入によって、公開企業は会計ルールに従わなければ罪に問われることもあるのだから、その意味でもこの議論を読む価値はあるだろう。

マーケティング費用は、すべて発生した年ごとに費用計上することが可能だが、米国では税法上、新製品開発費は資産計上し、複数年にまたがって費用として計上していかなければならない。

図表5.10での税引後利益の計算においては、新製品開発費は定額法の3年償却を前提に減価償却費を計上している。ハードウェア、ソフトウェア、外注サービスの費用については、5年間にわたるMACRSという加速度償却法を使った減価償却が義務づけられており、これは一般的な会計の教科書で詳述されている（注11）が、ROMIの計算においては通常3年ないし5年の定額法を便宜的に採用することが多い。したがって、新製品開発費においては複数年、多くの場合3年間にわたって同額を費用計上することになる。

図表 5.10 ネット販売チャネル立ち上げの ROMI 分析表

単位：千ドル

	ベースとなるケース	時点0	1年目	2年目	3年目
セグメント売上	ダイヤモンド		571	588	605
	プラチナ		260	267	275
	ゴールド		106	109	113
	シルバー		57	58	60
	売上総額		993	1,023	1,053
	売上原価		(675)	(695)	(716)
	マーケティング費用		(82)	(84)	(87)
	営業利益		236	243	250
	法人税		(90)	(92)	(95)
	ベースケースのキャッシュフロー		146	151	155

	新チャネル導入時				
セグメント売上	ダイヤモンド		765	1,080	1,183
	プラチナ		438	727	812
	ゴールド		277	553	629
	シルバー		225	497	570
	売上総額		1,704	2,857	3,193
	売上原価		(1,159)	(1,943)	(2,171)
	マーケティング費用		(82)	(84)	(87)
	新チャネル維持費用		(50)	(52)	(53)
	新チャネル開発費用		-	-	-
	減価償却費		(92)	(92)	(92)
	営業利益		322	687	790
	法人税		(122)	(261)	(300)
	税引後利益		199	426	490
	減価償却費の足し戻し		92	92	92
	新チャネル導入時のキャッシュフロー		291	517	582
	増分キャッシュフロー		55	275	331
	累積キャッシュフロー		(320)	(45)	286

NPV	129.3
IRR	27%
回収期間	2.2年
割引率	12%

www.agileinsights.com/book からダウンロード可能（英語のみ）。

最初の数年間でより大きな費用を計上し、すなわち法人税が少なくなる加速度償却と比べて、定額法償却を採用するのは、シミュレーションを少し保守的に行っていることになる。なお、システムが立ち上がって以降のメンテナンスやITサポートといったランニングコストおよびマーケティング費用については、発生と同時に費用計上することが可能だ。

　図表5.10の最後でフリー・キャッシュフローを計算するためには、税引後利益に、減価償却費を足し戻してやればよい。これは、各年の法人税を計算するために減価償却費を利益から差し引いていたが、この減価償却費は現金支出を伴わず、キャッシュフローを減少させる項目ではないからだ。

　この減価償却に関する議論は難解かもしれないが、新製品開発費については複数年にまたがる償却が必要となるということだけは理解しておいてほしい。このため、税務上、開発費は費用発生時にすべて計上することはできず、新製品の販売期間にわたって計上していくことになる。一方で、マーケティング費用については発生と同年に全額を費用計上することができる。この領域について疑問点がある場合は、会計士に質問・相談することを勧める。

ROMI重要指標の計算 ⑦正味現在価値（NPV）、⑧内部収益率（IRR）、⑨投資回収期間

　ここまで来たらあともう一息だ。ベースケースおよび新チャネル導入によるキャッシュフローの試算が済んだら、NPVとIRRの計算はシンプルなプロセスだ。まず、ネット販売チャネル導入後のキャッシュフローから、ベースケースのキャッシュフローを差し引くことで、増分キャッシュフローを求める（図表5.10下部参照）。増分キャッシュフローは、各期においてベースケースからどれだけキャッシュフローが上乗せされるか、あるいは減少するかを表す。NPVとIRRは、この増分キャッシュフローを使って算出される。

　エクセルを使って計算したところ、今回の事例の通常ケースのNPVとIRRはそれぞれ12万9300ドル、27％という結果が出た。試算の仮定通りいくとすれば、IRRがこの会社の割引率である12％を上回るため、このプロジェクトには投資する価値があると言える。もうひとつ検討すべき指標が、

投資回収期間だ。新製品や新チャネルにおける慣例として、立ち上げから1年ないし2年で投資を回収すべきという考え方が一般的だ。もちろん、製品タイプや戦略によって例外も存在する。たとえば、マイクロソフトのXboxは投資回収に数年間を要したが、マイクロソフトにとって一般家庭に入り込むという戦略的な投資として認められた。

　この事例における投資回収期間は、**図表5.10**下部の累積キャッシュフローを使って計算される。初年度からのキャッシュフローの合計値である累積キャッシュフローがマイナスからプラスの数値に変わるところが、投資回収を実現したタイミングだ。今回の例では、3年目の3カ月目でこれが起こっている。したがって、投資回収期間は2年を上回るため、場合によっては費用を削減することで回収期間を短縮することが求められるかもしれない。新製品立ち上げケースの分析事例はすべて**図表5.10**に凝縮されている。このスプレッドシートは、様々な新製品発売に関するROMI分析に応用するためのテンプレートとして利用することが可能で、www.agileinsights.com/book から無料でダウンロード可能だ（英語のみ）。

　新製品は将来の長期間にわたって収益をもたらすものである中、「ROMIの計算において何年間分の試算、分析を行うべきか」というのは重要な論点だ。新製品発売のROMI分析は、自社内の他の類似した投資案件の評価に使用するのと同様の期間で行われるべきだ。多くの企業では、投資判断に際して1年間、2年間、あるいは3年間の数字を使用することが多く、他の案件との比較を行いやすい期間を経営陣が選択する。

　新製品のケースで最も一般的なのは、当該製品が次のアップグレードや更新時期を迎えるまでの期間について試算するやり方だ。事例として使ったネット販売チャネルの場合には、36カ月が期間として採用された。IT関連の製品やチャネルの場合、たとえ製品やチャネルの使用期間がそれ以上だとしても、3年を超える期間でROMIを分析することは稀だ。一方で、たとえば自動車の場合なら、製品の一般的な耐用年数である7年間と、開発期間の2年間を足した9年にわたる期間でROMI分析が行われる。

　なお、事例で計算された投資収益性27％には、より詳細な顧客情報を得られることの恩恵や、24時間注文可能となる顧客利便性の向上、最新の商

品情報を得られることを通じた顧客満足度の拡大といった効果は織り込まれていない。こういった効果を定量評価し、モデルに反映させようと試みることも理論的には可能だが、現実的にはソフト面でのメリットを財務指標で数値化することは非常に難しいだろう。

　一般的には、こういったメリットがROMIに反映されていないという事実を認識した上で、だからこそ真のROMIは計算結果よりも若干高い数値である、と解釈することが多い。加えて、この事例では、プロジェクトが持つ戦略的な価値も評価の対象に含まれていない。たとえば、ネット販売チャネルは、今後業界で生き残っていくためにはもはや必須の存在となっているかもしれない。その場合、たとえIRRがハードルレートを下回っていたとしても、経営陣としてはここに投資する意思決定をしない限り、競合にどんどんシェアを奪われてしまうかもしれないということだ。一方で注意すべきなのは、取り組みが必須だとしても、必ずしも初期計画通りのやり方で取り組む必要はないということだ。代案を検討し、NPVがマイナスの場合は、自社にとっての負担が最も小さい選択肢を選ぶのが良い。

数字のストレステスト：感度分析

　キャンペーン予算を確保するために、CFOや財務部門の担当者に対してプレゼンテーションをした経験があるだろうか。このような場では、多くの場合、最後まで説明する前に「いったいこのマーケティングにはいくらかかるのですか？」という質問が投げかけられる。

　さらに、質問はこれだけにとどまらず、「実現までにどれだけの期間がかかりますか？」「いつリターンがもたらされますか（投資が回収されますか）？」といった質問が続き、その後「試算の前提条件を説明してください」という鋭い質問に至る。私の経験上、この一連の流れは大体どこでも同様で、また財務部門はマーケティング・キャンペーン自体のコンセプトについては理解してくれないため、マーケティング担当者は非常にイライラさせられる。しかし、これらの質問には、過去問を使って試験勉強をするのと同様の事前

準備をしておくことが可能だ。本章前段の議論を通じて、費用については理解が深まっているはずだし、需要喚起型キャンペーンや新製品発売ならば、ROMI分析を通じて投資回収期間も計算済みのはずだ（注12）。しかし、実際に「試験」に望む前に、「試験」で出る最終問題に備えて「前提条件を変えたらどうなるだろう？」と自身に問いかけてみてほしい。

　この問いに答えるためには、ROMI分析のスプレッドシート・モデル上で、感度分析というものを実施する必要がある。この手法の考え方はシンプルで、インプットとなる前提条件の数値を変更した際に、アウトプットの数値がどれだけ変動するかを見るというものだ。しかし、この感度分析の結果は、目論むリターンを実現できるかどうかに関して、非常に有益な情報をもたらしてくれる。この作業を通じて、キャンペーンや投資プロジェクトのROMIを、最良ケース、最悪ケース、通常ケースといった形で認識することができるようになるのだ。

　この節は内容としては高度だが、エクセルを使うと分析作業は実は非常に簡単だ。わずか数回のクリック作業を通じて、ここまでに取り扱ってきたエクセルのテンプレートを一段と洗練されたものに変貌させることが可能なのだ。この感度分析ツールは、トップクラスの財務部門で使われているもので、マーケティングにこれを活用したなら、ミーティングの参加者を感嘆させることができるに違いない。

　オタクと言われるかもしれないが、エクセルにおいて私が最も好きな機能のひとつが、データテーブル機能だ。この機能を使えば、モデル上の数値を変更した際に、アウトプットがどう変化するかを容易に把握できる（注13）。たとえば、図表5.11のテーブルは、新チャネル導入の事例で扱ったネット販売チャネル導入において、市場シェアと購入単価の上昇幅の前提が変わった時に、結果としてのIRRがどうなるかを一目瞭然に表している。インプットとなる各パラメーターにおいて、0が最悪ケース、100％が最良ケースを示している。このデータテーブル機能で私が最も気に入っているのは、結果に自動的に色付けしてくれるところだ。IRRがハードルレートを上回る良い結果は緑、下回る悪い結果は赤で色付けされている（図表5.11では濃いグレーが悪い結果だ）。

図表5.11 データテーブル機能を使った感度分析。市場シェアと購入単価上昇の0から100%の幅は、図表5.8および5.9における最悪ケースから最良ケースまでの幅を示している。

		購入単価（%）						
		100	83	67	50	33	17	0
市場シェア（%）	100	68	64	60	56	52	48	44
	83	59	55	51	47	43	39	35
	67	49	45	41	37	33	29	25
	50	38	35	31	27	23	19	15
	33	27	23	20	16	12	8	4
	17	15	11	8	4	0	−4	−9
	0	2	−2	−6	−10	−14	−19	−23

www.agileinsights.com/book からダウンロード可能（英語のみ）。

わかりやすい図表は、何千もの分析に勝る説得力を生む。**図表5.11**はまさしくそういったもので、ROMIについて非常に有益な気付きをもたらしてくれる。マーケティング担当者向けのファイナンス理論・用語を説明した節で、優れたゴルファーが(1)スコアをトラッキングする、(2)トレンドデータを使って将来予測を立てる、(3)将来を正確に予測することは不可能なため、起こり得る事態を幅で捉える、という3点をいかに重視しているかを論じた。**図表5.11**はまさに、ネット販売チャネル立ち上げの事例において起こり得る事態を幅で示している。しかも大げさではなく、本当に数分間でこれができてしまうのだ。

図表5.11の良いところは、これを使ってマネジャーたちが、キャンペーンや新製品に関する最良、最悪、通常のケースシナリオを客観的に議論できるようになることだ。感度分析によって前提条件が変わった時の影響の大きさを理解することができるし、そもそもどの前提条件が最も重要でインパクトの大きなものなのかを理解することにもつながる。

このデータテーブル機能は、インプットとなる変数が1種類か2種類の場合向けの手法だ。変数がより多岐にわたる場合には、モンテカルロ法という分析方法が最適だ。これも複雑に見えて、実際には作業としては意外なほど簡単で、有益な情報を得られる手法だ。

モンテカルロ法の考え方は以下の通りだ。まず、インプットとなる各変数のそれぞれが、エクセル上でモデル化され、取り得る値に一定の幅がある状況を考えてほしい。多くの場合、変数の取り得る値は釣鐘型に分布し、上位5％が最良ケース、下位5％が最悪ケース、平均すると通常ケースの値となる。最良と最悪は、それぞれ平均から標準偏差の2倍にあたる数値だけ乖離しており、この標準偏差が変数のブレ幅の大きさを表す。次に、それぞれの変数の数値を、分布範囲の中からランダムに決めていく。最後に、ランダムに選択された複数のインプットを前提条件として、アウトプットの数値を計算する。

　このように、各変数に関してランダムに数値を決めた上、選ばれたインプットの組み合わせをもとにROMIモデルのアウトプットを計算するまでが、1回のモンテカルロ・サイクルだ。実際にキャンペーンを実施した時に、各前提条件項目が想定される幅の中で決まっていくとすると、このモンテカルロ・サイクルで算出された数値は、現実に起こり得る結果だと言えるだろう。ここで、ランダムに変数を決める作業を繰り返して数千回のモンテカルロ・サイクルを繰り返せば、仮想的にキャンペーンを数千回実施してみたのと同じことになる。その結果をグラフ化することで、キャンペーンの結果の分布を捉えることができる。

　つまり、モンテカルロ法の考え方は、モデルにおける重要インプットとなる変数の組み合わせをランダムかつ無数に生成するということだ。変数の分布を定義するにあたっては、過去の経験、市場調査、経営陣の判断など、様々な要素を考慮に入れることができる。その分布をもとに変数の組み合わせが生成され、アウトプットとなるIRRやNPVの計算が行われる。さらにまたランダムにインプットの変数が生成され、アウトプットが計算されるというプロセスが膨大な回数繰り返されることで、アウトプットが取り得る値の分布を推定していくのだ。

　表計算ソフト上でモンテカルロ法シミュレーションができるソフトウェアには、パリセード社の@RISKや、クリスタル・ボールなどがある（訳注：乱数発生による簡易なシミュレーションであればエクセルの標準関数でも可能）。いずれも使い方は容易で、インプットとなる変数のセルを選択し、その分布

図表5.12 新製品開発ROMI分析におけるモンテカルロ法シミュレーション結果の例

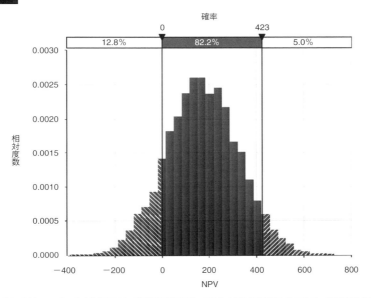

www.agileinsights.com/book からダウンロード可能（英語のみ）。モンテカルロ分析を行うソフトウェア @RISK は www.palisade.com から10日間の無料トライアル版をダウンロードすることができる。

を定義してやれば、ソフトウェアが自動的にランダムな変数生成とアウトプットの IRR や NPV の計算、さらにはそれを繰り返した結果の分布グラフの作成まで行ってくれる。

図表5.10で取り上げた事例を、モンテカルロ法で5000サイクル繰り返した結果のアウトプットを示したのが**図表5.12**だ。プロジェクト費用、市場シェアの増分、顧客1人あたり購入単価の改善を3つの変数として、それぞれランダムに生成した。その際の分布は正規分布を想定し、標準偏差はもともと想定していた最良、最悪、通常ケースの数字から算出されたものを使用している。その結果、プロジェクトの NPV の平均値、つまり期待値は17万1000ドルで、標準偏差は15万3000ドルという数値がそれぞれ得られた。

この作業の中で最もかっこいいのは、数値がランダム生成される間、実際に画面上でこれらの数字が浮かび上がるところだ。シミュレーションが繰り

返される1分程度の間、画面上に数字が踊り、その後で**図表5.12**のような結果がパッと浮かび上がる。企業幹部向け研修プログラムのような場でこれを実演すると、必ず聴衆から「わぁ」という声が上がる。繰り返しになるが、@RISKのようなソフトを使えば、ものの10分程度の間でこの分析を行うことができ、かつ分析の天才のような眼差しを向けられることになる。

　この手法の素晴らしいところは、この結果があれば、ROMIモデルの最良、最悪、通常ケースを目で見て確認することができると同時に、それぞれの確率を計算することもできるところだ。この事例でいうと、IRRがハードルレートを下回り、NPVがマイナスの数字になる確率は12.8％だ（**図表5.12**参照）。これを受けて、経営陣はこの確率は受け入れられるリスクなのかを検討・判断し、あるいはダウンサイドリスクを低減するために投資のやり方や条件を変更するなどリスクマネジメント戦略を策定することにつなげることができる。

　まとめると、本章では半数以上のマーケティング活動に適用可能な財務ROMI分析のベスト・プラクティスについて説明してきた。この手法では、マーケティングに欠かせない4つの財務系指標である⑥利益、⑦正味現在価値（NPV）、⑧内部収益率（IRR）、⑨投資回収期間を採用する。読者の会社における需要喚起型マーケティングや新製品発売キャンペーンに応用可能なテンプレートも提供した。**図表5.4**では、このテンプレートのインプットとなり、ROMI計算に必要な情報を収集するための体系的なアプローチも紹介している。また、分析結果をどう解釈し、財務系指標を使ってどのように予算化の判断をすべきかについても議論してきた。キャンペーンが実行されたら、成果をトラッキングし、モデルに実際の結果を当てはめて目論見と比較する分析を再度行ってみるとよいだろう。

　キャンペーン企画段階においてスプレッドシート上で計算された値について、確実に言えることは、点としての予測値が不正確であるということだ。キャンペーンの結果、計画と寸分違わない財務ROMIをはじき出すということは実際にはあり得ない。世の中は不確実性やリスクに溢れているからだ。だからこそ、ROMIの分析においては、常に起こり得る結果の幅や範囲はどんなものか、という捉え方をすることが非常に重要だ。最良、最悪、通常の

3つのケースにまとめるのも効果的だろう。前提として仮定・推定しているのはどういった内容で、それらの条件が変化した時に、結果がどういう影響を受けるかも理解しておく必要がある。最後の節で説明した感度分析が、これを理解する上で有用なツールとなり、プレゼンテーションにおける説得力を飛躍的に増す助けとなるはずだ。

この章のポイント

- 利益（重要指標⑥）は、事業の継続性を担保する不可欠な指標となる。
- 従来型のROIは定義が不明瞭で、マーケティングを評価する指標として適切とは言えない。
- マーケティング投資収益率（ROMI）の財務系評価指標として最適なのは、NPV（重要指標⑦）、IRR（重要指標⑧）、投資回収期間（重要指標⑨）だ。
- 財務ROMI分析はテンプレートに基づいて実施でき、かつ半数以上のマーケティング活動に適用可能な手法だ。具体的には、需要喚起型マーケティングや新製品発売時のプロジェクトにおいて利用される。
- 不確実な世の中において起こり得る結果を幅で捉えることができる感度分析は非常に有用だ。そして、エクセルを使っていとも簡単に行うことができる。
- ROMI分析においては常に最良、最悪、通常の3つのケースを考え、また前提が変わったらどうなるかを意識することが肝要だ。

第 **6** 章

すべての顧客は等しく重要
……ではない

⑩顧客生涯価値(CLTV)

重要性の高い顧客は、重要視されているか

　数年前、私の携帯電話が故障した際、交換のために店を訪れた。朝8時55分に店に着くと、既に行列ができていた。9時の開店と同時に店頭にあるリストに名前を記入した上、これからすぐにワシントンD.C.行きのフライトに乗るため空港に向かわなければならないが、その前に携帯電話が必要だと店員に伝えた。するとその店員は、礼儀正しいながらも厳然たる口調で、あなたの順番まで少なくとも45分は待たなければ対応できないと私に告げた。そこで私は改めて、すぐに空港に向かわなければいけないし、どうしても電話が必要なのだということを主張した。それでも店員は、「先に並ばれていた方々がいらっしゃり、お客様だけを特別に優先するわけにはいきません」と譲らなかった。

　私はこの携帯会社のサービスを7年にわたって利用し続けた優良顧客だったが、この体験を受け、出張から帰るなり同社と契約していた携帯電話回線、データ通信プラン、家族の携帯回線、家の固定電話回線のすべての契約を解約してしまった。店頭の担当者の対応は、マニュアル通りの「正しい」ものだったかもしれないが、その結果、優良顧客が1人競合へと流出する事態につながってしまったのだ。

　このような平等至上主義のマーケティングや営業は、B2C企業に限ったものではない。たとえば、フォーチュン500社に名を連ね、大きな直販営業部隊を保有する、あるB2B企業と仕事をした時のことだ。この営業部隊による分析の結果、上位8%のB2B顧客群が、全体の売上の93%を占めていることがわかった。にもかかわらず、この企業はあらゆる顧客を平等に扱っていたのだ。上位8%の顧客が、残りの92%と比べてはるかに重要性が高く、この8%の中から離脱が発生すれば、事業全体に甚大なる影響が発生することは言うまでもない。したがって、すべての顧客は平等ではないという現実に即した形でマーケティングおよび営業戦略を組み立てる方が、明らかに理にかなっている。

重要指標⑩「顧客生涯価値」の定義

　本章で集中的に取り扱う重要指標は、顧客生涯価値（CLTV）だ（注1）。この指標は、本書で取り扱う指標の中で最も高度なもので、顧客価値ベースのマーケティングには、重量級のITインフラが必要となることが多い（第10章参照）。多くの企業では、まずシンプルに顧客別の売上高の大小を見て、売上の大きな顧客に対してマーケティングや営業戦力を優先的に投じていく形をとる。このやり方の問題点は、決して小さくない顧客対応コストを考慮に入れていないことと、今日の売上の多寡は必ずしも将来にわたってその顧客がもたらしてくれる価値を表してはいないということだ。CLTVは、これらの2つの問題点を解消する。私の見解では、これがマーケティングにおいて最も重要性の高い指標だ。仮にCLTVを自分の事業に適用しないとしても、顧客価値ベースのマーケティングという考え方自体は、マーケティングに関わるすべての人が理解しておくべきものだ。

　以下の式を見ても、どうか取り乱さないでほしい。重要指標⑩のCLTVは、一見とても複雑なものに見えるが、第5章のファイナンス講座を踏まえれば、非常に簡単でわかりやすいものであるはずだ。

重要指標⑩：顧客の価値を測定する必須の指標

顧客生涯価値（CLTV：Customer Lifetime Value）

$$CLTV = -AC + \sum_{n=1}^{N} \frac{(M_n - C_n)p^n}{(1+r)^n}$$

　ACは新規顧客獲得費用（Acquisition Costの略）、M_nがn期において当該顧客によってもたらされる粗利益、C_nが当該顧客へのマーケティングおよび対応にかかる費用、pが当該顧客がその年に取引を継続する（当該年に解約しない）確率、Nが対象となる年数を表している。なお、ギリシャ文字のシグマは対象期間の総和を表す。

　重要指標⑩の捉え方を変えると、これはつまり、当該顧客の正味現在価値

（NPV）を示していることがおわかりだろうか。NPVについては第5章で詳述した通りだ。指標⑩の式の表記を以下のように変えてみると、これがよりわかりやすくなるかもしれない。

$$CLTV = -AC + \frac{(M_1 - C_1)p}{(1+r)} + \frac{(M_2 - C_2)p^2}{(1+r)^2} + \cdots + \frac{(M_n - C_n)p^n}{(1+r)^n}$$

この式と、前章で説明したNPVの定義の式とを比較してみてほしい。第0期の費用にあたるのが、顧客獲得費用（AC）だ。その後の第1、2、3、…、n期は粗利益から費用を差し引いた数字が並び、これは当該顧客が各期においてもたらす利益にあたる。最後に、将来のお金は現在のお金よりも価値が低いため、（1 + r）で割り引くことで現在価値を計算する。

通常のNPVとCLTVとの大きな違いは、顧客が取引を続ける確率であるpで、これは継続率と呼ばれる。この確率はすなわち、1から顧客が解約する確率を差し引いたものだ。

$$p = 1 - c$$

cは重要指標③の解約率を表す。顧客が継続する確率は、1から解約する確率を差し引いたものだというのは明確だろう。したがって、CLTVの計算式は以下のように書き換えることができる。

$$CLTV = -AC + \frac{(M_1 - C_1) \times (1-c)}{(1+r)} + \frac{(M_2 - C_2) \times (1-c)^2}{(1+r)^2} + \frac{(M_3 - C_3) \times (1-c)^3}{(1+r)^3} + \cdots + \frac{(M_n - C_n) \times (1-c)^n}{(1+r)^n}$$

式は確かに複雑だが、つまるところ、ここでは各期の利益（粗利益マイナス費用）を並べ、お金の時間価値を反映するために割引計算を行っているに過ぎない。1 - cの部分は、顧客がその年も取引を継続する確率、すなわち

図表 6.1 1顧客についての顧客生涯価値（CLTV）のエクセルテンプレート。読者の顧客向けに数字を変えて活用できる。

	割引率 r	12%*				
	顧客獲得単価（AC）	100*ドル				
	解約率	15%*				
顧客維持率 p =（1 − 解約率）	85%					

単位：ドル

	時点0	1年目	2年目	3年目	4年目	5年目
粗利益*		60	55	75	95	100
マーケティング費用*	(100)	(10)	(10)	(15)	(15)	(15)
顧客対応費用*		(5)	(7)	(6)	(7)	(8)
顧客1人あたり利益	(100)	45	38	54	73	77
利益 × $p^n / (1+r)^n$	(100)	34	22	24	24	19

CLTV　23

*にあなたの事業における数値を入力

www.agileinsights.com/book からダウンロード可能（英語のみ）。

その年には解約し取引を中止してしまう確率を1から差し引いたものを表している。最初に差し引いている AC は、当該顧客を獲得するのにかかる費用だ。残念ながら CLTV は、エクセルの標準関数として用意されているものではないが、任意の顧客に関してこの非常に重要な指標を計算するためのテンプレートを**図表6.1**に示しておこう（本書で紹介するスプレッドシートのテンプレートは www.agileinsights.com/book から無料でダウンロード可能となっている。英語のみ）。

すぐに湧き上がる疑問点は、「CLTV を計算するのに適切な期間はどの程度か？」というものだろう。極端な例として私が見たことがあるのは、85年間というまさに顧客自身の生涯にわたる計算を行ったものだ。しかしながら、これは現実的なアプローチとは言えないだろう。典型的なのは3～5年にわたる期間について計算を行うものだ。その理由は ROMI の時と同様だ。その顧客が3～5年よりも長期にわたって価値をもたらし続ける可能性ももちろんあるが、一方で未来は不確実なものであり、意思決定にあたっては比較的見通しやすい期間に関する情報に基づくのが好ましいという考え方から

だ。

　1つ注意が必要なのは、**図表6.1**のフォーマットでは、顧客獲得単価、顧客対応費用、そして将来にわたる顧客1人あたりの粗利益の情報を前提としているという点だ。特に大企業の場合、こういった情報を把握することは非常に大変かもしれない。費用面では、顧客と自社の間の接点を、コールセンターやウェブサイトから営業スタッフ、マーケティング・コミュニケーションに至るまで網羅的に把握しなければならない。収益面では、当該顧客に対して自社が何をどれだけ販売し、それぞれの粗利益率がどれだけかということを理解していなければならない。

　このため、CLTVの計算自体はエクセルで比較的簡単にできるとはいえ、大企業の場合、それに必要なデータを揃えるためにエンタープライズ・データウェアハウスや重量級のITインフラが必要となるのだ。第10章はこのインフラについて詳述し、顧客ベースの大きさに応じて「何を用意すればよいか？」という疑問に答えていく。本章の残りの部分では、CLTVをマーケティング管理や戦略策定にどう活用していくかを詳述していく。

新たなマーケティング戦略の潮流
顧客価値ベースのマーケティング

　顧客価値ベースのマーケティングによって、企業は大きく業績を伸ばせる可能性があり、またあらゆるマーケティング活動において顧客価値を考慮に入れていくことで、マーケティング格差を乗り越えることも可能になる。たとえば、**図表6.2**で表しているのは顧客価値ベースのダイレクトメール・マーケティング戦略だ。

　図表6.2で採用している2つの評価軸は、CLTVと期待される反応率だ。CLTVと反応率がともに低〜中レベルの顧客に対しては、ダイレクトメールの送付を行わない。これは、低いオファー応諾率を考慮するとこれらの顧客に対してダイレクトメールを送付することのROMIは低すぎる、あるいはマイナスでさえあり得るため、ダイレクトメール実施はマーケティング費用の無駄遣いになってしまうためだ。CLTVが高く、反応率が低い顧客に対

図表6.2　顧客価値ベースのダイレクトメール・マーケティング戦略

	期待反応率低	期待反応率中	期待反応率高
CLTV高	DM送付なし	最も高付加価値なDMを送付	2番目に付加価値の高いDMを送付
CLTV中	DM送付なし	DM送付なし	3番目に付加価値の高いDMを送付
CLTV低	DM送付なし	DM送付なし	DM送付なし、あるいは最もコスト効率の良いDMを送付

してもダイレクトメールは送付されない。これも、送付にかかる費用を正当化できないためだ。ダイレクトメールの送付は、CLTV、反応率のそれぞれが中～高レベルの顧客に焦点が当てられる。

図表6.2において、最も高コストなオファーを提示されるのがCLTV、反応率ともに最高水準の顧客ではないことにお気づきだろうか。この層は2番目に魅力的なオファーを提示される。実際に最も魅力的なオファー提示を受けるのは、CLTVが最高レベルかつ、反応率が中程度の顧客層だ。続いて、中程度のCLTVと高い反応率の顧客が3番目に魅力的なオファーを受ける。CLTVは低いが反応率は高い層については、オファーなしでも取引をしてもらえることを想定して送付を避けるか、あるいは最も低コストなオファーを送付する。送付先を全体の半分にまで絞り込むことで、ダイレクトメール・マーケティングにかかる費用を半減することが可能だが、収益性の高い顧客に集中しているため、マーケティングとしての効果は飛躍的に向上させることが可能だ。

図表6.3で示しているのは、ある携帯電話会社の顧客のCLTVの分布だ。いわゆる80対20の法則に近い現象が起こっていることが見てとれるはずだ。この場合においては、18％の顧客によって55％の価値がもたらされている。これらの価値の高い顧客は、企業にとって極めて重要な存在だ。価値の高い顧客の獲得には大きな費用がかかるし、このような顧客が解約してしまうと、

図表6.3　携帯電話サービスにおける既存顧客の CLTV 分布

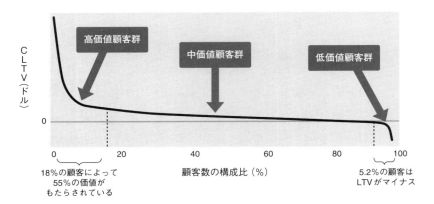

出所：マーサー・マネジメント・コンサルティング社資料より抜粋。

事業の売上や利益に大きな影響を及ぼすことになる。

　価値の高い顧客の特徴はどのようなものだろうか。あらゆる事業にとってこれを理解しておくことは非常に重要であり、グループインタビュー調査や分析を通じて答えを見つけていく必要があるかもしれない。銀行の場合、価値の高い顧客は大きな預金残高を持つと同時に、クレジットカードや自動車ローン、住宅ローンといった複数のサービスを活用してくれている人たちだ。このようなタイプの顧客を相手にする上で最も重要なのは、彼らが自社から離れないように維持することだ。その上で、アップセルやクロスセルの形で、取引をさらに拡大していくことを目指す。たとえば、退職金運用プランや投資商品を売り込むことで、収益性の高い取引を拡大することが可能だ。

　携帯電話業界の場合、価値の高い顧客は複数の携帯電話、ファミリープラン、データ通信プラン、場合によっては同じ会社の固定電話回線も契約しているような人たちだ。さらに取引を拡大するために、このような顧客に対してブロードバンドやケーブルテレビサービスのターゲット・マーケティングを行うことが有効だろう。ケーブルテレビの契約を取れたなら、高精細（HD）映像サービスやプレミアムチャンネル、デジタルレコーダーのレンタルサービスなどをさらに売り込んでいく。

価値の高い顧客に対して複数のサービスを提供することにより、当該顧客のスイッチングコストが高まり、競合のサービスに切り替えることがどんどん難しくなるため、企業にとっては顧客を維持できる可能性が飛躍的に向上する。しかしながら、サービスの品質が悪く、顧客満足度（CSAT）が低下した状態で、競合がスイッチングコストを抑えるような売り込みを行ってきた場合、あらゆる取引を失う壊滅的な事態も起こりかねないことに注意が必要だ。このため、価値の高い顧客群を維持していくためには、顧客サービス品質を高く保っていくことも欠かせない重要なポイントだ。

　顧客価値ベースのマーケティング戦略における次の要素は、もう一段のクロスセルによって高い価値の顧客へと仲間入りする層の扱い方についてだ。これらの顧客は、**図表6.3**でいうと中位に属しており、重要性が極めて高い18％の高価値顧客群と隣接しているグループだ。この層に対してアップセルやクロスセルを実現することで、高価値顧客群を拡大していくことが目標となる。

　図表6.3の分布の右端に見られるように、全体の5.2％に及ぶ顧客は実は赤字顧客であるということにも注目してほしい。この赤字顧客を理解することは、価値の高い顧客を認識することと同様に重要なポイントだ。会社からすれば、これらの顧客から都合よくたかられているようなものだと言ってもよいだろう。赤字顧客にどう対応するべきかについて、いくつかの事例を挙げて説明していこう。

　ベストバイ社は、自社の顧客行動を分析した結果、一部の顧客がセールで商品を購入した上、返品で通常価格での返金を受けることを繰り返している事実を発見した。さらに、この顧客層はしばらくするとまた店を訪れ、「開封済み」として20％割引で売られている、自分が返品した商品を再購入していた。こういった行動をとる顧客層のCLTVはマイナスだ。顧客価値ベースの分析を行わない限り、こういった顧客行動に気づかないことが少なくない。ではCLTVがマイナスの顧客にはどう対処したらよいのだろうか。顧客を拒否するようなことは可能なのだろうか。

　ベストバイ社のケースでは、問題は顧客ではなくプロセスにあるということに同社は気づいた。同社は返品に関して100％返金保証を掲げ、無条件で

返金し、返品された商品を値引き販売していた。前述のような顧客行動を防ぐためには、このプロセスを変更しなければならないというのが最大の気付きであった。この気付きを受けてベストバイ社は、開封済みで返品を受ける際には、手数料として15％を徴収するように変更した。さらに、このような顧客行動が多かった地域においては、返品された開封済み商品の値引き再販売を、同じ店舗ではなく、他の地域の店舗あるいは同社のオンラインストアで行うように切り替えた。

あらゆる企業がCLTVマイナスの顧客を抱えている。もうひとつ事例を挙げよう。大抵の航空会社は、家族に不幸があった人に対して、急いで割安の航空便手配を提供するサービスを実施している。コンチネンタル航空（訳注：2010年にユナイテッド航空と経営統合）は、自社の顧客価値分析を行う中で、ある1人の顧客がその年、1件の不幸に対して44回もこのサービスの恩恵を受けていたことを発見した。また、インテュイット社は、同社の会計ソフト「クイックブックス」のシングルライセンスユーザーである中小企業が、1年間に800回もカスタマーセンターへの問い合わせを行っている事実を発見した。

ポイントは、マイナスのCLTVを生み出し得るプロセスを発見し、そのプロセスを変更することだ。たとえば、銀行では窓口で担当者が顧客に直接対応すると、取引1件あたり約6ドルのコストがかかるのに対し、ATMでの対応コストは25セントで済む。この場合、CLTVが低い顧客が対人サービスを利用するためには手数料を取り、ATMやネットバンキングなら無料という形に変更することで、問題の解消につなげることが可能だ。

携帯電話事業の例においては、赤字顧客を生み出す要因は3種類ある。最も明白なのは、料金の不払いだろう。これらの顧客には延滞料金が課され、滞納が一定期間を超えると回線を停止されることになる。携帯事業者は多くの場合、ユーザーの端末代を一部負担するため、早期解約されることもマイナスのCLTVにつながる。このため、契約を早期解約する場合には150ドルの解約料を課すなどの対応がなされる。

しかしながら、最も見過ごされがちなマイナスCLTVの要因は、カスタマーサポートへの問い合わせだ。問い合わせ対応にかかるコストには、コー

ルセンタースタッフの人件費や経費と、電話の通信料がある。コールセンター業務がインドやその他アジア地域など海外に移転されているか、あるいは米国内で行われているかにもよるが、これらのコストは問い合わせ1件あたり2.50ドルから7.50ドルにのぼる。担当者1人が1日に対応できる問い合わせ電話の件数には物理的な限界があるため、1件あたりの費用が大きくなってしまうのだ。一定数の低CLTV顧客が大量の問い合わせを行い、携帯電話端末の機能について質問したり、請求額の大きさに延々と苦情を述べたりしたとする。これらの対応にかかるコストを勘案すると、実質的に赤字となる顧客が出てくる可能性がある。このような事態にはどう対応したらよいのだろうか。

対象となる顧客が特定されたら、その顧客への対応を低コストチャネルに移行するというのがひとつの考え方だ。たとえば、対象顧客がコールセンターに電話をかけた際には待ち時間が長くなり、待機応答メッセージの中にウェブサイトへの誘導を含めるようにするなどのやり方がある。一方で、高CLTV顧客は優先的にコールセンターにつながるようにする。この振り分けのためには高コストな設備を導入する必要があり、非常に高くつく話に聞こえるかもしれない。実際に先進企業の中にはリアルタイムでCLTVに基づいたコールセンターの振り分けを行っている会社も存在する。しかしながら、もっと低コストで容易にこれを実現できるのは、多くの航空会社が採用している手法だ。それは、価値の高い顧客層には専用の電話番号を通知し、優先度高くコールセンターに対応してもらえるという仕組みだ。

まとめると、新たなマーケティング戦略では、まず自社の顧客ベースにおいて、各顧客が生涯においてもたらす価値の推移を認識することから始める。顧客は高価値、中価値、マイナス価値という3つに大きく分類できるだろう。マイナス価値の顧客に対しては、より低コストなサービスへと移行し、厳格なコスト管理を行うのが正しい戦略だ。高価値顧客層に対しては、リテンション活動を行いながら、製品やサービスのクロスセルやアップセルを図っていく。中価値顧客層に対しては、どの製品やサービスのクロスセルを実現すれば彼らが高価値層に移行するかを分析し、高価値顧客へと移行させるようなマーケティングに集中するのが得策だ。顧客価値ベースのマーケティン

グは、従来型マーケティングからでは得られない学びにもつながる。顧客価値ベースのマーケティングをうまく遂行している企業では、組織プロセス全体に好影響を及ぼすような知見を獲得することもできている。いくつかの事例を挙げて説明していこう。

セインズベリー社

　セインズベリー社は、400以上の店舗を構える、英国最大の食品スーパーだ。400以上の店舗で週に1000万件の取引が行われ、商品単位でみると2億件の販売データが発生しており、SKU（Stock Keeping Unit：小売業における在庫管理単位）の数は7万5000にものぼる。セインズベリーではこの膨大な取引データをデータウェアハウスで分析し、支出額や商品選択に基づいて、購入者を10のセグメントに分類した。

　セインズベリーの分析の結果、最も大きな顧客セグメントは、「品質重視層」と「低所得層」の2つであった。後者は「ベーシック・フード」と呼ばれるセグメントで、必需品としての食料品を低価格で購入することを望む人たちだ。前者の方が重要な顧客で、セインズベリーでこの層は「美食家」と呼ばれた。彼らは食に対して非常に高い関心・情熱を持っている。人数構成比で21％を占めるこの層による購入額の構成比は24％だが、顧客価値の観点からすると、この層は店の中でも利益率の高い商品を購入する、収益性が高い顧客群だ。

　食品スーパーにおける顧客が大きく2種類に分けられるという分析自体はそれほど驚くことではないだろう。しかしながら、この事例において興味深いのは、セインズベリーがこの分析を通じ、それぞれのタイプの顧客が住んでいる地域を特定できたという点だ。たとえば、ロンドン地域の顧客の7割は美食家タイプである一方、ウェスト・ミッドランド地域における美食家タイプの顧客はわずか6％にとどまった。実は筆者はもともとウェスト・ミッドランドの出身であり、同地域の住人が味気ない昔ながらのイギリス料理ばかりを食すことをよく知っている。私が幼い頃、祖母が料理について、「黒くなったら火が通って完成したってことよ！」と自信たっぷりに語っていた

ことをよく覚えている。

　セインズベリーはこの分析結果に基づいて、各地域における店舗の改装、カスタマイズを進めていった。美食家タイプの顧客が多い店舗はより高級路線で、充実した食料品購入体験を実現するために高級食材や自然食品の品ぞろえを充実させていった。一方で、ベーシック・フード層が多い店舗においては、これらの顧客が主に購入する食品について、在庫をしっかりと確保することに努めた。また、分析の結果、7万5000のSKUのうち、3万品目は合わせても全体の売上の1％しか構成していないことも新たに認識された。

　それならばこれら3万品目は取り扱いをやめてしまえばよい、と思うかもしれない。しかしながら、ここはもう少し慎重な分析を通じて実際にはどのSKUが重要なのかを見極める必要がある。ここで活用されるのは、マーケット・バスケット分析やクラスター分析と呼ばれる手法だ。これはすなわち、どの商品群が同一の買い物カゴ（バスケット）に入れられる、つまり一緒に購入されることが多いかということを理解するための分析手法だ。たとえばある買い物客が、ウォッカ・マティーニを作る時にはオリーブを添えるのを好むとする。もしオリーブの取り扱いを中止してしまったら、この人はウォッカ・マティーニのための買い物をする際にこの店を利用しなくなってしまい、店としては利益率の高いウォッカの販売機会も失ってしまうことになる。

　セインズベリーの取り組みは、目覚ましい成果をあげた。総売上高も12％上昇したが、収益性の高い美食家タイプ顧客に対して適切な商品を提供していったことにより、利益はさらに大きな上昇を実現した。加えて、慎重な分析の結果、1万4000のSKUが品目削減の対象となり、これらの仕入れにかかっていた1200万ポンドを、ベストセラー商品の仕入れに回すことができた。

3M

　セールスやマーケティングにおける顧客価値ベースのアプローチは、B2C企業に限ったものではない。1990年代中頃、3Mでは、ウォルマートをはじ

めとした主要販売チャネルとの取引が自社にとってどれだけの価値になっているのかを把握することができずにいた。3Mは売上高250億ドル、従業員数7万9000人を誇る大企業で、ポスト・イットやスコッチ・テープといったよく知られているブランドに加えて、医療用手袋やマスク、マスキング・テープ、自動車部品など、数千にのぼる種類の商品を販売している。

　1995年以前、3Mの組織体制は商品軸で縦割りになっており、たとえばスコッチ・テープやポスト・イットのそれぞれについて、どの販売チャネルで最も多く売れているかは認識していたが、会社全体としての販売チャネル別の取引高を把握することはできていなかった。その結果、3Mはチャネルごとの収益額や利益率を計算することができず、そのため取引高に応じた適切な卸値の設定もできていなかった。

　この問題を解決するために、3Mは顧客軸での組織体制に移行し、全社データを中央で集中管理する改革を進めた。3Mは、それまで30個の分散されたシステムで管理されていたデータを、1つのグローバルなデータウェアハウスに統合した。短期的には、数多くの小さなデータベースの存在に伴う重複コストを排することで費用削減が実現された。しかしながら、この改革による本質的な恩恵は、全社横断的に、利益軸から各顧客の価値を把握することができるようになったことだった。

　具体的には、3Mは**図表6.3**と同様の形で、収益性に基づいた顧客の分布を作成した。この分析結果を使って、3Mは高価値の顧客に対してマーケティングや営業活動を集中させ、一方で収益性の低い顧客に対しては、かける費用の効率化を徹底していくことができた。この取り組みがもたらしたROMIは56％と測定された。

コンチネンタル航空

　コンチネンタル航空（訳注：2010年にユナイテッド航空と経営統合）は、顧客生涯価値に基づいたマーケティングやマネジメントを、最も高度な次元で実現している。第2章で紹介した通り、1990年代中頃の同社は、あらゆる航空会社評価指標において最低ランクの評価を受けていた。しかし2005年には、

コンチネンタル航空は最高の評価を得るようになり、業種横断で評価されるガートナー・ビジネス・インテリジェンス・アワードを受賞するに至った。この最低評価から最高評価への変貌につながった取り組みは、顧客価値ベースのデータ・ドリブン・マーケティングを考える上で多くの示唆に富んでいる。

　1990年代中頃におけるコンチネンタル航空の業務プロセスやシステムは、惨憺たるものだった。同社は、自社にとって価値のある顧客が誰であるかを正しく理解しておらず、不完全かつ不正確なデータに基づいた意思決定をしており、競合や市場の変化に迅速な対応ができず、また顧客サービスや商品における差別化を実現することもできずにいた。顧客の価値を測定する仕組みは存在しなかったし、45もの異なるデータベースで顧客情報を管理し、マーケティング用データベースの管理を外注していたことも、事態をより困難にしていた。マーケティング担当者たちは、顧客の価値をどのように評価したらよいか、まったくわからないという状態だったのだ。

　コンチネンタル航空は、まずは顧客を集めてのグループインタビューを行うという小さな取り組みから始めた。同社ユーザーの約8割は飛行機の利用機会が年3回未満であり、これらの層にとっては、価格が主な検討要素であった。この顧客層のグループインタビューの中では、「清潔で安全で信頼できる飛行体験を低価格で」という意見がとにかく多かった。清潔、安全、信頼性は基本条件と呼ばれるもので、ユーザーが商品やサービスに対して明示的に求め、また実現されて当然と考えている要素だ。この基本条件に加えて、高価値の「上顧客」たちのグループインタビューでは、従業員が笑いかけてくれること、名指しで声をかけてくれること、「その他大勢とは違う」ような扱いをしてくれることを求める意見が多く出た。上顧客は、たとえば綺麗な青い絨毯の上を歩いて飛行機に優先搭乗することを通じ、特別な対応をしてもらい、自分が重要な存在だということを感じたいようだった。これは、優れた顧客サービスの典型例であり、自社と顧客との関係づくりにおける重要かつ人間的な構成要素となる。

　私の幼い子供たちは、今でも飛行機に乗ること自体に喜び、興奮する。しかし、グループインタビューを通じて明確化されたのは、大人たちにとって

は行き先にたどり着くことこそが目的であり、その過程をできる限り快適かつ滞りない体験にしてほしがっているということであった。一方で顧客は、いつも万事うまくいくわけではないことも理解している。飛行機に遅れやキャンセルが生じることもあるだろうし、接続がうまくいかない、あるいは荷物の紛失が発生することもあるだろう。こういった事態が生じてしまった時に最も重要なのは、どうやってトラブルを適切に解決し、悪印象を残さないかということなのだ。この理解を起点に、コンチネンタル航空のチームは、問題の発生から12時間以内に「申し訳ありません」と書いた手紙を送付することで、トラブルが発生してしまった顧客の印象を改善するという取り組みを進めていった（第2章参照）。

次のステップとして、コンチネンタル航空では顧客ごとの収益性の計算を始めた。各フライトにおける乗客ごとの利益を明らかにするこの作業は、CLTV測定の第一歩だ。これを通じて明らかになったのは、「飛行マイル数」のみによって顧客の重要度を判断する従来型のアプローチが大きく間違っていたことだった。購入チケットのタイプ（ファーストクラス、格安エコノミークラス、フライト直前の定価購入等）や、乗客対応コストを考慮すると、ランキングは劇的に異なる結果となり、「シルバー」の顧客を「プラチナ」と再定義すべきだったり、その逆だったりという結論につながっていった。また、初期的な分析を通じてもうひとつ明らかになったのは、多くの顧客がマイナスの価値をもたらしているという事実であった。

たとえば、乗客はフライトの遅延やキャンセル、あるいは荷物の紛失を経験した際に返金を受けることができる。**図表6.4(a)** は、サンプルとして抽出された100人の顧客が受けた返金を図に表したもので、低価値の顧客が⊖とマイナス印、高価値の顧客が⊕とプラス印で描かれている。ある顧客は、なんと300ドルで購入したチケットに対して、800ドルの返金を受け取っていた。これは極端な例としても、多くの場合において低価値の顧客ほど多額の返金を受けていることが見て取れるだろう。その理由は、実は一部の顧客が返金システムを逆手に取り、返金を受けることを目当てに頻繁に苦情の電話をかけていたのだ。一方で、高価値の顧客は返金を求めて苦情の電話を入れることはあまり多くないが、黙って競合他社に乗り換えてしまう可能性が高

図表 6.4　コンチネンタル航空の高価値顧客（⊕印）と低価値顧客（⊖印）100人における返金事例

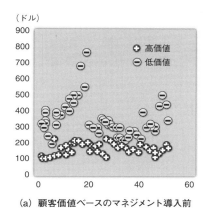
（a）顧客価値ベースのマネジメント導入前

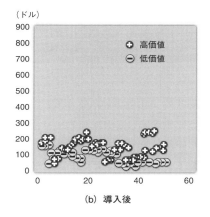
（b）導入後

出所：コンチネンタル航空

いうことが判明した。

　図表6.4（b）は顧客価値ベースのマネジメント手法を導入して以降の100人の顧客の返金状況を表したものだ。返金額は、顧客の価値と事態の深刻さをベースに算出されるように変更された。コンチネンタルの返金対応額は、1案件平均300ドルだったものが、195ドルまで低下した。これは、総額100万ドル単位での費用削減をもたらした。しかしながら、図表を見て明らかな通り、今では⊕で表される高価値の顧客の方が、⊖で表される低価値の顧客と比べると一貫して高水準の返金を受けることができるようになっている。その結果、CLTVの高い顧客においては顧客満足度（CSAT）の上昇が実現され、ひいては解約率の低下をもたらした。

　コンチネンタル航空のマイク・ゴーマンいわく、「当社にとって重要度の高い顧客ほど苦情を言わない傾向にあります。しかし、顧客が当社のフライトにおいて3回連続でトラブルを経験すると、それはすなわち当社がその顧客に対して清潔、安全、信頼性を提供できていないということであり、その顧客が他社に乗り換えてしまう危険性が飛躍的に高まります。だからこそ我々はこれらのお客様に対して能動的に働きかける必要があるのです。マー

ケティング活動を通じ、サービス体験の改善に努めています」。

短期と長期での顧客収益性のバランス

　顧客価値ベースの戦略策定における次のステップは、短期と長期の顧客収益性をどうバランスさせていくべきかを理解することだ。四半期ごとの収益目標を達成しなければならない上場企業にとって、長期的視野での利益最大化のみに集中することは現実的ではない。たとえば、ある大手エネルギー企業は、収益性が低い、あるいはマイナスの顧客を機械的に「切り捨て」ていくことで、将来の成長につながる顧客ベースを減らしてしまい、その結果将来の売上を失ってしまった。

　図表6.5は、ロイヤル・バンク・オブ・カナダ（RBC）における短期と長期の顧客収益性を示している。機密上の理由により数値は改変してあるが、傾向としては現実に沿ったものとなっている。顧客は課題層、成長層、優良層という3つのセグメントに分類される。それぞれの層について、**図表6.5 (a)** では長期の収益（5年間のCLTV）で、**図表6.5(b)** では短期の収益（単年度利益）での分布がランキング形式で図示されている。単年度利益は第5章で説明した重要指標⑥の利益を1年分計算した結果であり、CLTVは**図表6.1**のテンプレートを使って5年にわたる数値を導き出したものだ。

　パーセンタイル形式の分布は、各セグメントにおける顧客を価値の大きい順にランキング化した結果だ。たとえば、各セグメントに100人の顧客がいたとすると、エクセルで短期、長期のそれぞれの利益指標の降順で100人を並べ替え、グラフ上にプロットする。顧客数が100人を超え、全顧客をプロットするのが現実的でない場合は、利益が同規模の10人、あるいは100人ごとのグループを作ればよい。このグループ単位で利益規模をランキング化し、グラフにするのだ。1万人の顧客がいる場合、100人ごとのグループにまとめれば、100のプロットでグラフ化することが可能だ。顧客ベースが巨大な場合、エクセルでの作業は難しいかもしれないが、SASや同様のソフトウェアを使えば容易に対応できるだろう。

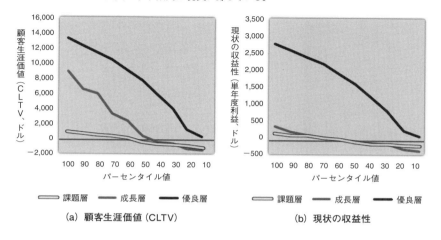

図表 6.5 RBCにおける3つの顧客セグメント（課題層、成長層、優良層）。(a) が顧客生涯価値（CLTV）、(b) が現状の収益性を表している。機密上の理由から数値は変更してあるが、図表が示す傾向は現実に即している。

(a) 顧客生涯価値（CLTV）　　　(b) 現状の収益性

出所：RBC　キャシー・バロウズ、アジャイル・インサイツ社　マーク・ジェフリー

　RBCの課題層、成長層、優良層というセグメントは、年齢層ごとの分類とほとんど同義となる。課題層は18〜29歳の若年層で、社会に出たてでほとんど資産を持たない。成長層は30〜49歳の中堅が多い。優良層には50歳を超える、地位・資産を築き、既に退職した人たちが多い。図表6.5で明らかになったのは、短期で見ても、長期で見ても、課題層と成長層の実に半数近い顧客が赤字を生んでいるという事実だ。興味深いことに、赤字顧客が実はRBCへのロイヤルティが最も高い。これは、要するに彼らは支払っている対価以上のサービスを受けているからにほかならない。

　ではこの事実にどう対処したらよいか。赤字顧客を切り捨てるのが正しいことと言えるだろうか。そのためのひとつのやり方は、赤字顧客に対して高額のサービス利用料を課すというものだ。しかしながら、高い利用料や、それに類する手段を使って顧客を解約に追い込むようなやり方は、メディアでの強い批判を招き、その結果として企業イメージを大きく毀損する（ブランドイメージやCSAT指標が悪化する）リスクをはらんでいる。たとえば英国では、銀行が顧客に対して高い利用料を課すことは、低所得層に対する差別と

図表6.6　CLTVと現状の利益率の2軸での戦略マトリクス

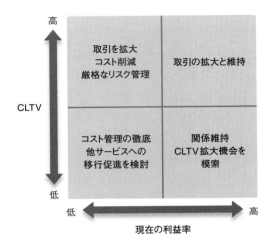

みなされ、法的にも禁じられている。それに加えて、利益率がマイナスという理由で現在の課題層の顧客を切り捨てたなら、将来の成長層の顧客の数を大きく削いでしまうことになる。

図表6.6は、短期と長期の収益性の折り合いをうまく付けていくのに有用な2×2のマトリクスだ。現在の利益水準が低く、将来の期待収益も低い、**図表6.6**上で左下の象限に該当する顧客は、マイナス価値をもたらす課題層および成長層の顧客だ。これらの顧客に対しては、コストやリスクの管理に思い切った改革が必要だ。たとえば、インターネット経由の低コストなサービス提供に切り替えるようなことを進めていくのが好ましいだろう。また、より高付加価値なサービスの利用促進を探ることも重要だ。

現状で高い利益率をもたらし、将来にわたっても高い収益性が期待される顧客層（前述における優良層とほとんど同義）に対しては、当然ながら顧客維持のための活動が非常に重要で、また、さらに顧客生涯価値を高めるためのクロスセルも効果的だ。一方、現在の利益率は高いが、将来期待される収益性は低いという、**図表6.6**における右下の顧客群は興味深い存在だ。なぜこのようなことが起こるのだろうか。実はこの顧客層は、たとえば銀行におい

て、自動車ローンのように利益率の高い金融商品を一度だけ利用した顧客なのだ。しかし、同銀行でそれ以外の商品やサービスを利用しないため、将来銀行に対してもたらすであろう価値は低い。この顧客層に対する正しいアプローチは、関係性を継続し、彼らのCLTVを高めることができるような機会を模索していくことだ。**図表6.6**の左上は、将来の期待価値は高いが現状の利益率が低いグループだ。これらの顧客に対しては、厳格なコスト管理を行いながら取引を拡大していく。ただし、その過程ではしっかりとしたリスク管理を合わせて行うことが肝要だ。

　RBCでは、大きな変化を迎えようとしている顧客層をネクサス・セグメントと名づけ、重要なターゲットとして捉えた。ネクサス・セグメントの顧客は年齢としては若く、結婚や就職、自動車の購入、初めてのマイホーム購入といった、人生における大きな節目を迎えている顧客層だ。こういった人生初の出来事に際しては、金融サービスが活用されることが多い。たとえば、マイホームの購入には住宅ローンが、自動車の購入には自動車ローンが伴うだろうし、就職後に投資用口座を作って資産運用を始める人も多いだろう。

　RBCは、不動産情報や結婚情報を提供するウェブサイトとの提携を進めた。そして、ネクサス・セグメントの顧客向けに、結婚式や住宅購入のためのファイナンシャル・プランニングのツールを提供した。この取り組みの効果は目覚ましかった。ネクサス・セグメントの顧客に関する理解を深め、包括的な提案を進めていくことを通じて、最大200%にものぼる残高の増加がもたらされ、また顧客ニーズを理解することで、様々なクロスセル機会がもたらされた。具体的な数字で示すと、新規住宅ローンの30%、それ以外の新規個人向けローンの21%がネクサス・セグメントの顧客に提供された。そして、これらの顧客のうちの36%が2年以内に高収益、高CLTVセグメントへと移行していった。

　図表6.7はRBCが短期、長期の戦略をどう戦術的な実行プランに落とし込んでいったかを表している。RBCの事業においてこの決定木の使われ方は次の通りだ。RBCと顧客との間のあらゆる接点において、またあらゆるアウトバウンド・マーケティングの機会において、背後で決定木の分析が行われる。顧客が銀行の窓口で担当者と話をしたり、コールセンターに問い合

図表 6.7 RBC社の顧客価値ベースのマーケティングを戦術上の実行プランに落とし込むための決定木

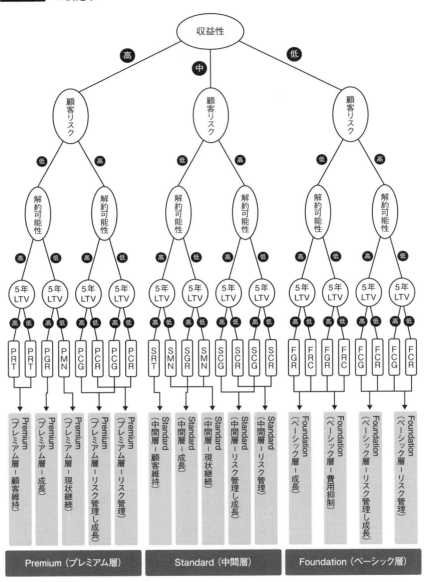

出所：RBC社

わせの電話をかけたり、インターネットで口座情報を照会したりというあらゆる機会において、RBCのITシステムが、「当該顧客の短期の収益性はどれほどか？」「この顧客にはどのようなリスクがあるか？」「解約の可能性は？」「顧客の長期的な収益性を表す5年間のCLTVは？」といった質問に対する答えを即座に示す。それらの質問の答えによって、決定木の最下部に記載されているRBCの対応方針が導き出されるのだ。

つまり、**図表6.7**の最下部は、RBCにとって重要な変数である利益、リスク、解約、CLTVという4つの指標を考慮に入れて、すべての顧客に対するマーケティングや顧客関係上の対応戦術を示している。決定木の最後で定義されるグループごとに、採るべきマーケティング・キャンペーンや、顧客へのアプローチが具体的に定義されている。たとえば、短期の収益性とCLTVがいずれも低く、リスクや解約可能性も高い顧客はツリー上の右端に分類される。これらの顧客はベーシック層かつリスク管理対象グループで、プッシュでのマーケティング活動を一切行わず、また最も低コストなチャネルでサービスを提供することが推奨される。

一方で、高収益、高CLTV、低リスク、低い解約可能性という顧客は、ツリー下部の左から2番目の箱のプレミアム層かつ成長グループに分類され、クロスセルやアップセルを狙ったマーケティングが展開される。高価値の顧客が高い解約可能性を伴う場合には、一番左端のグループに分類される。この場合、当該顧客は熱心な顧客維持マーケティングの対象となる。たとえばコールセンターの担当者は、起こっている問題について謝罪するとともに、即時の補償を案内するなどの対応をとるのだ。

あなたの会社で同じ決定木を使えるかというと、そんなことはないだろう。しかし、ここで重要なポイントは、顧客価値ベースの戦略を、実際の行動に落とし込むための考え方だ。決定木を使うことで、指標値の組み合わせに基づいた顧客のセグメントごとに適切なマーケティング戦術を導き出すことができる。また、もともとの課題層、成長層、優良層という顧客分類が最適なセグメンテーションでないことも示された。**図表6.7**では、顧客価値の考え方に基づいた、プレミアム層、スタンダード層、ベーシック層という新たな3つのセグメントが示されている。これらのセグメントは、短期的な収益、

リスク、解約可能性、CLTVに基づいた分類で、顧客サービスやマーケティング活動の方針に直結する。**図表6.7**は顧客価値ベースのマーケティング戦略を具現化しており、本書で最も重要な図表と言っても過言ではないかもしれない。

顧客ライフサイクル・マネジメント

　顧客ライフサイクル・マネジメントとは、(1)新規獲得、(2)育成、(3)維持という、顧客ライフサイクル上の各段階にわたってマーケティングを実行していく考え方だ。顧客価値ベースの顧客ライフサイクル・マネジメントでは、CLTVが重要な変数となる。企業側の理想的な形は、(1)マイナス価値ではなく、中〜高価値の新規顧客を獲得し、その上で(2)これらの顧客を、クロスセルやアップセルを通じて時間をかけて育成していくことだ。また何より重要なのは高価値の顧客の離反を防ぐことであるから、(3)維持も極めて重要だ。第9章では、アースリンク社の例を使って顧客維持マーケティングについて詳述する。本節では、はじめの一歩として最適である高価値顧客の育成を中心に説明をしていこう。節の終盤では、新規顧客獲得についても触れる。

　カーニバル・コーポレーションは世界最大のクルーズ客船運行会社で、年間売上規模は146億ドルにのぼる。同社は85隻以上もの船を運行し、収容客数は最大で合計17万人を誇る。北米地域でのカーニバル社の主要クルーズブランドにはプリンセス・クルーズライン、ホーランド・アメリカ、シーボーン・ラグジュアリークルーズ、そして主力のカーニバル・クルーズラインなどがある。カーニバルはデータ・ドリブン・マーケティング戦略を策定するにあたり、第1章で議論したフレームワークを活用した（**図表1.7参照**）。

　カーニバルのマーケティング・チームは、まず、自社にとって価値のある顧客を定義することと、どのような顧客行動を変革していきたいかについて考えることから始めた。マーケティング・チームは、自社にとっては個人ではなく世帯こそが重要であり、したがって適切な世帯レベルのデータなしに顧客の価値を理解することはできないと気づいた。問い合わせをして予約を

する際に自社との接点を持つのは世帯の中の1人の代表者かもしれないが、実際に旅行をするのはカップルないし家族単位であるため、顧客の価値は代表者個人ではなく世帯単位の価値と捉えるべきなのだ。このため、世帯単位のセグメンテーションを実施するためのデータ整備がカーニバルにとって不可欠な最初のステップであった。

　世帯情報の把握は多くのB2C業界で重要であり、小売業では多くの場合、クレジットカードの取引データや購買データを使って行っている。しかし、世帯は転居に伴って物理的に移りゆくと同時に、その価値も変動するため、継続的に情報を更新することが重要である。このためカーニバルでは、毎日20もの業務プロセスを通じて情報を更新し、四半期に一度、外部業者を使って住所データの照合を実施し、転居した世帯を確認している。

　世帯の基本情報を整備した上でカーニバルが行う次のステップは、世帯の価値や将来の収益（CLTV）に基づいたセグメンテーションを実施することだ。クルーズ事業において現在の収益を構成する要素は2つある。予約代金と、クルーズ中に使うお金の2つだ。カーニバルは過去何年も遡り、1000万以上の乗客データで顧客価値ベースのセグメンテーションを実施した。1000万件のデータとなると、エクセルを使った分析は不可能であり、カーニバルではSAS社のエンタープライズ用データマイニングツールを使用した。SASにはProc Univariateという、複数の変数データからランク分けを容易に行う機能が備わっている。これは、学生の試験の結果で何点以上をA、何点以上をBの成績にするかという決定をする作業に似ており、SASの機能は最適なランク分けラインを示してくれる。

　カーニバルは分析結果に基づき、顧客を高価値、中価値、低価値の3つに分類するセグメンテーションを行った。同社は、半数以上の顧客の売上貢献が50％以下と小さく、低価値の顧客であることに気づいた。自社にとって最も優良な顧客を認識することも重要だが、価値の低い顧客を認識し、その層に対しての支出を抑えることはそれ以上に重要であるとも言える。

　セグメンテーションを実施するにあたり、カーニバルは顧客行動が予測できる意思決定指標を見極めようとした。同社における従来型の考え方は、「どうやって顧客に乗船してもらうか」ということであった。しかし、分析

を続ける中で理解に至った重要な顧客行動はクルーズの予約であり、予約は実際に乗船をする数カ月も前に起こるという点に注目するようになった。その結果、マーケティング上の注力点は「どうやって顧客に対して予約を促すか」ということへと変わっていった。カーニバルは、カスタマージャーニーにおける各ステップを一つ一つ見直し、「マーケティング活動でどのような影響を及ぼせるか」を検討していった。また、マーケティング・チームは分析結果を、実行に移しやすく、また経営陣に理解しやすい提言へと落とし込むことにも注力した。

各セグメントの顧客に対して、「子供と一緒に旅行をするか？」「4月に予約をするか？」「通常何日間ぐらいのクルージングを行うか？」「乗船券と、船に乗ってからの支出にそれぞれいくらぐらいかけるか？」といった質問がぶつけられ、その答えによって、様々なマーケティング施策が考案された。たとえば、高価値セグメントにおいては子連れで旅行する人の比率が非常に低くなっていた。このため、この高価値セグメント顧客に対しては、「大人専用デッキ」を提供するクルーズ船の提案が受け入れられる可能性が高い、といった風にマーケティング施策が考案されていった。

カーニバルのマーケティング・チームが最も重要な顧客行動として抽出したのはクルーズの予約だった。過去の予約データに基づき、カーニバルは高価値セグメントの顧客たちが次のクルーズの予約を検討するタイミングを予測することができた。そこで、予測される予約タイミングの2カ月前に、今なら割引価格で予約可能という形にターゲット化したDMを送付した。顧客がこのオファーを受け入れず、かつ予測された時期に予約を行わなかった場合には、より大きな割引でのDMを送付した。この活動の結果は目覚ましく、リピート予約率は2年間で10％も向上した。しかも、それと同じくらい重要なことに、カーニバルは低価値顧客に対してはオファーを送付しないことによって、多大なマーケティング費用削減を実現することができた。

まとめると、カーニバルはまず、既存顧客に関する情報のデータベースを世帯単位で整備し、これらの世帯を顧客価値に基づいてセグメント化した。次に同社は、顧客のどのような行動に影響を与えたいかに関して検討をした結果、クルーズの予約を最も重要な顧客行動として抽出し、マーケティング

施策の明確な目標を設定した。カーニバルの事例から学べることは、膨大なデータベースを活用するからこそ、考え方をシンプルに保つことが重要だという点だ。カーニバルでは高価値、中価値、低価値という3つの大まかなくくりの顧客世帯セグメントで取り組みを開始し、このセグメントに基づいて誰に対してマーケティング・キャンペーン情報を送付すべきかを判断し、またセグメント内での試行錯誤を通じて最適なオファー設計を進めた。

　既存顧客の価値向上は、既にデータが存在するという意味において、顧客価値ベースのマーケティングを始めやすい領域だ（B2B企業における顧客データの収集については第2章を参照）。新規顧客獲得には様々な形があるが、第3章で説明した購買行動サイクルにおける最初の3段階（認知、評価、トライアル）が基本で、その評価指標にはブランド認知度、試乗（お試し）、売上が使われる。新規顧客獲得のためのターゲット・マーケティングには顧客リストの購入が必要となる場合もあるだろう。あるいは、試乗（お試し）段階において、「車のカスタマイズのバーチャル体験」や「10日間トライアル版ソフトウェアダウンロード」といった施策を通じて見込み顧客データを収集し、このデータをもとに新規顧客獲得マーケティングを展開することも可能だ。新規顧客獲得を顧客価値ベースでやろうとする場合、見込み顧客の質を判定したり顧客リストを購入したりする際に追加でのデータが必要になることがある。

　顧客価値に関わるデータを購入することによって、顧客リストを増やしたり、セグメント化をしたりすることができる。たとえば、全米の個人あるいは世帯の詳細な取引データを網羅的に記録したデータを集めて販売している企業というのは存在する。したがって、潜在顧客に関する詳細な全データを購入することも可能だが、マス・マーケティング向けに膨大なデータを購入すると費用が高くなりすぎるかもしれない。しかし、顧客データの一部の項目だけであれば比較的安く、1件あたり数セントで購入することも可能であり、その方法を採れば費用対効果に見合うターゲット顧客リストを購入できる。まずは特定の地域や人口特性グループ、セグメントなどで小規模な実験を繰り返して成功パターンを作ってから全体に展開することで、ダイレクトメール、Eメール、テレマーケティングなどにかける費用が実験段階で膨ら

んでしてしまうのを回避するとよいだろう。

> **この章のポイント**
> - 顧客生涯価値（CLTV、重要指標⑩）は、将来にわたって顧客が自社にもたらす価値を表す、非常に重要な指標である。
> - 自社の顧客全体のCLTVを理解し、その最大化を図るのが新たなマーケティング戦略の手法だ。高価値セグメントに対しては維持およびさらなるアップセル、クロスセルを、中価値セグメントに対してはアップセルとクロスセルを通じたCLTV向上を、そしてCLTVがマイナスの顧客層に対しては支出の最小化を図っていく。
> - B2B企業は、販売チャネルパートナーのCLTV分布を把握することから始めるとよいだろう。
> - マイナス価値の顧客が存在していても、顧客自体がマイナス価値なのではなく、ビジネス・プロセスや提供チャネルに欠陥があってマイナス価値が発生していると捉えるべきだ。価値を損なっているプロセスを特定し、そのプロセスや提供チャネルの改革を通じて収益改善を図ることが可能なはずだ。
> - 長期的なCLTVだけを見るのは全体観を欠く。企業としては短期的な収益と長期のCLTVをバランスよく管理していかなければならない。
> - 顧客ライフサイクルは、新規顧客の獲得、顧客の育成、そして顧客の維持から構成される。それぞれの段階において顧客価値ベースの考え方を採り入れ、データマイニングを行ってターゲット・マーケティングを実施していく。

第 **7** 章

クリックからバリューへ

インターネット・マーケティングの重要指標

⑪クリック単価(CPC)
⑫トランザクションコンバージョン率(TCR)
⑬広告費用対効果(ROAS)
⑭直帰率
⑮口コミ増幅係数(WOM)

インターネット・マーケター必須の5指標

　インターネット・マーケティングの世界は、試行錯誤の部分が多く、ある意味でアメリカの西部開拓時代のようなものだ。1800年代の西部開拓時代には、無法者や盗賊が多く存在し、その場しのぎ的な法律やアプローチが生まれた。インターネット・マーケティングの現状もそれに似ていて、猛スピードでイノベーションが進むとともに、規制もどんどん変化してきている。2007年だけでも、グーグルがダブルクリック社を31億ドルで買収し、マイクロソフトがアクアンティブ社を60億ドルで買収するなど、プレイヤーが入れ替わるのも早い。

　第1章で、データ・ドリブン・マーケティングの本質を理解している企業と理解していない大多数の企業との間に存在するマーケティング格差について紹介したが、この格差はインターネット・マーケティングにも存在する。既に数年の経験を積んでいる一部の企業と、いまだに始められずにいる企業との格差は大きい。本章では、インターネット・マーケティングを始める企業が、インターネット・マーケティングを実践し、西部開拓時代さながらの世界を生き延び価値を生み出すために必要な指標を紹介する。既に経験を積んでいるマーケティング担当者にも、一歩先のインターネット・マーケティングを行うために参考にしてほしい。

　本章では、インターネット・マーケティング予算の大部分を占めるリスティング広告（SEM）関連の指標を中心に紹介する。2008年に行われたイーマーケター社の調査によると、インターネット・マーケティング予算のうち、リスティング広告が占める割合は45％、2010年には49％に増加すると予想されている。重要指標であるクリック単価（CPC）、トランザクションコンバージョン率（TCR）、広告費用対効果（ROAS）（重要指標⑪〜⑬）は慣れるまで若干時間がかかるが、エクセルで分析可能だ（注1）。時間をかける価値があるので、しっかりと理解しておきたい。もしあなたが現時点でリスティング広告の最適化を行っていないのであれば、本章の前半で紹介するフレームワークを実践活用してもらいたい。現行のリスティング広告の成果を大き

く改善することが可能だ。

　しかしそれだけではなく、今までのリスティング広告やウェブサイトの最適化（重要指標⑭直帰率の改善を含む）を超え、最先端の手法を紹介することで、いかにインターネット・マーケティングの進化が速いかについても示したい。その例として後半では、アトリビューション分析、ソーシャルメディア上でのターゲティング広告のインパクト、インターネット上の口コミ増幅係数（重要指標⑮ WOM）の測定方法について紹介する。これから紹介する5つの重要指標を理解し、インターネットに精通したマーケターとして活躍してほしい。

CPC 対 CPM
重要指標 ⑪ クリック単価（CPC）はグーグル最大のイノベーション

　2002年、ワシントン D.C. からシカゴへのフライトで、大手コンサルティング会社のシニア・パートナー（訳注：役員クラスのコンサルタント）の隣席となった。当時、いつも通りグーグルがニュースを騒がしていた。彼は、「検索のコンセプトはシンプルなのに、なぜグーグルがこんなに騒がれるのかよくわからない」とこぼしていた。確かに、検索自体は画期的な新技術というわけではない。とすれば、グーグルが起こしたイノベーションの正体は何か。

　検索ロボットをプログラミングし、その検索ロボットにウェブ上を巡回させ、存在するすべてのウェブサイトとページ上のキーワードを一覧にするのは、比較的単純である。そうすればユーザーが検索したいキーワードを含むウェブページを探せるということもわかる。しかし、ここで難しいのは、検索したキーワードを含む膨大なウェブページのリストをどうやって意味のある順番で並べ替えるか、ということである。つまり、全世界のウェブサイトを検索できても、表示する際にサイトの重要度を決める方法が難しいのだ。

　インターネットの普及初期、1995年頃の検索エンジンでは、ウェブサイト上に掲載されているキーワードの数で検索表示の順番が決定されていた。

掲載されるキーワードの数が多いほど、上位に表示されていたということだ。そのため、検索結果の上位に表示するために、ウェブサイトの作成者は数多くのキーワードをページ上に掲載した。そういった手法を取ったウェブサイトが検索結果の上位に表示されてしまい、本当の重要度とはかけ離れてしまっていた。この方法から抜け出すべく、当時のヤフーは、手作業でウェブサイトをレビューしランク付けするための作業員を大量に雇用していた。

しかし、1996年、グーグル創業者であるラリー・ペイジとセルゲイ・ブリンが世界を変えた。他サイトから張られたリンクの数で検索順位をランク付けするというアイデアが生まれたのだ（注2）。サイトの重要度をランク付けするために、他サイトからそのサイトへのリンク数（つまり投票数）を重視するという、いわば民主主義的なシステムだ。この特許システムにより、世界最高の検索アルゴリズムを手にしたグーグルは、1998年9月4日に法人化された。グーグルは、設立からわずか10年足らずで毎日の暮らしに浸透した。私の6歳の子供ですら、幼稚園の友達から仕入れたゲームに関する情報を毎日グーグルで検索している。

1997年まで、インターネット上のマーケティング・ビジネスはCPM（インプレッション単価：表示1000回あたりの広告費用）モデルに基づいていた。CPMが基準の広告収益モデルであったということだ。1997年に、オーバーチュア社（注3）が、リスティング広告を自然検索の結果の近くに表示し、クリック単価（CPC）に基づいて課金するシステムを初めて導入した。それ以来、現在ではCPCがリスティング広告の基本となっている。

> **重要指標⑪：リスティング広告に必須の指標**
> CPC = リスティング広告またはディスプレイ広告のクリック単価

インプレッション単価（CPM）からクリック単価（CPC）への変化は、インターネット・マーケティング戦略に微妙な変化をもたらした。CPMモデルは、検索を行うユーザーを中心とした考え方で、広告主は広告がユーザーの目にとまることに対し対価を支払う。クリック単価（CPC）モデルでは、検索される企業を中心とした考え方で、広告主は広告のクリック（購入につ

ながる可能性がより高い）に対して対価を支払う。メディアコントラクツ社の調査によると、ユーザーが行う検索の46％は商品やサービスの購入を目的としており、広告主は、こうした購入につながる可能性のある潜在顧客のクリックに対して広告料を支払う意思があるという結果が出ている。このように、リスティング広告においてはクリック単価が重視されているが、これは第1章で紹介した需要喚起型マーケティングの考え方と同様だ。

　1997年のオーバーチュア社のシステムでは、最高値で入札した企業がキーワードを落札していた。そのため、広告を上位に表示させるためには、お金を積めばよかった。しかし、グーグルは先程の検索アルゴリズムに続いて、1998年にリスティング広告でもイノベーションを起こした。キーワードの落札者の表示順位を複数の変数を使用して決定することで、クリック単価（CPC）による収益を最適化したのだ。CPCの計算方法を再定義したことで、グーグルはインターネット広告においてもゲームチェンジャーとなった（グーグルによるCPCの定義とその影響に関する詳細については次節で紹介する）。

　もちろん、インターネット検索にまつわる競争は終わる気配がなく、勝利を宣言するのは早すぎる。2009年4月時点で、米国における検索エンジンのシェアはグーグルが64％、米ヤフーが20％、マイクロソフトは8％となっている。マイクロソフトは2008年に米ヤフー買収を試みたが、失敗。その後、検索サービスへの底入れを行い、2009年6月にBingを立ち上げた。2009年8月、米ヤフーとマイクロソフトが提携し、米ヤフーの検索エンジン事業がマイクロソフトに譲渡された。その結果、本書執筆時点（2009年）において、市場シェアはグーグルが64％、マイクロソフトが28％となった。グーグルが優勢なのは明らかであるが、この勢いが持続可能であるかは、この後の歴史が判断するだろう（訳注：2015年より米ヤフーとマイクロソフトの提携が見直され、グーグルの検索エンジンも併用されるようになった）。

　グーグルのCPCは、1〜5ドルと非常に高価になっている。出稿する検索キーワード数および対象地域の広さ（各地域、米国、全世界）によっては1日に数百ドル〜数千ドル、時には10万ドルを使ってしまうケースもある。そのため、費用対効果をきちんと計算する必要がある。そこで必要なのが、重要指標⑫トランザクションコンバージョン率（TCR）と重要指標⑬広告費用

対効果（ROAS）だ。この指標を活用することで、費用対効果を確実に高くすることができる。

リスティング広告を最適化する
重要指標⑫ トランザクションコンバージョン率（TCR）、
⑬ 広告費用対効果（ROAS）

　検索結果は、自然検索（オーガニック検索）とリスティング広告に分類することができる。自然検索は、いわゆる検索結果で、グーグルの場合、他のウェブサイトから張られているリンク数などに基づいたランク付けが行われ、検索キーワードとの関連度が高い順に表示される。リスティング広告は、検索結果ページの上部または右側に表示される有料の広告リンクだ。

　図表7.1は、インターネット検索においてユーザーがクリックした位置を黒点で示したヒートマップだ。左上部の色が濃くなっており、ユーザーの注目を集めていることがわかる。リスティング広告の上位2件と、自然検索の結果数件がクリックされている部分だ。罫線は、ページの境目を示しており、その下には更なる検索結果が掲載されているが、この線より先の検索結果をクリックする人はほとんどいないことがわかる。リスティング広告で成功するためには、検索内容と関連度の高い検索連動型広告を効率的に表示すると同時に、サイトが自然検索で上位に表示されるように最適化することも必要となる。

　自然検索の表示順位を上げるためには、検索エンジンのインデックスロボットにとっての重要度が上がる（注4）ように自社サイトへのリンクを張ることを推奨し、戦略的にタグを配置するなど、ウェブサイトに工夫を加える必要がある（訳注：グーグルの重要度を算出するアルゴリズムは刻々と変化しており、この内容は執筆当時のものであることに留意）。ただ、本章では、多くの企業において予算の大半を費やすことになるリスティング広告を中心に説明する。

　インターネット検索の行われ方を調査することは、文化人類学としても興味深いテーマだ。ワイナリーを訪れるパッケージ旅行に興味があるユーザー

図表 7.1 グーグル検索結果ページのヒートマップ

出所：エンキロ社アイ・トラッキング・レポート（www.enquiro.com）より抜粋。

の行動を例として紹介しよう。検索するにあたり、最初は一般的でブランドを特定しない用語、つまり「ワイナリー」や「旅行」などのキーワードで検索するだろう。その結果、「アメリカ　ナパバレー」や「イタリア　トスカーナ地方」への旅行に関する情報が表示される。その結果を受け、ユーザーは、さらに的を絞った検索を行う。ここでは地域を絞り込んだキーワード、「カリフォルニア州ナパバレー」などで検索が行われるだろう。このように、検索の結果を利用してさらに検索を行い、最終的にブランドを特定した検索を行うことになる。この例では、最終的に、ナパバレーへのフライトと宿に関する情報を、エクスペディアやトリップアドバイザー、トラベロシティ、オービッツなどの旅行専門サイト上で検索することになるだろう。つまり、検索の初期段階では一般的な用語で、絞り込みが進んだ後の検索ではブランドを特定した用語での検索が行われるため、両方のタイプのキーワードに対して入札することが大切になる。

　効率的なリスティング広告を実現させるために役立つ、リスティング広告関連の用語を定義しておこう。まず、「入札戦略」と「マッチタイプ」について説明する。入札戦略は、検索結果ページ上に広告を表示する位置だ。たとえば、入札戦略1～4を選ぶと上位4件として表示され、5～6を選んだ場合は5位以下に表示される。マッチタイプでは、どのような検索語句に広告を表示するかを決定する。入力された順序と同じ順序のキーワードのみにヒットするようにするか（完全一致）、語順がバラバラのキーワードでもヒットするようにするか（部分一致または絞り込み部分一致）を選ぶことになる。マッチタイプには、フレーズを含むことも可能で（フレーズマッチ）、除外キーワードを設定することもできる。

　VOIPやVonageといったインターネット電話関連のキーワードを例にとってみよう。マッチタイプを、完全一致（入力キーワードに完全に一致）と部分一致（表記の揺れなども考慮する一致）から選ぶことができる。フレーズマッチを利用して「VOIPを使ってトルコへ電話」といったフレーズも含むことができる。また、言葉は似ていてもまったく関係のない検索に対して広告を表示するのは無意味なので、バーボンに関する検索が除外されるように「ワイルド・ターキー」を除外キーワードとして設定する（訳注：トルコの

Turkeyとワイルド・ターキーのTurkeyが同じ綴りのため）。注意したい点は、マッチタイプを絞り込む場合、ランディングページの内容を検索キーワードと合致させた方がよいことだ。たとえば、部分一致を使用した場合、「VOIPを使ってトルコへ電話」と「VOIPを使ってメキシコへ電話」のどちらの検索に対しても同じページへのリンクを表示して構わないが、完全一致またはフレーズ一致を選ぶ場合、それぞれの検索キーワードに合わせた別のページへのリンクを張ることができる。

クリック単価（CPC）と並び大切なインターネット・マーケティング指標となるのがクリック率（CTR）だ。広告リンクをクリックした顧客の割合を示すのがクリック率であり、クリック回数を広告表示回数で割ることで計算できる。

「ナパバレー旅行」「ワイナリー」などのキーワードへ入札する事業者は数多く存在するため、マッチタイプを特定し、キーワードと広告表示位置を入札方式で購入するのがリスティング広告の基本だ。グーグルでは、入札単価、クリック率（顧客が広告リンクをクリックする可能性）、直帰率（この後の重要指標⑭で定義）などを利用した複雑な計算式を利用し、リスティング広告をランク付けしている。たとえば、「旅行」と「ワイナリー」のキーワードに対し、部分一致で入札戦略1〜4を、1クリック4ドルで入札したとしても、類似した他キーワードへの入札やグーグルがリスティング広告のランク付けに使用するアルゴリズムを考慮すると、1クリック2.5ドルで2番目の広告掲載順位で広告が表示されることもあり得る。リスティング広告を2番目に表示できる上、実際のクリック単価は2.5ドルとなるのだ。

グーグルは、広告のランク付けにクリック率を利用しており、過去のクリック率が高いリスティング広告は、クリック単価が低くとも、上位に表示されるのだ。グーグルの収入は、クリック単価とクリック数を掛け合わせた額であるため、クリックされる確率が高い広告を優先することにより、収入を最大化しているのだ。このようなランク付けのアルゴリズムでは、高いクリック率の実績を持つ有名ブランドが優位であるため、クリック率の履歴がない新規参入企業は、コストを抑えてパフォーマンスを最大化するための戦略が必要になる。

その戦略を立てるにあたって見るべきなのは重要指標⑫トランザクションコンバージョン率（TCR）である。

> **重要指標⑫：クリックからお金を生み出すための必須の指標**
> トランザクションコンバージョン率（TCR）：広告をクリックしてウェブサイトに遷移したユーザーが商品を購入した割合

クリック率とトランザクションコンバージョン率（TCR）を使用することで、リスティング広告においてもオファー応諾率（重要指標⑤）を計算することが可能だ。

$$\text{オファー応諾率} = \text{クリック率（CTR）} \times \text{トランザクションコンバージョン率（TCR）}$$

つまり、オファー応諾率は、クリック率（広告をクリックした顧客の割合）とトランザクションコンバージョン率（クリックをした後に商品を購入した顧客の割合）を掛け合わせて計算する。オファー応諾率は、商品購入率と同じであり、広告を目にして商品を購入した顧客の割合を示す。

また、収益もリスティング広告効率化のために役立つ指標だ。

$$\text{収益} = \text{売上} - \text{費用}$$

つまり、インターネット・マーケティングにおける利益（重要指標⑥）だ。この場合の費用には、販売商品の商品原価は含まず、インターネット・マーケティングの広告費用のみを考慮し、マーケティング・キャンペーン全体における広告媒体の貢献度合いを表している。収益は、クリックごとに計算することも可能だ。クリックごとに売上からクリック単価を引き算しても、全クリックをまとめて計算しても問題ない。

リスティング広告関連の重要指標で忘れてならないのが、投下した広告費用に対するリターンを測定するための指標、つまり、リスティング広告にお

図表7.2　リスティング広告の各種指標を計算するためのテンプレート

（a）が入札キーワードの例5点とCPC（クリック単価）データ、（b）が関連する指標。CPCデータは実際の数値ではないが、類似の数値としている。

	CTR(%)	TCR(%)	トランザクション1件あたりの合計費用(ドル)	金額(ドル)	費用の合計(ドル)	収益額(ドル)	広告費用対効果(ROAS)(%)	合計予約数	平均予約単価(ドル)	オファー応諾率(予約が成立する可能性)(%)
1	9.1	900.0	0.26	8,777.95	2.31	8,775.64	3,798.97	9	975	81.8
2	16.7	100.0	0.63	1,574.20	0.63	1,573.58	2,497.74	1	1,574	16.7
3	11.1	100.0	0.39	390.15	0.39	389.76	999.38	1	390	11.1
4	2.5	12.5	2.20	935.00	2.20	932.80	424.00	1	935	0.3
5	23.1	33.3	5.21	1,685.55	5.21	1,680.34	322.54	1	1,686	7.7

(a)

	媒体	キーワード	マッチタイプ	入札戦略	入札(ドル)	クリック	クリックチャージ(ドル)	平均クリック単価(ドル)	インプレッション	平均表示順位
1	Yahoo!-U.S.	フローレンスまでの飛行機	Advanced	Position 1-2	6.25	1	2.31	2.31	11	1.27
2	Yahoo!-U.S.	格安国際航空券	Advanced	Position 1-2	6.25	1	0.63	0.63	6	1.00
3	MSN-Global	飛行機/割引/フランス/チケット	Broad	Position 2-5	0.00	1	0.39	0.39	9	1.11
4	Yahoo!-Global	フランス/オンライン予約	Standard	Position 1-2	0.25	8	2.20	0.28	318	2.98
5	Google-U.S.	パリ/格安/航空	Broad	Position 5-10	6.25	3	5.21	1.74	13	1.00

(b)

このテンプレートと7000件のデータ入力済みの完成したエクセルデータはwww.agileinsights.com/bookからダウンロード可能（英語のみ）。

けるROIである。

> **重要指標⑬：広告費用対効果を測定する必須の指標**
> ROAS ＝ 広告費用対効果 ＝ 収益 ÷ 費用

　広告の収益から、広告費の効率性を測定するのがROAS（訳注：原文ではROAであるが、日本ではROAS［ロアス］の方が一般的のためROASとした）だ。
　リスティング広告が優れているのは広告媒体社から大量のデータを入手できることだ。これらのデータは、エクセルのピボットテーブルで分析するこ

とができる（注5）。**図表7.2**は、本章で紹介してきたリスティング広告キャンペーンに関する重要指標を計算するためのテンプレートだ。**図表7.2（b）**の左の方の項目に記載されているのは、媒体（検索エンジン）、キャンペーン名、キーワードなど。その先には、1クリックあたりの入札単価および実際のクリック単価（CPC）など。最後の項目は平均表示順位などのデータが記入されている。

これらの指標を使用して、リスティング広告を最適化する3つのステップを紹介する。

1. 費用対効果の高い媒体を特定する

グーグルやヤフー、MSN、Bing、Ask.com、または目的別の検索エンジン（たとえば旅行検索エンジンのカヤック）などから費用対効果が高い媒体を特定する。

2. 媒体内で改善の必要のあるキャンペーンを特定する

媒体内におけるキャンペーンを分析し、成果を高めるために内容の変更が必要なキャンペーンを特定する。

3. KPIインパクトを計算する

キャンペーンの変更が、売上や広告費用対効果（ROAS）などのKPI（Key Performance Indicators）に与える影響を計算する。ここで試算した数値が今後行うテストの基準値となる。

ステップ1では、媒体の市場シェアに応じて予算を振り分けることから開始する（たとえば、グーグルに60%、ヤフーに20%など）。次に、マーケティング・キャンペーンを設計し、キーワードを購入、データを収集する。**図表7.3**は、媒体戦略を考えるためのフレームワークで、縦軸は平均クリック単価で横軸はオファー応諾率を表している。それぞれの媒体ごと（たとえばGoogle U.S.、Google global、Yahoo! U.S.,など）にこの2つの値を計算しマッピングしていくことで、各媒体の扱いを決めていくのである。クリック単価が

図表7.3　CPC（クリック単価）とオファー応諾率（購入可能性）に基づいたインターネット広告の媒体最適化フレームワーク

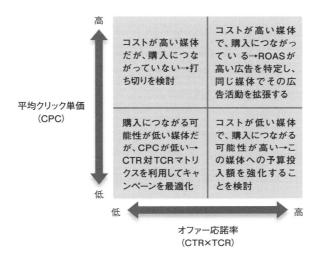

安く、オファー応諾率が高い媒体（**図表7.3**でいうと右下に位置づけられる媒体）は、効果が高いため、予算を追加することを検討する。クリック単価が高く、オファー応諾率が低い媒体に掲載している広告は効率が悪いということになるので、予算削減を検討する必要がある。

　図表7.3の右上の部分に該当する媒体は、オファー応諾率は高いが、クリック単価が高い。つまり、広告に効果はあるが、コストが高くなっているので、その中で広告費用対効果（ROAS）が高いキーワードを見つけ出し、何がうまくいっているのかを考える必要がある。たとえば掲載順位で4番目くらいを狙っているにもかかわらず、他に入札者がいないために1番目、2番目が取れているキーワードを見つけるというのもよいだろう。その場合、その媒体におけるそのキーワードへの入札単価を下げ、そこで浮いた分を同じキーワードで出稿している他の媒体に振り分けて全体的な費用対効果を高めることができる。

　図表7.3の左下に該当するキャンペーンは、オファー応諾率は低くて問題だが、クリック単価も低いので、やみくもに中止することは避ける。つまり、

図表 7.4　TCR および CTR に基づいたリスティング広告の最適化フレームワーク

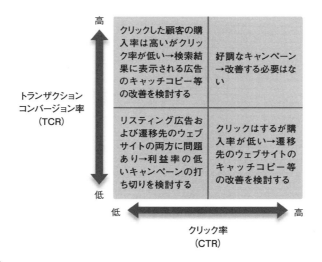

ステップ2と同じ考え方で、それぞれの媒体向けにキャンペーンを最適化するのだ。**図表7.4**では、クリック率（CTR）およびトランザクションコンバージョン率（TCR）の観点からそれぞれの媒体でキャンペーンを最適化する方法を示している。

　図表7.4の右上部分は、クリック率とトランザクションコンバージョン率が共に高い媒体のキャンペーンが表示されている。このキャンペーンは成功しており、内容に変更を加える必要はない。左上部分のキャンペーンは、トランザクションコンバージョン率が高くクリック率が低い。つまり、ユーザーがクリックをした場合は高い確率で購入しているが、クリックする確率は低い。このようなキャンペーンでは、掲載する広告のキャッチコピー（リンクの下に記載される広告文）を改善する必要がある。右下部分に表示されているキャンペーンは、クリック率が高く、トランザクションコンバージョン率が低い。つまり、ユーザーは広告をクリックしているが、サイトを訪問後に購入する割合は低い。この場合、ユーザーがたどり着いたウェブサイト、ランディングページを改善する必要がある。最後に、**図表7.4**の左下にあた

| 図表 7.5 | グーグルのリスティング広告キャンペーンの ROAS 計算テンプレート。クリック単価 (CPC) 削減およびオファー応諾率アップの影響を計算できる。 |

前提

クリック単価（CPC）の削減率	10%*
オファー応諾率の増加率	10%*

	平均クリック単価（ドル）	購入合計数	平均購入額（ドル）	オファー応諾率（購入可能性）（％）	広告コストの合計（ドル）	購入1件あたりの平均コスト（ドル）	合計収益額（ドル）	広告費用対効果（ROAS）（％）
現在*	1.84	1,550	1,126	0.040	353,641	228.16	1,745,482	494
最適化された場合	1.66	1,705	1,126	0.044	318,277	186.67	1,920,030	603

*に実際の数字を挿入して試算する

www.agileinsights.com/book からダウンロード可能（英語のみ）。

るキャンペーンはクリック率およびトランザクションコンバージョン率ともに低い。このようなキャンペーンは、広告とウェブサイトの両方を改善する必要がある。この部分に属するキャンペーンは、収益が低いため、打ち切りを検討するべきでもある。

　リスティング広告の最適化では、テストを実施し、その結果から迅速に学ぶというアプローチが一番有効だ。重要な指標は、クリック単価、クリック率、トランザクションコンバージョン率であり、広告のキャッチコピーを調整することでクリック率を改善し、トランザクションコンバージョン率を増やすためにはランディングページを改善する。キャッチコピーとランディングページを改善すると、クリック単価の削減にもつながる。グーグルのアルゴリズムでは、クリック率が高く直帰率（重要指標⑭）が低い広告へのクリック単価を優遇する仕組みになっているからだ。

　リスティング広告を最適化するための3つのステップの中で最も重要なのは、ステップ3、つまり KPI インパクトの計算である。収益と広告費用対効果（ROAS）を計算することによって、実際にクリックが生み出す価値を計算することができる。これは将来、キーワードの入札価格を決めるにあたり

重要な指標となる。

　広告費用対効果（ROAS）を計算することで、「追加予算 Y ドルを、媒体またはキャンペーン X に投資した場合、どのような結果になるだろうか？」といった疑問に答えることが可能だ。予想されるインパクトは、結果を予想したい媒体またはキャンペーンの平均 ROAS に、追加予算を掛け合わせることで計算できる。つまり、追加収益 =ROAS × Y（CPC が同じ場合）となる。**図表7.5**は、グーグルでの検索キャンペーンの広告費用対効果（ROAS）を計算するためのテンプレートの例だ。CPC を10％削減し、オファー応諾率が10％増えた場合のインパクトを計算している。この例では、広告費用対効果（ROAS）が110ポイント増加している。

　エールフランス社（注6）の例を紹介する。2007年、エールフランスは、リスティング広告予算の費用対効果を改善し、オンライン予約からの売上を効率的に高める必要があった。メディアコンタクツ社がパートナーとなり、本章で紹介したフレームワークに沿ってリスティング広告戦略が最適化された。その結果、CPC が19％減少し、クリック率が112％増加した。つまり、エールフランスは、予約1件あたりのコストを増やすことなくキャンペーンの効率を大幅に向上させることに成功したのだ。

　ここまで、リスティング広告を最適化するためのシステマティックなフレームワークおよびアプローチを紹介してきた。既に説明したように、リスティング広告は需要喚起型マーケティングである（定義については第1章を参照のこと）。これまで紹介してきたリスティング広告アプローチの弱点は、ユーザーが商品の購入を目的に検索した際の最後に行ったクリックのみが、売上に貢献したことになってしまう点だ。実際には、ほとんどのユーザーは何回も検索を行い、数多くの検索結果をクリックする。検索およびクリックが複数行われることによる影響は、本章のリスティング広告最適化アプローチでは説明していない。これに関しては、章の後半でアトリビューション分析を紹介する。アトリビューション分析ではクッキーファイルなどを使用して顧客の検索を追跡することが可能だ。その前に、次の重要指標である直帰率（注7）を紹介する。ユーザーがたどり着いたウェブサイト、ランディングページが、どれくらい魅力的なのかを示す指標だ。

ウェブサイトの出来を評価する
重要指標⑭ 直帰率

　ウェブサイトの効果を測定する指標は、トランザクションコンバージョン率（TCR）以外にも存在する。代表的なものが「滞在時間」および「ページビュー（PV）」だ。両者とも、サイトがユーザーのニーズに応えることができたかを表す数字として使用されるが、曖昧さが残る指標だ。商品やサービスを選ぶ意思決定をサポートするサイトの場合、購入までの時間が短い方が優れたサイトであるため、閲覧時間は有効な指標ではない。また、すべての情報が1つのページに掲載されているサイトにとって、ページビューは有効な指標ではない。ここで、どのようなケースでも有効な指標である直帰率を紹介する。

> **重要指標⑭：ウェブサイトの効果を計測する**
> 直帰率 ＝ 滞在5秒未満で離脱してしまうユーザーの割合

　ここでは5秒としているが、絶対の基準ではない。たとえば10秒の方が適切だと判断した場合は10秒としてもよいだろう。直帰率は基本的に解約率（重要指標③）のウェブサイト版である。直帰率を、ここまで本書で紹介してきた指標とインターネット・マーケティング以外のマーケティング活動と組み合わせることで、キャンペーンの全体像を理解することができる。

　図表7.6（a）では、リスティング広告、Eメール、URLを掲載した印刷物やダイレクトメール、企業サイト上のディスプレイ広告など、様々なマーケティング・キャンペーンを比較している。いずれのタイプも、URLを利用してキャンペーン用のサイトにユーザーを誘導している。クリック率（CTR）だけを見て判断した場合、最も効果的なチャネルがダイレクトメールで、Eメールがその次であるように見える。しかし、ダイレクトメールの直帰率は64.3％と、一番高くなっている。ディスプレイ広告の直帰率が43.9％と一番低くなっており、実際に興味を持つユーザーによるトラフィックを生み出していることがわかる。またEメールからの直帰率も44.1％と低

図表7.6 直帰率のテンプレート。(a) は、Eメール、リスティング広告、ディスプレイ広告、企業ウェブサイトでの直帰率。(b) は検索エンジン全体およびそのうちグーグルの直帰率を時系列でみたもの。

	ユニーク訪問者数	トランザクション数	コンバージョン率（%）	直帰数	直帰率（%）
検索エンジン	5,118	427	8.3	3,020	59.0
URL付きダイレクトメール	2,566	850	33.1	1,651	64.3
Eメール	1,700	434	25.5	750	44.1
企業のウェブサイト	758	186	24.5	333	43.9
URL付き印刷広告	568	42	7.4	329	57.9

(a)

月	全ユニーク訪問者数	全体直帰数（5秒未満）	全体直帰率（%）	検索エンジンからの訪問者数	訪問者数のうち検索エンジンからの割合（%）	グーグルからの訪問者数	検索エンジンのうちグーグルからの訪問者数の割合（%）	グーグルでの直帰数（5秒未満）	グーグルからの訪問での直帰率（%）
1	2,200	1,254	57	330	15	215	65	129	60
2	1,750	1,103	63	438	25	385	88	169	44
3	2,800	1,652	59	532	19	505	95	293	58
4	1,800	936	52	468	26	370	79		35
5	1,795	1,041	58	305	17	269	88	110	41
6	2,150	1,097	51	473	22	454	96	145	32
全体平均			57		21		85		45

(b)

出所：A. Kaushik, *Web Analytics an Hour a Day,* Sybex, 2007.（p.144, 358）から抜粋。

くなっている。

　ダイレクトメールの直帰率がEメールと比べて高い理由として、ダイレクトメールを送付する対象者の選定が適切でないことが考えられる。その場合、対象者の属性およびキャンペーンのタイプ別にウェブサイトを用意することで、直帰率を改善することが可能だ。マーケティング・チャネルごとにURLを準備し、それぞれの直帰率を測定することは比較的簡単に実施でき

るので、こうした改善は難しくない。重要なのは、サイトからすぐに離脱する層を理解することで、長く滞在する層のオファー応諾率を高められるということだ。

　図表7.6（b） は、あるキャンペーンのランディングページのトラフィックを6カ月にわたり追跡した結果である。グーグル検索経由の数値も掲載されており、グーグルがもたらしたトラフィックの質および直帰率を理解することができる。具体的には6カ月間の直帰率の全体平均とグーグル検索を通じて訪問したユーザーの平均で比較してみると、リスティング広告の効果が時間が経つにつれ改善されてきているのがわかる。特に、**図表7.6（b）** を見ると、検索エンジン経由のサイト訪問者のほとんどがグーグル検索を利用しているのがわかる。また、グーグルの直帰率は、他の直帰率全体の平均より低いだけではなく、時間を追うごとに改善してきている。これは良い傾向だ。

　このように、流入経路別にトラフィックを区分し、ウェブサイトの効果を測定することが可能だ。ここでいうウェブサイトの効果とは、顧客を引き付けるか、すぐに飽きさせてしまうか（直帰させてしまうか）ということだ。ある程度の期間測定することで、ウェブサイトのパフォーマンスに関するベンチマークを定義することができ、サイトに変更を加えた場合、ベンチマークに対する変化を測定すれば、パフォーマンスが改善しているかどうかを分析できる。

　メディアサイト以外にとっては、平均ページビューおよび滞在時間は役に立たないケースが多い。たとえばECサイトで平均ページビューおよび滞在時間が高い場合、求めている商品やサービスを顧客が見つけられないと考えられる。さらに、マーケティングの種類、顧客セグメントなどに応じて設定するキャンペーン別の指標に比べると、汎用的なKPIもあまり有効ではない。ウェブサイトの戦略を考え抜き、キャンペーン目的を明確に定めて、カギとなる指標を設定することが成功の秘訣となる。

　そのようなカギとなる指標の例を挙げるとすれば、イベントへの登録数と、登録を通じて得る潜在顧客のメールアドレスおよび電話番号の数がある。加えて、3つ目のKPIとして計測すべきなのが、マーケティング用特設サイト

の直帰率だ。各マーケティング・チャネルを区分し、この3つのKPIをモニタリングすることで、キャンペーンの成功や失敗を判断したり改善に向けた打ち手につなげることが可能だ。

製品比較サイト（販売する製品をライバル製品と比較して、製品の利点や、機能、特徴を説明することで顧客の選択を後押しするためのサイト）へ潜在顧客を誘導することを目指したマーケティングを例として紹介しよう。購買サイクルにおける「比較検討・評価」に該当する部分だ（図表3.2参照）。この場合には、各製品情報を掲載したサイトのページビューをモニターすることで、効果的なページを判断することができる。マーケティング・チャネル別に、ページビューと直帰率などを組み合わせることで、マーケティング・キャンペーンの全体像を素早く理解することができる。

今まで紹介してきたケースと考え方は同じだ。まず、マーケティング戦略を立てて、次に目標を設定する。マーケティング・キャンペーンを行うにあたり、測定するのが一番簡単なデータはウェブ関連のデータである。キャンペーンのKPIと直帰率を組み合わせて利用することで、パフォーマンスをリアルタイムでモニタリングすることができる。これはアジャイル・マーケティングと呼ばれる手法であり、次章でマイクロソフトの例をとって詳細に紹介する。

アトリビューション分析でリスティング広告を進化させる

本章の最初にも触れたが、リスティング広告を利用したマーケティング・キャンペーンにおいて一番難しいのがアトリビューションだ。というのも、検索最終段階の最後のクリック、つまり売上に直接つながる最後のクリック（コールトゥアクションのクリック）だけが、売上へ貢献していると判断されてしまう。

図表7.7は、リスティング広告で使用された検索ワードと、各キーワードが生み出した売上を示している。左から3つ目まではブランド名を含むキーワードで、売上の約50％を生み出している。たとえば「エクスペディア

図表7.7 リスティング広告におけるキーワードの売上貢献分布

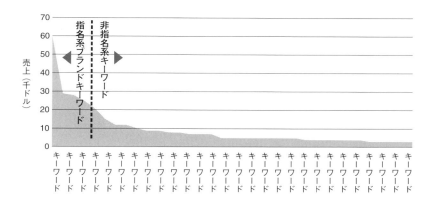

出所：メディアコンタクツ社

旅行」や「オービッツ　旅行」などだ（訳注：エクスペディア、オービッツは共に大手旅行予約サイト）。**図表7.7**のグラフはロングテールの形態となっており、ブランド名を含まない検索ワードが数多く存在するが、あまり売上を生み出していない。キーワード数の17％を占めるブランド名を含む3つのキーワードが、最終売上の50％以上に貢献している。パレートの法則の好例だ。

　ブランド名を含まない一般的なキーワードは、一見、売上につながらないため、リスティング広告最適化のために費用を投じるのをやめようという結論を出しそうになるが、誤解してはいけない。売上を生み出しているのは最後のクリックだけではないのだ。ユーザーが検索とクリックをどのように進めているか（検索ジャーニー）の流れを把握し、ブランド名を含まないキーワードのうちで重要なキーワードを特定する必要がある。

　図表7.8は、あるユーザーが旅行を購入するに至るまでの実際の検索とクリックの流れだ。このユーザーは、日によって異なる検索エンジンを使用している。3週間にわたり6つキーワードを使って検索を実施し、最終的に2人分のパッケージ旅行を購入した。このようなデータは、ユーザーのクッキーファイルを分析することで入手できる。クッキーファイルとは、ユー

図表7.8 直前予約の旅行における顧客のインターネット検索ジャーニー例

ユーザーID	検索エンジン名	キーワード	クリック日	製品	売上数	売上高
184	ヤフー	直前 旅行	9/11/2007 14:22			
184	グーグル	指名系ブランドキーワード	9/23/2007 15:52			
184	ヤフー	全部込み 旅行	9/23/2007 16:54			
184	ヤフー	直前 旅行	9/26/2007 15:15			
184	ヤフー	直前 旅行	9/26/2007 15:22			
184	グーグル	指名系ブランドキーワード	9/26/2007 18:52	旅行 ツアー	2	1,205ドル

出所：メディアコンタクツ社

ザーのパソコンに保存されている小さなデータファイルで、インターネット利用に関連する情報を蓄積する。検索が行われると、検索ワードがクッキー情報として保存される。クッキーファイルには最大で30日分の情報が保存される。

クッキーデータを分析し、特定のユーザーIDとキーワードをマッチさせるサービスは、ハバス社傘下のメディアコンタクツ社が提供している。直接関連する検索以外に、ユーザーがどのようにネット利用しているのかを分析することで、検索プロセス（**図表7.8**）を解き明かすサービスで、非常に有用なデータを得ることができる。**図表**7.8において、従来ならば最後のクリック（グーグルで行ったブランド名を含む検索）が、1205ドルのパッケージ旅行の売上に対して100％の貢献をしていると判断されてしまっていた。他の5つのキーワードも明らかに売上に貢献しているが、その貢献度は曖昧だ。しかし、アトリビューション分析を行うことで、数値化することができる。

メディアコンタクツは、アトリビューション分析を行う独自のシステム「アルテミス」（訳注：現在サービスの提供は終了）を開発。アルテミスでは、関連の検索ワードをすべて分析して、検索で使用された割合と最終売上に貢献した割合でキーワードの重要度を決定する。より頻繁に使用される検索ワードは重要度が高いと判断され、最終売上への貢献度をより正確に測定することができる。**図表7.9（a）**では、3つの異なるキャンペーンにおけるクリックアトリビューションの計算結果を示している。いずれも、最後にク

図表7.9 (a) 3つの異なるリスティング広告キャンペーンにおけるクリックが直接・間接に売上に貢献した割合。(b) 旅行の直前予約を行う顧客のインターネット検索ジャーニーの実例（売上への貢献を加重配分）

単位：％

	最終クリック	アシストクリック							
	最終クリック	最後から1番目のクリック	最後から2番目のクリック	最後から3番目のクリック	最後から4番目のクリック	最後から5番目のクリック	最後から6番目のクリック	最後から7番目のクリック	最後から8番目のクリック	最後から9番目のクリック
キャンペーン1	58	18	9	6	2	2	2	1	1	1
キャンペーン2	48	22	2	8	3	2	2	2	1	0
キャンペーン3	42	21	1	1	5	3	2	1	1	0

(a)

ユーザーID	検索エンジン名	キーワード	クリック日	製品	売上数	売上高（ドル）	アルテミスによるアトリビューション分析（ドル）
184	ヤフー	直前　旅行	9/11/2007 14:22				36
184	グーグル	ブランド名を含む検索ワード	9/23/2007 15:52				60
184	ヤフー	全部込み　旅行	9/23/2007 16:54				84
184	ヤフー	直前　旅行	9/26/2007 15:15				181
184	ヤフー	直前　旅行	9/26/2007 15:22				241
184	グーグル	ブランド名を含む検索ワード	9/26/2007 18:52	旅行　ツアー	2	1,205	603

(b)

出所：メディアコンタクツ社

リックされたキーワードがアトリビューションの約50％を占めている（これらはこれまで、80％の売上をあげる20％のキーワードとして議論されてきたものだ）。「アシストクリック」の重要度は、売上へのアトリビューションに基づき決定される。

　これは何を意味するのだろうか。インターネット・マーケティングの予算は、最終クリックにつながるブランド名を含むキーワードだけに費やすのではなく、アシストクリックとなる複数のキーワードにも分配する必要があるということだ。このように検索とクリックの経路を分析することで、どの検索ワードが最終的な行動（購買や登録）に実際に貢献しているのかを、かなり正確に分析することができる。**図表7.9（b）**では、**図表7.8**で紹介した検索について、最終売上へのより細かいアトリビューションを表示している。

このようなデータを使用することで、キャンペーン関連のキーワードを含むすべての検索履歴と各キーワードについて算出した平均アトリビューションを総合的に判断し、売上に貢献するキーワードに効果的に予算を配分することができる。

メディアコンタクツ社は、ケーススタディとして、大手旅行会社が実施したマーケティング・キャンペーンについて同様の分析を実施した。このケースでは、50万個のキーワードに対して広告が出稿されていたが、アトリビューション分析を行った結果、売上に対する貢献度合いの50％は最終クリックより前のアシストクリックであることがわかった。そのため、ブランド名を含まないキーワードの購入を増やし、その結果、検索の初期段階のキーワードも効果的に活用でき、広告費用対効果（ROAS）が24％増加した。

リスティング広告とアトリビューション分析は、複雑なように感じるかもしれないが、比較的シンプルなツールを使用して始めることができる。グーグルなどが無料のウェブ解析ツールを提供している。ウェブサイトに簡単にタグを設定でき、誰がクリックしたか、どこがクリックされたか等をトラックし、アクションにつながるデータを蓄積・生成する。

グーグルなどが提供するツールを利用することで、検索およびクリックデータを取得し、**図表7.2**に示している重要な指標を計算することができる。最初のうちは、エクセルを使用して分析することも可能だ。そうすることで、**図表7.3**および**7.4**と同様の4象限マトリクスを作成し、クリック単価（CPC）、クリック率（CTR）、オファー応諾率（CTR × TCR）を使用したキャンペーン最適化の最初の一歩を踏み出すことができる。最適化を行う順序としては、効果的なクリック単価を得るために、まず検索エンジン（媒体）単位から実施し、その後、検索エンジン内で行うキャンペーン単位に取り掛かる。最後に広告費用対効果（ROAS）と収益を分析し、クリックコストが実際に生み出している価値を把握する。

エクセルを利用して始めることができるものの、慣れてくれば、より速く分析を行いたくなるだろう。その際に役に立つのが、tableau（タブロー）といったツールだ。これらのツールでは、大規模なデータを分析することが可能で、指標の計算やマッピングを自動で行ってくれる。たとえば、数日間程

度の短い期間に行う大規模なキャンペーンをモニタリングし、即時に軌道修正を行う際に有効だ。

図表7.3と7.4で紹介している手法では、購入につながる最後のクリックをもたらした検索ワードにアトリビューションの全比重が置かれてしまうという限界がある。先ほど説明した通り、最後の数クリックが実際の購入へ貢献する割合は50％である。より詳細なデータが欲しい場合、アトリビューション分析を行う必要がある。近い将来に大手検索エンジン各社がアトリビューション分析用のサービスを提供することは間違いないだろうが、現在のところ無料で利用できるツールは存在せず（訳注：現在のグーグル・アナリティクスでは無料版でもアトリビューション分析が可能となっている）、デジタルに強い広告代理店やコンサルティング会社の助けが必要になる。リスティング広告の未来はアトリビューション分析によって大きく広がる。マーケティング担当者は、特定のユーザーに対する広告枠を購入し、そのユーザーのクリック履歴に応じた広告を出すようになるだろう（訳注：このような広告の出し方は既に実現している）。

リスティング広告を超えて ディスプレイ広告のインパクト

ここまで紹介してきた内容は、キーワードベースのリスティング広告に限定される内容であった。イーマーケター社によると、240億ドル規模のインターネット・マーケティング市場においては、45％以上がキーワードベースのリスティング広告に費やされているというが、他のインターネット広告はどうであろうか。キーワードベースのリスティング広告以外では、19％がディスプレイ広告に費やされている。そのうち動画を使用しているのが2.5％、音声などを含むリッチメディアを利用しているのが8％だ。

しかしながら、このようなディスプレイ広告のクリック率は非常に低い（注8）。ダブルクリック社およびイーマーケター社によると、静止画像のディスプレイ広告のクリック率は近年大幅に下落し、2006年の段階で既に0.2％となっている。また、コムスコア社が2008年に計測した結果は0.1％と

なっている。ダブルクリック、イーマーケター、アイブラスター、IABの4社が行った調査によると、リッチメディアを利用した場合でも結果は振るわず、2006年の段階でわずか1％のクリック率となっている。この調査結果を見ると、従来のインプレッション重視のディスプレイ広告にはまったく効果がないと判断してしまいそうになるが、実際には異なる。

　コムスコア社が、様々な業種におけるディスプレイ広告を使用したマーケティング・キャンペーンを調査したところ、面白いことが判明した。この調査は、ディスプレイ広告を見ているユーザーと、ディスプレイ広告を見たことのないユーザーを比較する形で実施された。ディスプレイ広告に見ているユーザーに関して、次の結果が出た。

- 広告主のウェブサイトへの訪問数が4週間のうちに少なくとも46％増加。
- 広告主のブランド名を使用した検索を行うユーザーが少なくとも38％増加。
- ディスプレイ広告を出したブランドのオンライン売上が平均で27％増加。
- 広告主の実店舗における消費者の購入意向が17％増加。

　つまり、ディスプレイ広告ではクリック数が少なくても、閲覧されることでユーザーの行動に大きな影響を与えることができる。
　リスティング広告で利用するアトリビューション分析については先ほど説明したが、メディアコンタクツは、ヤフーと提携し、ディスプレイ広告のアトリビューション分析の提供もしている（訳注：現在サービスの提供は終了）。このサービスはクッキーを使用し、通常30日にわたり、顧客のネット上の活動を追跡、ディスプレイ広告を目にした後にユーザーが行う可能性のある次の3つの行動について分析することができる。(1)広告をクリックした後に即座に購入、(2)後でサイトに戻ってきて購入、(3)後で検索して購入する。
　シナリオ(1)と(2)に関しては、これまでに紹介したリスティング広告用の最適化アプローチを利用することでディスプレイ広告のパフォーマンスも上げることができる。特に興味深いケースがシナリオ(3)だ。というのも、メディアコンタクツによると、ディスプレイ広告とリスティング広告を組み合わせ

| 図表 7.10 | ディスプレイ広告および検索広告のコンバージョンの効率性をもとにしたインターネット広告の最適化 |

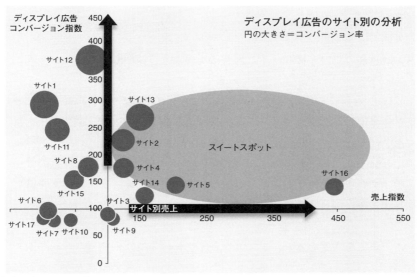

出所:メディアコンタクツ社

た最適化を行うと、検索のコンバージョン率が83%増加するというのだ。

図表7.10では、シナリオ(3)におけるディスプレイ広告の効率性（ディスプレイ広告コンバージョン指数）および正規化した売上（売上指数）に基づいて検索コンバージョンの最適化を行う手法について示している。図上に描写されている円は、広告媒体となっているウェブサイトを表し、大きさはコンバージョン率の大きさに比例している。Y軸は、媒体が生み出したコンバージョン数の指数、X軸は媒体からもたらされた売上を合計し、平準化したものだ。

左下に位置する広告は、コンバージョン数と売上が低いため、このような媒体でのキャンペーンは中止するべきだ。左上の部分に位置するキャンペーンは、大量のトランザクションを生み出すものの、利益率が低い。広告の費用が売上より高い可能性があり、一部に関しては中止することを検討する必要がある。**図表7.10**の右上の部分が最も良い媒体である。ここに位置する

媒体は大量のトランザクションと売上を生み出している。効率の悪い媒体に費やしている予算は、この位置に属する媒体でのキャンペーンに振り分けるべきだ。

米国のメディアコンタクツ社シニア・バイス・プレジデント兼検索・データ・解析部のロブ・グリフィン部長は次のように説明した。

「（コンバージョンにつながった最終クリックだけではなく）複数のクリックを考慮したアトリビューション分析の価値は、どのディスプレイ広告およびクリックを購入すべきか、あるいは購入すべきでないかを選べることにある。媒体の購入は、広告媒体中心の買い方から、特定のオーディエンスを購入する方法に進化しており、そのオーディエンスを購買ファネルに沿って誘導できるようになっている」

ここまでをまとめると、ディスプレイ広告はインターネット・マーケティングにおいて大切な役割を果たすべきではあるが、他のマーケティング活動と合わせて最適化を行う必要があるということだ。次節では、この考え方をソーシャルメディア・マーケティングにまで拡大する。

ソーシャルメディアにおけるハイパーターゲティング・ディスプレイ広告

ソーシャルメディアを広義で捉えると、インターネットユーザーが作成したあらゆるコンテンツを指す。ソーシャルメディアの人気は過去数年で爆発的に伸びた。コンピート・ドットコムの調査によると、フェイスブックのユニークユーザーは2008年4月で3000万人、2009年4月には1億500万人まで伸びている。同期間において、ツイッターのユーザー数は100万人から2000万人まで伸長している。台頭を続けるソーシャルメディアだが、マーケティングにおける活用方法については、まだ試行錯誤の段階だ（訳注：2016年段階ではFacebookのデイリーアクティブユーザーが10億人を超え、インフィード型のネイティブ広告が興隆を極めている。oCPMなどの最適化ロジックを導入す

ることにより、ROASなどの自分で設定した指標で出稿を最適化することも可能となっている)。

　2009年の時点で、ソーシャルメディア上のディスプレイ広告の平均クリック率は0.03％と非常に低い。ほとんど予算が割かれず、需要も少ないことからクリック単価も5〜8セントと非常に低い。ある大手企業のソーシャルメディア・マーケティング部長さえも「ソーシャルメディアでのディスプレイ広告は無意味だ」と語る。

　リスティング広告ではクリック率は1％以上になり得るのに対し、ソーシャルメディアのクリック率はなぜここまで低いのだろうか。リスティング広告のクリック率が高い理由として、約46％のインターネット検索において、ユーザーは商品の購入を目的に検索を行っているという点があるのだが、ソーシャルメディアは、商品の購入を目的としては使われていない。友達とつながったり情報を共有したりすることが目的となっている。これが、難しい点でもありチャンスでもある。

　2009年までのソーシャルメディア・マーケティングは、どちらかというと汎用的であった。ターゲティングには、主に基本的な属性や興味に関するデータを含むユーザープロファイルが利用されていた。しかしソーシャルメディアではユーザーが自分についての情報を日々投稿しているため、投稿内容にこそ活用の価値がある。たとえば、ツイッターでこんな会話が行われている。

「ラスベガスに超行きたい！」
「ノートパソコン買い換えたい」
「新しいケータイ買わなきゃ」
「もうiPad欲しくて死にそう」
「ずっとスペイン行きたかったんだよね」
「ピザ食べたい。。。」
「教科書買わなきゃ」
「なんか新しい音楽が聴きたいな」
「誕生日プレゼント探さないと」

図表 7.11 （a）ソーシャルメディアでのターゲティングEメール広告の実験。（b）ライトメディアを利用したディスプレイ広告のターゲティングに関するオピンマインド社のテストデータ

	友達申請数		プロファイル閲覧数		クリック数		クリック率(%)		変化率(%)
	コントロール群	テスト群	コントロール群	テスト群	コントロール群	テスト群	コントロール群	テスト群	
カメラの購入	290	290	134	174	1	7	0.75	4.02	439
結婚	1,149	1,149	1,033	1,413	12	80	1.16	5.66	387
自動車の購入	989	989	649	599	3	16	0.46	2.67	478
旅行	460	460	365	415	1	7	0.27	1.69	516
睡眠薬	1,170	1,170	808	1,025	1	10	0.12	0.98	688
注目の仕事	771	771	247	289	4	25	1.62	8.65	434
合計	4,289	4,289	3,236	3,915	22	145	4.4	23.7	439
平均	805	805	539	653	4	24	0.7	3.9	

(a)

	インプレッション数		クリック数		クリック率(%)		変化率(%)
	コントロール群	テスト群	コントロール群	テスト群	コントロール群	テスト群	
自動車	21,230	3,296	5	2	0.024	0.061	158
カメラ	9,031	677	3	2	0.033	0.295	7895
携帯電話	38,810	3,968	12	7	0.031	0.176	471
旅行	28,761	8,975	6	4	0.021	0.045	114
靴	15,681	1,693	14	2	0.089	0.118	32
iPod	5,501	283	4	1	0.073	0.353	386
ダイエット	50,023	8,503	18	4	0.036	0.047	31
旅行ニュース	77,084	20,461	24	7	0.031	0.034	10
合計	246,121	47,856	86	29	0.035	0.061	73

(b)

出所：オピンマインド・ドットコム

「新しい車絶対買うぞ！」

　もしこのような投稿をしたユーザーが、投稿をした瞬間に、欲しい物、感じていること、考えていることに関連する広告を見たとしたらどうなるだろ

うか。

　図表7.11（a）は、オピンマインド社（訳注：社名は旧称。現アダラ社）が行ったある実験に関するデータだ。マイスペースに投稿された内容からデータマイニングを行い、そのデータをもとに友達申請を送った。特に、仕事探し、旅行、自動車購入などをテーマにしたブログをマイスペースで公開しているユーザーに、関連のある友達申請を送っている。その結果、クリック率が3.9％となり、通常の0.7％に対して439％増加した。

　オピンマインドは、独自のデータマイニング・アルゴリズムを開発し、ソーシャルメディアにおける徹底的なターゲティングに基づいたディスプレイ広告を可能にした。このアルゴリズムでは、ユーザーの投稿を分析し、投稿された内容をもとにターゲティングを行い、広告を表示する。ターゲティングは、ユーザーの様々な側面を総合的に判断して行われる。たとえば、過去の投稿を通じ、あるユーザーが環境保護に熱心で、ゴルフ好きなことが判明したとしよう。そのユーザーが、「新しい車を買うぞ！」と投稿した場合、トヨタのプリウスの広告を表示させることが良いであろう。その場合、トランクはゴルフバッグを2つ収納できるスペースがあることも訴求するとなお良い。

　図表7.11（b）に、ハイパーターゲティングを利用したソーシャルメディアでの広告表示に関するデータを掲載している。ハイパーターゲティングを実施したところ、クリック率は平均で73％増加し、一部のケースでは何倍にも伸びた。オピンマインドのジェームス・キム CEO は、「ソーシャルメディア上で従来のマーケティング手法を使用しても、マーケティング担当者が望む ROI は実現できない。発信するメッセージを各ユーザー向けに最適化することが、ROI を向上させるための唯一の方法だ」と説明する。

　ソーシャルメディア上でマーケティングを始めるのは驚くほど簡単だ。フェイスブックでもマイスペースでも、ユーザーのプロファイルを活用したマーケティング・キャンペーンは誰にでも行えるようになっている。フェイスブックに関して詳しくは、www.facebook.com/advertising を参照してほしい。本書の執筆時点では、ハイパーターゲティングに関するツールは提供されていない。オピンマインド のアルゴリズムを使用してマーケティングを

行うことに興味がある読者は opinmind.com を訪問してほしい（訳注：ドメインは旧社名のもの。現在は http://adara.com/）。実際に試すことで、ハイパーターゲティングの効果を実感できる。広告表示およびクリック単価は、現時点では安価であり、100ドルで多くのユーザーにリーチすることが可能だ。ソーシャルメディアキャンペーンでは、低コストで多くのチャンスを得ることができるため、比較実験をするのではなく、効果的な方法を見極めるために短期間のテストを実施することを推奨する。

重要指標⑮ 口コミ増幅係数（WOM）でソーシャルメディア・マーケティングの有効度を測定する

　ソーシャルメディアでは、ターゲティングを行わない広告表示は役に立たない。そのため、一般的なアプローチとしては、ユーザーの質問に答える担当者を置く、製品・サービス用のフェイスブックページを作成する、関連分野のブログのスポンサーとなる、などの方法がある。たとえば、ナビスター社では、大型トラックを製造するとともに、「ライフ・オン・ザ・ロード」という、長距離トラック運転手がその経験を綴るブログのスポンサーになっている。

　ソーシャルメディアを利用したマーケティングの利点はなんだろうか。これは答えるのが難しい質問だ。提供されているサービスとしては指定したキーワードが含まれるソーシャルメディア上の会話をチェックし、特定の時間枠および異なるドメインにおける使用頻度をカウントするサービスなどがある。また、会話の内容がポジティブかネガティブかを区別することが可能なため、たとえば新商品立ち上げの際などに反応を数値化することができる。しかし、これは何かことが起きた際にその影響（バズ）の大きさを判定する総合的な指標であり、役に立つケースは限定的だ。ソーシャルメディアのマーケティングには、将来の売上につながる指標が必要だ。

　第3章と第4章では、顧客満足度（CSAT、重要指標④）を取り上げた。顧客満足度は「友人や同僚にこの商品（サービス）を勧めたいと思いますか？」という質問を通して測定される顧客満足度で、黄金のマーケティング指標で

あると説明した。というのも、ブランドとロイヤルティ向上のためのマーケティングを結びつけると同時に、将来の売上に関する先行指標でもあるからだ。インターネットが発達したことにより、メールやブログ、ツイッターなどを使用し、友人間での推薦が頻繁に行われるようになったため、顧客満足度（CSAT）の進化版の指標である口コミ増幅係数（WOM）が誕生した。

インターネット・マーケティングにおける口コミ増幅係数（WOM）を次のように定義する。

重要指標⑮：インターネット上の口コミ増幅係数（WOM）

$$\text{WOM} = 口コミ増幅係数（Word Of Mouth）= \frac{ダイレクトクリックの数＋友人へのシェアから発生したクリックの数}{ダイレクトクリックの数}$$

ダイレクトクリックは、広告が直接クリックされた数で、企業サイト、ディスプレイ広告、ブログ、製品フェイスブックページ、フェイスブックのいいねなどを含む、あらゆるマーケティング・チャネルで生まれたクリックである。「友人や同僚に勧めたいと思いますか？」の指標は口コミ増幅係数（WOM）の式の2番目の項目で表される。友人へのシェアから発生したクリック数だ。

口コミから火がつきバイラル広告となった好例が、2008年12月にパーム社が実施した、携帯電話の新モデル「セントロ」発売のキャンペーンだ。若くておしゃれなサンタクロースが、新モデルのパーム・セントロを使用するという設定で、予算は1200万ドルであった。動画をソーシャルメディアに掲載することで話題を作ると同時にコミュニティとのつながりを深め、大規模なバイラル動画を作り出すことに成功した。

このキャンペーンの成功の要素として、キャンペーン設計の際に2つの要素を含めたことが大きい。まずは、サンタに携帯メールを送ると、メッセージのやりとりができるように、携帯メール用のインターフェイスを整えたことだ。たとえば、クリスマスプレゼントに欲しいモノに関する質問に、サンタが答えてくれるようになっている（同様のインターフェイスは www.chacha.

図表 7.12 パーム・セントロのキャンペーンにおけるソーシャルメディアでの口コミ伝播の例

出所：クリエイチャー社、メテオソリューション社

com または www.kgb.com が提供している）。次に、サンタのフェイスブックページを作成したことだ。

パーム・セントロのキャンペーンから学ぶことができる、ソーシャルメディアを使用したマーケティング・キャンペーンにおける大事な3ステップを以下に説明する。

- **ステップ1**：テレビ、新聞・雑誌、インターネット、看板広告などの有料広告を利用し、ユーザーがキャンペーン関連のフェイスブックページや携帯メールを利用するように促す。
- **ステップ2**：無料の音楽ダウンロード、動画、ライブコンテンツなど、ユーザーがシェアできるコンテンツを提供する（今回の場合はサンタの動画）。
- **ステップ3**：携帯メールの数、フェイスブックへの友達申請数、口コミによるシェア数を通じて結果を測定する。

このキャンペーンを統括したクリエイチャー社のマネージングディレクター、ロブソン・グリーブは、「ソーシャルメディア・マーケティングを成功させるには、従来型の広告を利用して会話を促進するための種を蒔く必要

があります。その上で、シェアされる面白いコンテンツをユーザーに提供し、最後に成果を測定します」と説明する。

　ソーシャルメディアではどのように結果を測定するのか。クリエイチャーのマーケティング・チームは、サンタのフェイスブックページと比較するベンチマークとなるページを探し、複数の有名人のフェイスブックページを分析、そのうちのひとつのページをベンチマークとして設定した。今回選ばれたのは、テレビおよび映画で活躍する人気俳優、ジョージ・クルーニーのフェイスブックページであった。パーム・セントロのマーケティング・キャンペーンとしての期間は、わずか1週間。しかし、終了した時点で、フェイスブックへの友達申請は9万8000件、ジョージ・クルーニーの3倍の数字であった。また、延べ40万件の携帯メールが送信されている。携帯メールおよび友達申請は、ユーザーエンゲージメントを測定するために使用できる。さらに、最終的には、キャンペーンによって売上が20％増加した。

　同キャンペーンにおける口コミ追跡を行うための概念図を、**図表7.12**に示している。シェアに関しては、フェイスブックが提供しているフェイスブック用解析ツールで追跡が可能だ。また、メテオソリューション社は、シェアされたリンクを通じて口コミを追跡するサービスを開発した。**図表7.12**のジェーンは広告を見て、セントロサンタのフェイスブックページに行き、ページ内のコンテンツやオファーを見ている。その後、フェイスブックへの投稿、Eメール、携帯メール、ツイッターなどの複数のチャネルを使用してページのリンクを複数の友人とシェアしている。

　メテオソリューションでは、すべてのリンクに一意のIDを付けることで口コミを追跡する。シェアを受けて友人は、リンクをクリックしてフェイスブックページを訪問。その中の何人かは、コンテンツをさらに別の友人とシェアする。リンクには一意のIDが埋め込まれているため、ジェーンの友人がリンクをクリックしてフェイスブックページを訪問したか追跡可能だ。その友人が別の友人とリンクをシェアする際には、また新しいIDが付与される。そのため、ジェーンのみならずジェーンの友人が何回リンクをシェアしたのかも追跡することができる。

　別の例も紹介しよう。米国のTVゲームの市場規模は38億ドルだが、カ

図表7.13　カプコン社「バイオハザード5」発表ウェブサイト

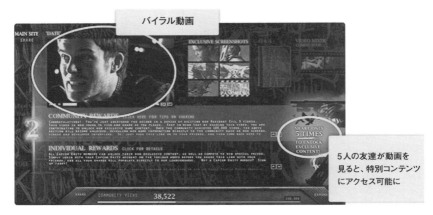

出所：www.meteorsolutions.com

　プコン社のバイオハザードシリーズは6億ドルの売上を記録した、史上最も成功したゲームだ。バイオハザード5が2009年に発売された時に、口コミを利用したバイラル・マーケティングが行われた。

　図表7.13はバイオハザードのウェブサイトで、口コミで広がる仕掛けがなされた動画が掲載されている。ゲームキャラクターが登場する動画をハリウッドのプロの手で制作し、ウェブサイトから見ることができるようにしている。さらには、リンクを友人とシェアすることで、特別コンテンツを入手することができるのだ。最初の動画を10万人以上閲覧すると、次の動画がアップされる。また、5人以上の友人に動画を閲覧してもらえた場合、紹介者は、特別コンテンツやランキングへのアクセスなどの特典を手にすることができる。このバイラル広告では、追加コンテンツを閲覧するためにユーザーがアクションを起こすよう設計し、動画のURLを友人とシェアすることを促し、ユーザーエンゲージメントを深めた。

　図表7.14では、複数のソースからのクリックデータを、直接の流入数に基づき順位付けしている。直接流入数は、広告等を直接クリックしたことで訪問したユーザーで、ユーザー間でシェアされたリンクのクリックは含まな

図表 7.14 バイオハザード5における直接クリックと口コミ効果によるサイト流入数ランキング
（データの実数は加工してある）

直接クリックからの流入数でのランキング	流入元サイト	直接クリック	シェアからのクリック	シェアによるクリック数の増加率（％）	口コミ増幅係数（WOM）
1	キャンペーンサイト	14,467	2,826	20	1.2
2	Ad.adlegend.com（広告サーバー）	12,850	247	2	1.0
3	G.doubleclick.net（広告サーバー）	8,611	86	1	1.0
4	www.jeuxvideo.com	7,844	2,634	34	1.3
5	www.youtube.com	5,412	1,287	24	1.2
6	ファンサイト	4,455	731	16	1.2
7	forums.gametrailers.com	3,678	11,958	325	4.3
8	es.wikipedia.org	3,630	1,005	28	1.3
9	ファンサイト	3,494	13,780	394	4.9
10	www.pornbb.org	2,251	13	1	1.0
11	www.meristation.com	2,247	131	6	1.1
12	answers.yahoo.com	2,064	11	1	1.0
13	mail.live.com	1,985	219	11	1.1
14	www.giga.de	1,906	16	1	1.0
15	www2.hshare.net	1,531	48	3	1.0
16	www.spaziogames.it	1,481	63	4	1.0
17	www.akiba-online.com	1,477	2	0	1.0
18	www.joystiq.com	1,097	967	88	1.9
19	www.neogaf.com	1,045	7,112	681	7.8
20	ファンサイト	1,026	15,302	1,491	15.9
21	www.xbox360achievements.org	725	14,656	2,022	21.2
22	es.youtube.com	72	2,500	3,472	35.7
23	www.jeuxactu.com	61	2,171	3,559	36.6
合計		83,409	77,765	93	1.9

出所：メテオソリューション社 ベン・ストラレー、アジャイル・インサイト社 マーク・ジェフリー。
www.agileinsights.com/book からダウンロード可能（英語のみ）。

い。上位3つは、アドレジェンド社およびダブルクリック社による有料広告だ。「シェアからのクリック」の欄は、友人からのシェアを通じて発生したクリック、つまりインターネット上の口コミが生み出したクリックである。

複数のケースで、シェアからのクリックが有料広告のクリック数を大幅に

上回っている。つまり、口コミによる共有を加味すると、このランキングは完全に入れ替わり、直接流入数ではランキングの下位となるサイトよりも、有料広告が下にランキングされることになる。口コミがもたらしたクリックの増加率は、バイラル・マーケティングがもたらした影響と同意だ。シェアからのクリックによってクリック数は全体でダイレクトクリックから93％増加した。

口コミ増幅係数（WOM）は、**図表7.14**の一番右の欄で計算されている。この指標は、口コミを通じたシェアのインパクトの大きさを示しており、ダイレクトクリックおよびシェアからのクリックを多く生み出しているサイトを知るための指標だ。特に、ダイレクトクリック数が19位から23位に位置しているサイトの口コミ増幅係数（WOM）が高くなっており、ファンサイト（20位）とXbox 360 Achievements（21位）は、全体のトラフィック数においてもそれぞれ第2位と3位になっている。

口コミ増幅係数（WOM）は、ソーシャルメディアにより増幅された効果を数値化する指標であり、インターネット上での広告の真の価値、すなわち口コミが生み出すクリックを測定することができる。ソーシャルメディアからの総クリック数は次のように計算する。

$$総クリック数 = 口コミ増幅係数（WOM） \times ダイレクトクリック数$$

たとえば、**図表7.14**においては、Xbox 360 Achievementsの広告表示から派生した1クリックの価値は、21クリック分となる。また、es.youtube.comの1クリックは、36クリック分まで増大する。クリック単価（CPC、重要指標⑪）を基準にして考えることも可能だ。口コミ増幅係数（WOM）を考慮した場合、1クリックの実際のコストは、次のように計算する。

$$CPC_{wom} = \frac{クリック単価（CPC）}{口コミ増幅係数（WOM）}$$

口コミを通じたコンテンツのシェアを促進するキャンペーンでは、従来の

広告においてダイレクトクリックに対して支払うクリック単価より、安くなる可能性がある。実質的なクリック単価がどれくらい安くなるかは、クリック単価（CPC）を口コミ増幅係数（WOM）で割ることで計算する。もちろん、口コミの効果を利用するには、コンテンツのシェアを促進するようにマーケティング・キャンペーンを設計する必要がある。そうしなければ、口コミ増幅係数（WOM）指標は1となり、増幅効果は起こらない。

この章のポイント

- 従来のリスティング広告では、キャンペーンごとにキーワードを購入する形式を利用しており、インターネット・マーケティング予算の50%が費やされてきた。リスティング広告に使用する重要指標は、CPC（重要指標⑪クリック単価）、TCR（重要指標⑫トランザクションコンバージョン率）、ROAS（重要指標⑬広告費用対効果）となる。これにクリック率（クリックスルー率）を合わせた4つの指標を使用し、リスティング広告キャンペーンを最適化することが可能だ。

- 重要指標⑬のROAS（広告費用対効果）は、リスティング広告におけるクリックが生み出す価値を数値化し、特定の媒体およびキャンペーンの予算を増やすことで収益をどの程度増加させられるかを試算することができる。

- 重要指標⑭では、ウェブサイトが機能しているかを示す直帰率を紹介した。他のインターネット関連の指標と組み合わせることで、ウェブサイトのコンテンツがユーザーのニーズに応えているのか、どのマーケティング・チャネル（検索、Eメール、ディスプレイ広告）がうまくいっているかを知ることができる。

- ディスプレイ広告のクリック率は、非常に低い（0.2％以下）が、クリックされなくとも、ユーザーが目にすることで、オファー応諾率（重要指標⑤）を上げることが可能だ。アトリビューション分析は、検索キーワードおよびディスプレイ広告関連の追跡を可能とする。

- 消費者のブログやソーシャルメディアの投稿内容に応じて、ディスプレイ広告のターゲティングをすることで、ソーシャルメディアのクリック率は2倍以上に増加する。

- 口コミ増幅係数（WOM、重要指標⑮）では、インターネット上における「友人に勧めたいと思いますか？」という質問を数値化する。口コミはソーシャルメディア・マーケティングに増幅効果をもたらし、クリックおよびインプレッションの価値を口コミ増幅係数（WOM）倍にする。

第III部

データ・ドリブン・マーケティング
上級編

第8章
アジャイル・マーケティング
「ニアタイム」のデータを活用することで
成果は5倍以上に

第9章
「まさにこれが必要だったんだ！」
解析マーケティングに重要な3つのアプローチ

第10章
データ・ドリブン・マーケティングに必要なITインフラ
何が必要でいくらかかるのか？

第11章
マーケティングの予算、テクノロジー、プロセス
上位企業と下位企業の大きな違い

第 **8** 章

アジャイル・マーケティング

「ニアタイム」のデータを活用することで
成果は5倍以上に

成否を判定するデータがないために
「失敗しない」キャンペーン

　あるフォーチュン100社のB2B企業が、企業イメージを向上させるためのマーケティング・キャンペーンに3500万ドルを投じた。第三者機関による競合比較データとレポートを、各国のキャンペーン用ウェブサイトに掲載し、サイトにトラフィックを誘導するために世界中で広告の出稿が計画されていた。広告の出稿は十分余裕をもって準備されたものの、キャンペーンの開始日が近づいてもウェブサイトの準備が滞っていた。第三者機関が発行するレポートの翻訳許可に問題が発生したのだ。結局、日本とドイツでは、米国の英語版ウェブサイトをそのまま表示することになり、それらの地域ではマーケティング効果を失うこととなった。キャンペーンは予定通りに開始され、9カ月にわたり実施された後、成功が宣言された。

　なぜキャンペーンが成功したと判断されたのだろうか。成否を判定するためのデータが存在しなかっただけ、というのが実情であった。キャンペーンの重要目標（KBO）には、毎年世界中で実施する顧客調査の結果で企業イメージを5%向上させる、という項目が含まれていた。キャンペーン開始が1月で、顧客調査が開始されたのは10月である。顧客調査はデータ収集に3カ月を要し、分析には2カ月かかった。年末のホリデーシーズンが重なったため、顧客調査のデータを入手できたのは翌年の1月、キャンペーン開始から1年後であった。キャンペーンの実施期間はわずか9カ月、つまり調査結果が入手可能になったのはキャンペーン終了4カ月後ということになる。調査結果が出た際には、キャンペーンは終了していたため、調査結果に基づいてキャンペーンの軌道修正を行うことはなかった。さらには、調査結果が入手可能になった時には、マーケティング担当者は既に次の案件に取り掛かっていた。

　これは、従来の方法でマーケティング効果を測定する際にありがちな例だ。キャンペーン終了後にデータ収集・分析を行うため、当然のことながら結果に影響を与えることができない。本章では、アジャイル・マーケティングと呼ばれる、従来とは異なるアプローチを紹介する。アジャイル・マーケティ

ングでは、データ収集をキャンペーン実施期間中に行い、データがキャンペーンの不成功を示唆していた場合、キャンペーンの軌道修正を行う。このアプローチをとると、マーケティングの成果は5倍以上になる。加えて、アジャイル・マーケティングの概念に含まれるイベント・ドリブン・マーケティングを活用することで、マーケティングの成果はそこからさらに5倍以上に高めることが可能だ。イベント・ドリブン・マーケティングとは分析やトリガーとなるイベント（訳注：購買、ウェブサイトの閲覧などの顧客行動）を活用することで顧客ごとにカスタマイズされたオファーを提供するマーケティング手法のことである。

失敗するなら、早く失敗しろ

　アジャイル・マーケティングを突き詰めて、マーケティングをリアルタイムで調整する企業も存在する。たとえば、テレビ通販大手のQVC社では、生放送中に売上をモニターしている。出演者の台詞によって売上が瞬間的に伸びた場合、同じ会話をもっと行うように無線で出演者のイヤホンに指示を出す。また、あるオンライン旅行代理店では、1年間に1億ドルを超える予算を費やしオンライン広告を出しているが、グーグルのキーワード単価を常にチェックしており、15分ごとに最適な入札価格で広告を購入している。

　しかし、マーケティングを成功させるためには、リアルタイム・データまでいかなくても「ニアタイム」データを活用するのでも十分効果的だ。ニアタイム・データでは、キャンペーン実施期間より短い時間軸でデータ収集を行い、キャンペーン実施期間中に少なくとも10回以上データを収集するのを基本とする。つまり、10カ月のキャンペーンの場合、最初のひと月の終わりには、改善に必要なデータを手にしている。さらに重要なのは、収集したデータをもとに行動する準備をしておくことだ。つまりキャンペーンがうまくいかない場合、軌道修正を行うか、場合によっては中止するのだ。前述の企業のように、全予算3500万ドルを使いきる前に、早めに失敗して中止した方がよい。反対に、キャンペーンがうまくいっている場合、さらに大き

く成功するためにはうまくいっている部分を積極的に拡大・拡張する必要がある。

経験と直感に頼って即断即決をし、即座にキャンペーンに変更を加えていくやり方のことをアジャイル・マーケティングと誤解している人も少なくない。しかし、それはまったく正しくない。アジャイル・マーケティングとは計画的にしっかりと構築されたアプローチであり、どのデータをどのように収集するかも、収集したデータに基づきどのようにアクションをとるかも、事前に計画することが必要である。

アジャイル・マーケティングの好例として、マイクロソフトのセキュリティ・ガイダンス・キャンペーンを紹介しよう。2000年代初頭、マイクロソフト製品のセキュリティに問題が発生した。この問題は、I Love You ウイルスやブラスターウイルスなど何百万台ものコンピュータを感染させた大規模ハッカー攻撃に端を発しているが、特に問題になったのはマイクロソフト SQL（注1）を使用するデータベースを攻撃する SQL スラマーというウイルスだ。

2002年11月、マイクロソフトは eWeek.com が主催するハッキング大会に参加。この大会には、マイクロソフト、オラクル、IBM などのベンダーが、それぞれの代表的な E ビジネスシステムを構築するために招待された。構築されたシステムへ大会に参加したハッカーが侵入を試み、成功したハッカーに賞品が提供された。マイクロソフトのセキュリティ技術部のマーケティング・コミュニケーション部長ジョナサン・ペレーラは次のように説明した。

「当社のシステムは、23日間の大会期間中8万2500件の攻撃を受けましたが、稼働率は100％でした。我々はこの経験から非常に重要なことを学びました。私たちはセキュリティに関して最高の精鋭チームであり、我々エキスパートが持っている情報を、ユーザーに伝える必要があるということです」

このハッキング大会での経験をきっかけに、マイクロソフトは、B2B 顧

客の最重要セグメントであるユーザー企業のシステム部門スタッフからのイメージを変えるためのキャンペーンを検討することとなった。マイクロソフト製品を企業内で安全に使用する方法についての無料トレーニングをシステム部門スタッフに提供すると、システム部門スタッフからのマイクロソフトの製品およびセキュリティに対するイメージが大幅に変化・向上することが、小規模な実験を通じてわかった。

　そうして設計されたセキュリティ・ガイダンス・キャンペーンには1700万ドルが費やされた。ユーザー企業のシステム部門スタッフをマイクロソフトのセキュリティに関するトレーニング・イベント「セキュリティ・サミット」に登録させることが、このキャンペーンのゴールとして設定された。1年間で、米国内のユーザー企業のシステム部門スタッフ5万人にトレーニングを提供することを目指した。これは米国の大企業および中堅企業で活躍するユーザー企業のシステム部門スタッフのほとんどを網羅する数字だ。キャンペーンは成果が測定できるように設計されており、使用する全メディアはトラッキングされ、インターネットへ誘導された。

　第7章で紹介した、クリック率（CTR）、トランザクションコンバージョン率（TCR、重要指標⑫）を用いたウェブキャンペーンの最適化は今回の例にも適用可能だ。今回のケースでのリスティング広告に関しては、**図表7.4**の考え方を参照されたい。ここでは、TCRの「トランザクション」にあたるのがトレーニングへの登録となる。セキュリティ・ガイダンス・キャンペーンでは、インプレッション（広告の表示回数）からウェブサイトへのトラフィックの誘導には成果が出ており、インプレッションの合計は3400万を超え、約1％のCTRであった。しかし、1週目の終わりには、トレーニングに登録したユーザー企業のシステム部門スタッフはわずか439人と、キャンペーンに問題があることが把握され、このままいくとキャンペーンの目標値を達成できないことが見えてきた。

　トランザクションコンバージョン率が低いことが原因でキャンペーン全体でのオファー応諾率（CTR × TCR、重要指標⑤）の値が非常に低くなっていたのだ。第7章で説明したように、ある程度のクリック率でありながらトランザクションコンバージョン率が低い場合には、ランディングページに問題

がある可能性がある。もともとのランディングページのコールトゥアクション（CTA、訳注：顧客にとってほしい行動を促すためのボタン等。たとえば生命保険会社サイトにおける「資料を請求する」ボタン）は、下記の通りだ。

- トレーニングへ登録：3種類のイベント（対面セミナー、ライブウェブセミナー、オンデマンドウェブセミナー）。
- ツールを入手：Microsoft Baseline Security Analyzer（MBSA）および Software Update Services（SUS）。
- セキュリティ・ガイダンス・キットのCD-ROMを事前注文。
- ニュースレターおよび速報サービスへ登録。

　マーケティング・チームはサイトの問題点を突き止める必要があった。トランザクションコンバージョン率全体が非常に低いため、ランディングページから最終アクションを行うページ（トレーニング登録、ツール入手、CD-ROM注文、ニュースレター登録）の間に何が起こっているのかを理解する必要があった。そのためチームはトランザクションコンバージョン率を中間アクション率と最終アクション率に分けて分析した。中間アクション率とは、単にランディングページから最終アクションを行うページへの遷移率・クリック率のことだ。

　図表8.1は、チームが1週目の終わりに実際にレビューした中間アクション率である（守秘の観点からインプレッションの数は隠している）。ここでの「プライム」オンライン広告（Microsoft.comホーム上のバナー広告）の中間アクション率は、セキュリティ・サミットでは19.2%と高く、セキュリティ・ウェブセミナーは2.7%、セキュリティ・トレーニングは0.9%となっている。これは何を意味するのだろうか。ターゲットであるユーザー企業のシステム部門スタッフは、バナー広告からセキュリティ・ガイダンスのウェブサイトを訪問していて、そこからセキュリティ・サミットのページをクリックする確率は他と比べ7～10倍高くなっているということになる。しかし、トランザクションコンバージョン率が非常に低いのは、セキュリティ・サミットへのリンクをクリックした後に興味を失い、登録していないということだ。

図表 8.1 マイクロソフトセキュリティ・ガイダンス・キャンペーンの第1週終了時点に測定されたパフォーマンスデータ

	セキュリティ・プログラムガイド	初期反応	中間アクション合計	中間アクション率（%）
	プライム	**546**	**125**	**22.9**
	行動喚起トラッキング			
	セキュリティ・サミット		105	19.2
	セキュリティ・トレーニング		5	0.9
	セキュリティ・ウェブセミナー		15	2.7
	セキュリティ戦略ロードショー		0	0.0
	セキュリティ・イベント		0	0.0
インターネット広告	**検索**	**58**	**0**	**0.0**
	行動喚起トラッキング			
	セキュリティ・サミット		0	0.0
	セキュリティ・トレーニング		0	0.0
	セキュリティ・ウェブセミナー		0	0.0
	セキュリティ戦略ロードショー		0	0.0
	セキュリティ・イベント		0	0.0
	その他	**2,718**	**843**	**31.0**
	行動喚起トラッキング			
	セキュリティ・サミット		593	21.8
	セキュリティ・トレーニング		168	6.2
	セキュリティ・ウェブセミナー		67	2.5
	セキュリティ戦略ロードショー		7	0.3
	セキュリティ・イベント		8	0.3
	小計	**3,322**	**968**	**29.1**

出所：マイクロソフト（注1参照）

そこでマイクロソフトのマーケティング担当者はすべてのバナー広告を、直接セキュリティ・サミットのページに誘導する決定をした。セキュリティ・サミットは、中間アクション率が最も高く、かつ対面トレーニングの受講者専用である。つまり、キャンペーンの成果が出ていなかったため、2週目の終わりの時点でキャンペーンの設計を抜本的に変更したということである。

図表8.2はキャンペーン最初の10週間のクリックデータのサマリーである。

図表 8.2 マイクロソフトセキュリティ・ガイダンスにおける媒体効果トラッキングの詳細

追跡した媒体すべて	開始/郵送日	合計 インプレッション数合計	合計 到達インプレッション数	04年2月21日	04年2月28日	04年3月6日	04年3月13日	04年3月20日	04年3月27日	04年4月3日	04年4月10日	04年4月17日	04年4月24日	今日までのクリック数累計	反応率(%)
マーケティング要素															
Eメール (FWLinkによる追跡)															
ニューヨーク (NY)	04年3/24								274	78	8	1	1	362	
ニューヨークシティ	04年3/24								186	35	14	1		236	
ローリー	04年3/24								110	35	24			169	
ワシントン	04年3/24								432	120	14		1	567	
ミネアポリス	04年3/24								105	33	11	28		177	
シカゴ	04年3/24								344	44	15	14		417	
デンバー	04年3/24								180	80	25	11		296	
フェニックス	04年3/24								255	45	14	188	25	527	
Eメールに対する初期反応の小計		*	*	*	*	*	*	*	1,886	470	125	243	27	2,751	
その他 (ダイレクトメール、Eメールなど)															
イベントのチラシ (2月にRSA、行動喚起の統合)	04年3/25			2	9	28	3	9	8	2	7	6		74	
提携企業のEメールやチラシ					2		1	5	35	780	250	554	48	1,683	
営業マン用の販売資料テンプレート記載のURL				75	115	186	280	215	350	150	100	156	108	1,735	
ポスター記載の統一URL				198	118	4,016	4,319	2,304	400	3,988	4,600	5,038	4,086	29,067	
キーワード検索										41	117	3,336	3,494		
その他の初期反応の小計		*	*	277	242	4,230	4,603	2,533	793	4,920	5,006	5,871	7,578	36,053	
マイクロソフトwebへのプレースメント															
マイクロソフトが実施した (セキュリティ・プログラムガイドから) セキュリティ・サミットページへのプレースメント		84,563	84,563	1,305	1,351	1,012	2,938	4,715	3,779	3,572	3,022	2,210	2,372	26,276	31.1
www.microsoft.com/exchange/		194,982	194,982					225	427	518	680	559	445	2,855	1.5
msdn.microsoft.com		2,102,526	2,102,526	-	-	-	-	316	7,987	2,364	1,519	464	4	12,655	0.6
www.microsoft.com/technet/default.mspx		1,116,452	1,116,312				4,648	5,740	5,737	10,069	8,077	8,723		42,995	3.9
www.microsoft.com		26,143,740	26,143,740					13,593	17,764	21,797	6,098	76	60	59,388	0.2
www.microsoft.com/windowsserver2003/default.mspx		289,680	289,680					545	847	791	864	785	752	4,583	1.6
www.microsoft.com/windowsserversystem/default.mspx		456,840	456,840					1,132	2,055	2,189	2,128	2,660	1,438	11,602	2.5
マイクロソフトニュースレターへのプレースメント		30,388,643	30,388,643	1,305	1,351	1,012	2,938	25,175	38,697	36,968	24,380	14,832	13,795	160,354	0.5
マイクロソフトニュースレターへのプレースメント															
Business Newsletter		115,503	115,503	0	0	0	0	0	0	0	0	0	258	258	0.2
Microsoft for Partners		87,220	87,220	0	0	0	0	0	0	508	25	8	6	546	0.6
Microsoft Security Newsletter		103,085	103,085	0	0	0	0	1,024	185	39	12	9	522	80	1,870	1.8
Microsoft This Week!		2,136,328	2,136,328	0	0	0	70	244	158	152	181	180	166	106	1,255	0.1
MSDN Flash		312,855	312,855	0	0	0	0	0	420	38	25	7	8	498	0.2
TechNet Flash		788,955	788,955	0	0	0	0	94	9	3,462	337	159	43	4,103	0.5
Windows Platform News		813,805	813,805	0	0	0	0	0	0	1,621	129	629	32	2,411	0.3
マイクロソフトニュースレター初期反応の小計		4,357,751	4,357,751	-	-	-	70	1,268	436	620	5,821	705	1,490	533	10,941	0.3
初期反応合計		34,746,394	34,746,394	1,582	1,593	5,312	8,809	28,144	41,896	48,179	30,216	22,436	21,933	210,099	0.6
セキュリティ・サミットのwebサイトの指標															
ページビュー				1,344	1,158	2,608	14,048	15,400	15,928	23,738	17,718	14,392	13,828		
週間登録数				439	262	794	1,272	1,528	1,741	3,293	1,980	1,302	940		
累計登録数				439	701	1,495	2,767	4,295	6,036	9,329	11,309	12,611	13,551		
ゴール達成率 (%)				2	3	5	10	15	22	33	40	45	48		
その他のプログラムガイドのトラッキング															
プログラムガイドについての外部ニュースレター					11	3	310	305	120	22	131	7		909	
プログラムガイドについての外部Eメール					1									2	
プログラムガイドについてのダイレクトメール						2	7	7	18	367	236	181	171	989	
その他のプログラムガイドの初期反応合計					12	5	317	312	138	390	367	188	171	1,900	

セキュリティ・トレーニングへの登録者数

出所：マイクロソフト (注1参照)

すべてのEメール、雑誌広告、ウェブ広告の週間クリック数を追跡している。矢印で示した行は、セキュリティ・トレーニングへの登録者数である。1週目の登録者は439名、2週目は262人であった。変更を加えた3週目に登録者数は794人に伸び、4週目は1272人、5週目は1528人となった。この例は、アジャイル・マーケティングを活用すればキャンペーンの成果を数週間で400％以上向上させられることを示している。9カ月の全キャンペーン期間後には、5倍を超える成果となっていた。

　成果を測定できるように設計してある点が、私は個人的に気に入っている。すべてのEメール、雑誌広告、バナー広告を追跡し、データを毎週確認する。これがニアタイム・データだ。1週間という時間軸のデータから、12カ月実施するキャンペーンの成果に関する貴重な洞察を得ることができる。マイクロソフトはニアタイム・データを通じ、キャンペーンがうまくいっていないことを認識、データ・ドリブン・マーケティングの原則を活用してクリック率とトランザクションコンバージョン率を分析の上、結果を出すために必要な軌道修正を行った。

　図表8.2は複雑でまるで視力検査表のように見えるが、非常に重要だ。1700万ドルを費やしたマーケティング・キャンペーンのニアタイム・データを、エクセルのシート1枚で追跡する方法を示している。複雑なツールは必要とせず、誰にでも実施可能だ。成果を測定できるようにキャンペーンを設計し、収集したニアタイム・データに基づき行動を起こすことがポイントとなる。

　今回のケースでは、ウェブサイト訪問者データ解析だけにとどまらず、企業イメージのオンライン調査も行った。ユーザーがウェブサイトを訪問した後、別のページに移動する際に、ポップアップ式のアンケート画面を表示し、次のような項目を段階評価で質問した。

- マイクロソフトは製品のセキュリティを高めるためのツールおよびリソースを提供していると思う。
- マイクロソフトはセキュリティに対して真摯に責任を持って取り組んでいると思う。

図表 8.3　企業イメージのオンライン調査データ

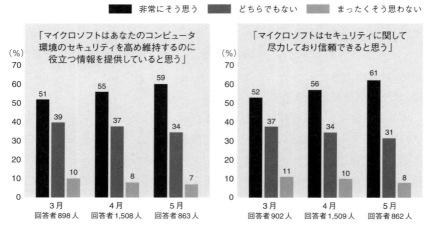

出所：マイクロソフト（注1参照）

- マイクロソフトは製品のセキュリティを高め維持するのに役立つ情報を提供していると思う。
- マイクロソフトは真摯な態度でセキュアな製品を提供していると思う。

図表8.3では、前出の質問のうち2つに関して、3カ月にわたるアンケート結果を表示している。「まったくそう思わない」から「非常にそう思う」への変化が平均で10％見られる。これは価値あるデータかというと、そこまでの価値はない。回答するのはウェブサイトの訪問者のみであるため、結果には明らかにバイアスがかかっている。とはいえ、毎月数百人のアンケート回答者は、マイクロソフトにとっては十分な顧客サンプルだ。何より、完全に間違っているよりは、大体合っている方が良い。このデータは、少なくともMicrosoft.comを訪問する顧客については、このマーケティング・キャンペーンを通じ企業イメージを変えることに成功していることを示している。

大企業は、一般的に年に一度企業イメージ調査を実施する。こうした大規模な客観的調査は非常に重要で、ウェブアンケートが代わりになるもので

はない。しかし、年に一度の大規模な企業イメージ調査では、今現在実施しているキャンペーンの内容を変更するフィードバックを得られない。オンライン調査で得られるニアタイム・データであれば、月単位で方向性を軌道修正することが可能だ。もしデータがマイナスのトレンドを示している場合、企業イメージは悪化していると考えられるため、マーケティング・キャンペーンの有効性を再考すべきだ。オンライン調査では企業イメージに関するニアタイム・データの収集が可能であり、キャンペーン実施中の早い段階で成功か失敗かのトレンドを知ることができる。

効果測定を考えたキャンペーン設計

　アジャイル・マーケティングについて、「当社で実行するのは難しい」「ブランド・マーケティングの仕事に携わっているが、このやり方は合わない」などという会話を耳にすることがある。アジャイル・マーケティングは、確かに新しいアプローチである。データに基づき柔軟に行動するために事前に計画を立てる必要があるため、巨大で画一的なキャンペーンのみを実施するのに慣れている従来型のマーケティング組織にとっては実行が難しいかもしれない。しかし、古い組織だからといって、新しいアプローチを採れないわけではない。

　1802年に創立された火薬製造会社デュポン社は、米国で最も古い企業のひとつだ。第1章で紹介したように、NASCARレースでジェフ・ゴードン選手のスポンサーとなり、その可能性を最大限に生かしている。

　2007年11月、ジェフ・ゴードン選手の車両（**図表8.4**）後部にURLを掲載するというアイデアがマーケティング・チームから出された（注2）。

　URLによって、視聴者をデュポン社のパフォーマンス・アライアンスのウェブサイトに誘導する。マーケティング・チームは、NASCARレースのファンが非常に忠実であることを理解していたため、URLを使用してデュポン社の自動車用塗料のみを扱っている全米のカー用品店へ誘導したのだ。**図表8.5**では、デュポン社のパフォーマンス・アライアンスのウェブサイト

図表 8.4 車体番号24ジェフ・ゴードン選手の NASCAR レーシングカーに掲載されたデュポン・パフォーマンス・アライアンスの URL

出所：デュポン社（注2参照）

の店舗検索ページへの訪問者数を示している。レース中にジェフ・ゴードン選手の車両後部の映像が流れた1分30秒の間、訪問者数が大きく増加していることがわかる。このマーケティング・キャンペーンは成果を測定できるように設計されており、デュポン社は、収集したデータからその後のNASCARレースのキャンペーンに活用できる情報を得ただけではなく、スポンサー広告に URL を挿入することの有効性も証明した。

ここで図表8.4の「www.PA24.DuPont.com」という URL に注目してほしい。この URL は一見長くてわかりにくいが、これは店舗検索ページへの訪問者数を計測するためである。www.PA24.DuPont.com から www.dupont.com/Performance にリダイレクトさせており、NASCAR レースのテレビから来た訪問者を識別できるようにしてあるのだ（デュポン社の IT チームによると、ウェブサーバー上のコード1行で、ある URL から別の URL にリダイレクトすることができるのだ）。この方法は、マイクロソフトが図表8.2に掲載されているデータを計測した方法と同じである。

グルーチョ・マルクス（訳注：アメリカで活躍した伝説のコメディアン）は、かつて言った。「5歳の子供にもこれくらい理解できるでしょう。誰か5歳の子供を連れてきなさい」。筆者も自分の6歳の子供を見ていると、若い世

図表 8.5　店舗検索ページの訪問者数

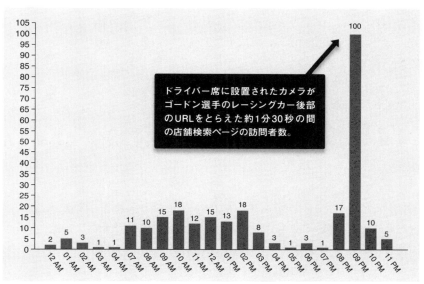

出所：デュポン社（注2参照）

代がテクノロジーを自然に理解しているのを感じ取ることができる。

　アジャイル・マーケティングを活用するようになるにつれ、意思決定をする際に、テクノロジーと解析の重要性が増すことになる。テクノロジー用語や新しい解析スキルを学ぶことが必要だと考えると、難しく感じるだろう。しかし、そこまで専門的に理解する必要はないのだ。

　次章では、データ・ドリブン・マーケティングに不可欠な3つの分析手法を紹介する。データ・ドリブン・マーケティングにおける主要なアプローチの仕組みを理解し、マーケティング成果を向上させるための分析手法の活用の仕方、実際に組織の中で導入して効果を出すための方法を理解することができるだろう。第10章では、システム部門と共同で結果を出すための戦略とアプローチを紹介する。また、システム部門と協働する際に「聞くべき問い」を紹介する。

　本章では、キャンペーンおよびマーケティング活動は軌道修正できるよう

に設計する必要があり、ニアタイム・データはキャンペーン期間より短い時間軸で収集する、ということまでを理解してほしい。モバイルを含むインターネットは、ニアタイム・データを収集するために有効なツールだ。しかし、キャンペーン開始前に、収集したデータで何をするのかを考えることが必要不可欠だ。次のような質問をすることを推奨する。

「想定される成果は？」
「キャンペーン終了を判断する基準は？」
「キャンペーンが大きく成功している場合、どこにリソースを再配分するのか？」

　アジャイル・マーケティングのアプローチを採り入れるのは難しいことではない。たとえば、9カ月のキャンペーンでは、最低でも月に1度、次のステージにいく前のレビューを行うように設計する。10週間のキャンペーンなら、毎週レビューを実施する。重要成功指標を収集するための計画を立てる必要もある。また、次のステージに進むための基準、キャンペーン終了の基準も考える必要がある。
　12週間のキャンペーンを計画していて、ゴールは、毎週1000人の有望な見込み客を営業チームに提供することだとする。実際に1週間で得られた見込み客数が100人であった場合、その100人の見込み客にキャンペーン費用に見合うだけの価値があるのかを検討しよう。見合う価値がないと判断した場合、成果を向上させるための方法を検討しよう。2週目にキャンペーンに変更を加えても成果がでない場合には、キャンペーンを中止し、使用しなかった残りの75％の資金を他の施策に再配分することを考えよう。

この章のポイント

- マーケティング・キャンペーンではニアタイム・データを収集し、途中で軌道修正できるように設計する。すなわち、データ収集はキャンペーンの実施予定期間より短い時間軸で行い、データに基づいてキャンペーンを軌道修正できるように準備する。
- 結果が出ないキャンペーンは早めに終了させ、早めに小さく失敗する。
- 早い段階で結果が出たキャンペーンでは、予算を増やし、大きく勝ちに行く。
- キャンペーン開始前に、成功・失敗の基準を設定する。
- キャンペーン実行計画の中には意思決定ポイントを設定しておき、各ステージの意思決定ポイントで軌道修正できるように準備しておく。
- アジャイル・マーケティングの手法をとれば、5倍以上の成果を出すことも可能だ。

第 **9** 章

「まさにこれが必要だったんだ！」

解析マーケティングに重要な3つのアプローチ

「適切なタイミングで、適切なターゲット顧客に、適切な商品を」を実現するデータ分析

　数年前、P&Gから小さな小包が届いた。知り合いからかと思ったが、私の友人でP&Gに勤めている人はいない。箱には、1歳ぐらいの赤ん坊の写真と、「立てるようになると、座ってはいられない」というキャッチコピーが掲載されていた。箱を開けてみると、パンツ型オムツのサンプルであった。子供がいる家庭でもパンツ型オムツが必要な期間はわずか2、3年間だけであり、読者の中にもパンツ型のオムツを今必要とする子供がいる人は少ないはずだ。このマーケティングが画期的なのは、私の息子が歩き始めてわずか数週間後、つまりパンツ型オムツが我が家にとって必要不可欠な時期にサンプルが届いたという点だ。

　適切なタイミングで、適切なターゲット顧客に、適切な商品を提供することで生まれる「まさにこれが必要だったんだ！」効果の例だ。子供が生まれることになった両親は無料の子育て誌の購読申し込みをすることが多く、恐らく私たちの住所もその購読者リストから入手したのだろう。子供は、1歳ぐらいから歩き出すのが一般的なので、赤ん坊が歩き出したであろう時期に、パンツ型オムツのサンプルを提供するマーケティングを行う。ニーズが高まっている時に、ニーズに合った商品の提案を行うため、受け入れられる可能性は高い。

　別の例を挙げよう。住宅リフォームチェーンのロウズ社は全米に巨大店舗を展開しており、年間売上480億ドルを誇る。ノースカロライナの小さな金物店から始まった同社だが、現在では1640店舗を展開するまでに事業が成長した。しかし、今も昔も企業哲学の中心は顧客サービスである。そのため、たとえば店舗には顧客のDIYをサポートする店員が常駐しており、設計や素材選びを手伝う。

　ロウズが顧客の購買データを分析したところ、デッキを作った顧客はその後高い確率で新しいバーベキューグリルを購入していた。デッキの材料は、木材、ボルト、釘など、利幅の低いコモディティが中心だ。バーベキューグリルは、利幅が大きい商品だが、デッキが完成した後に顧客がロウズに戻っ

てバーベキューセットを購入する保証はない。ライバルのホーム・デポ社でも購入できるし、シアーズやウォルマートなどの多くの小売店でも販売されている。

そこでロウズは、顧客が買い物を終えた後すぐに、ターゲットを絞った印刷広告を送付することにした。広告はバーベキューグリルに特化し、1面に掲載する商品は、600ドルのステンレススチール製の商品にしたり、安価な類似商品にしたりと顧客層に合わせ変更した。顧客から、「まさにこれが必要だったんだ！」という反応を引き出すことで、バーベキューグリルがロウズで購入される可能性が上がるのだ。

「まさにこれが必要だったんだ！」効果を生むためには、適切なターゲティングと適切なオファーを行うための分析が必要である。ここでは3つの重要なアプローチである(1)傾向分析モデル、(2)アソシエーション分析、(3)決定木分析を紹介するので、マーケティング活動の種類によって使い分けてほしい。メレディス社とアースリンク社の事例を使い、それぞれを詳しく説明しよう。

解析マーケティングの重要アプローチ1
傾向分析モデル

メレディス社は、年間売上16億ドルを誇る、米国女性を対象にしたメディアおよびマーケティング関連の大手企業だ。米国内の『ベター・ホーム・アンド・ガーデン』誌など多くの有名雑誌を、ローカルテレビ番組と組み合わせるという成長市場で活躍している。また、戦略的マーケティング子会社であるメレディス360°社を通じ、一連のメディア商品も提供している。

メレディス社は雑誌定期購読者向けダイレクトメールに関するデータ・ドリブン・マーケティングを25年以上実践しており、蓄積したノウハウをEメール・マーケティングに応用したいと考えていた。初期のEメール・マーケティングでは、同じ内容・オファーを一斉配信する方法であったが、メレディスはより効果的に運用できると考えていた。Eメール・マーケティングは、ある1点において決定的にダイレクトメール・マーケティングと異なる。ダイレクトメールでは、異なる内容の郵便物（たとえば種類の違うハガキなど）

を複数回送付しても、顧客は気にすることはない。しかし、Eメール・マーケティングの効果を高めるためには、短く端的なメールを1通だけ送ることが重要だ。誰もが大量のEメールにうんざりしている。メレディスのEマーケティング・チームは、「Eメールを使って既存の顧客に提案できる最高の商品は何だろうか？」という設問を自らに課した。この問いへの答えは、傾向分析モデルあるいはネクストベスト・オファーモデルと呼ばれる手法を使って導くことができる。

メレディスはロジスティック回帰（注1）を利用し、各雑誌に1つずつ、計20の異なる傾向分析モデルを作成した。1000項目に及ぶデータが変数として使用され、外れ値を除いた統計的に有意なデータに絞って解析された。登録を行ったウェブサイト、年齢、趣味・興味、子供の年齢、他に定期購読している雑誌、住んでいる地域など収集可能で役立つ可能性のある、あらゆる変数が利用された。その後、各顧客が特定の商品を購入する傾向があるかを点数化する。一番その点数が高い商品が、その顧客にその週にお勧めする「ベスト」商品ということになる。

図表9.1では、メレディスの各製品と、ある週において購入する可能性が最も高いと判断された顧客数（つまり高ポイントの顧客数）を表記している。顧客が購入する可能性の高い商品を特定するために、このモデルを使用して各顧客にポイントを付ける。この数値は、結果をモニターするためのエグゼクティブダッシュボードに掲載されている。

モデルは9～12カ月に1度更新（再構築）され、予測が実際の売上と整合しているかのチェックが毎週実施される。時には顧客データが毎日更新されるため、予測精度を上げるために毎週1400万人のデータを解析する必要があった。Eメールを送る頻度は1週間に1度以下とし、その頻度は過去に送付したメールへの顧客ごとの反応で決める。メールを開封したり、リンクをクリックしたりした顧客に対しては、その1週間後にまたメールを送付するが、顧客がメールを開封していない場合、次のメールを送付するのは4週間後とした。

図表9.2は、モデリング解析の結果に基づきパーソナライゼーションおよびターゲティングされたEメール広告の例だ。『ベター・ホーム・アンド・

図表 9.1　製品別の購入可能性のある顧客数（商品1〜商品12）

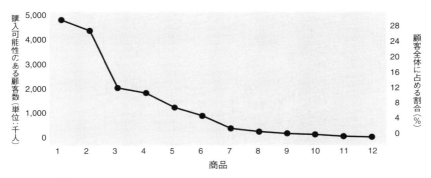

出所：メレディス社

　『ガーデン』誌のためのマーケティングで、購読特典としてレシピ本が無料プレゼントされる。このようなモデリング解析に基づくターゲティングとパーソナライゼーションを行った結果、そういったことを行っていない前年に比べて、オファー応諾率が29〜50％増加し、Eメールから派生した定期購読は全体で20〜40％増加した。

　図表9.2の例では、セグメントをさらに細分化するために興味・関心スコアを使用している。最適な商品を選択するのに傾向分析モデルを使用し、無料プレゼントを決めるのに興味・関心スコアを使用したのだ。たとえば、食への興味・関心スコアが高い顧客の場合、バーベキューグリルのプレミアムオファーを提案し、室内装飾への興味・関心スコアが高い顧客にはインテリア関連のプレゼントを提案する。園芸への興味・関心スコアが高い顧客には、同様に園芸関連のプレゼントを提案する。傾向分析モデルを利用したことでコンバージョン率は40％増加。顧客を興味・関心スコアに従ってセグメント分けして無料プレゼントを提供することで、さらに15％増加した。

　メレディスのEコマース・オンラインマーケティング・ディレクター、エリン・ホスキンスは、解析マーケティングの始め方、そしてチームに優秀な

図表 9.2 『ベター・ホーム・アンド・ガーデン』誌のターゲティングEメール広告（レシピ本の無料プレゼント付き）

出所：メレディス社

アナリストを含めることの大切さを説明した。

「私はマーケティング担当者として、既存のEメールキャンペーンに改善の余地があると考えていました。私が解析マーケティングを始めた当初、Eマーケティングに割り振られた予算は非常に少なく、データベースもツールもほとんどありませんでした。まず、自分のチームのアナリ

ストリーダーであるケリー・タグトーとお互いを理解し合うことから始まりました。初めのうちは彼がいったい何を言っているのか理解できませんでしたが、Eメール・マーケティングにアナリティクスを導入することで業績が上がることだけはわかっていました」

ホスキンスは、今までと同じ人員（つまりマーケティング担当者1人およびプロダクションチームの半分）で、より細かいセグメント分けを行い、より多くの商品のためのターゲティングを行う必要があった。かつてはマーケティングのデータベースは外注していたが、シニア・エグゼクティブ・チームがデータの戦略的重要性を理解し、データを社内に戻し、新しい顧客データウェアハウスに統合していた。そのため、既にデータ分析基盤が確立していることが救いであった。とはいえ、顧客のEメールアドレスをデータとして有していても、Eメールに特化したダイレクト・マーケティングを行うためのツールがなかった。

ビジネスインサイト部長のケリー・タグトーは説明する。

「Eメールターゲティングを始めたばかりの頃には、手作業で時間をかけてデータを抜き出しました。非常に手間のかかる作業でしたが、傾向分析モデルが有効であることを実証し、作業を自動化するEマーケティング・ツールへの投資が有意義であると証明することができました。オファー応諾率が増加し、ツールへの投資は何倍にもなって返ってきて、Eメールから派生した定期購読は20％以上増加しました」

解析マーケティングの重要アプローチ2 アソシエーション分析

メレディスの例ではロジスティック回帰分析を行って、顧客の属性と以前に購入した商品から次に購入する可能性の高い商品を予測するアプローチを紹介した。これは、傾向分析モデルあるいはネクストベスト・オファーモデルと呼ばれる。これ以外に、小売業において頻繁に使用されるのがアソシ

エーション分析だ。

　顧客がどんな商品（またはサービス）を同時に購入するかを特定するのだ。アマゾンでは、ウェブサイトとEメール・マーケティングでこの方法を多用している。アマゾンのアカウントにログインすると、「最近閲覧した商品とお勧め商品」というメッセージが画面に表示される。

　アソシエーション分析では、クラスター分析と呼ばれるデータマイニング技術が多用されている。大事なことは、技術的な詳細ではなく（注2）、このような分析が実行可能であり、分析結果によって「お勧め」を決定してアクションを決められるということだ。「お勧め」は、アソシエーションルールと呼ばれ、「このパソコンを購入した顧客はこのケーブルも購入しています」といった提案をする仕組みである。アソシエーションルールは即座に購入につながるため、オンラインおよび実店舗で販売する商品やマーケティング・ミックスに効果がある。ホスキンスは、「恐れずにデータと向き合ってください。マーケティング担当者は直感で正しいと思ったアイデアにこだわってしまうことがありますが、分析結果はマーケティング担当者の直感と異なる結果を出すことがあります」と説明する。自分の直感を見直し、分析結果に基づいて行動できるように準備しておかなければいけない。

解析マーケティングの重要アプローチ3
決定木分析

　イベント・ドリブン・マーケティングはどのように実施すればよいのだろうか。コツは、イベントもしくは購買の中で密接に関係しているモノ・コトを分析により抽出し、分析から特定されたトリガーとなるイベントが発生したら、関係する顧客に絞ってマーケティングを行うように設計することだ。そのためには、顧客の行動と購買特性を理解した予測モデルを作り、その予測に基づいたマーケティング計画を設計する必要がある。このような予測モデルでマーケティング活動を設計し、重要指標であるオファー応諾率、利益、解約率などによってマーケティング効果の定量化を行う。この種のマーケティング活動の始め方と効果の定量化の仕方を実例で説明しよう。

アースリンク社は、ジョージア州アトランタに本社を構える中規模のインターネットサービスプロバイダーだ。2008年の売上は9億5600万ドル。数百万の個人および中小企業にインターネット接続サービスを提供している。全顧客の4分の1に対しては高速インターネットサービスを提供し、他にはウェブホスティングやインターネット広告などのサービスを提供している。同社は高速インターネットサービスをタイムワーナーケーブル社やコムキャスト社のケーブル回線を通じて提供し、デジタル加入者線（DSL）のサービスはベルサウス社、コバッド社、AT&T社などの回線を通じて提供している。

　データ、解析、イベント・ドリブン・マーケティングを徹底的に活用している同社のマーケティング・チームだが、初めから順風満帆であったわけではなかった。アースリンクのカスタマーインサイト・アナリティクス戦略部長のスチュワート・ローゼルは次のように説明する。

> 「データ・ドリブン・マーケティングを成功させるには、アナリティクスチームと製品マネジャーやマーケティング担当者が協力する必要があります。しかし、当初採用された回帰分析モデルは、わかりにくく、多くのマーケティング担当者がアナリティクスに慣れていなかったこともあり、活用されませんでした。広く活用されるためには、シンプルである必要があります」

　また、ビジネス・インテリジェンス部のシニア・マネジャーのサム・マクフォールは、次のように説明する。

> 「当初採用された予測モデルは、ロジスティック回帰に基づいていました。そのため、予測結果をビジュアルでわかる形に落とし込めず、マーケティング担当者と製品マネジャーは意味を読み取ったり、アクションにつなげたりすることができなかったため、この予測モデルが社内で注目されることはありませんでした。決定木アプローチを採用してからは、分析結果がマーケティング担当者と製品マネジャーからも理解されるようになり、社内研修やパイロットプログラムを実施した結果、この

モデルが実際に活用されるようになりました」

　決定木分析は、データマイニングの三種の神器の1つで、クラスター分析とニューラルネットワークが（注3）残りの2つだ。これらのアルゴリズムの詳細は、私のようなオタクには非常に興味深いのだが、ほとんどのマーケティング担当者には難しすぎる。とはいえ心配することはない。概要がわかる程度に理解していれば十分だ。

　データマイニングにおいて決定木分析はどのような役割を担うのだろうか。元の集合体より「純粋な」、つまり、より明確に定義された特徴を持つサブグループに連続的に分割していくのが決定木分析だ。つまり、データをふるいにかけて、ふるいを通過するグループと通過しないグループに分けていくようなものだ（注4）。

　たとえば、青い顧客と緑の顧客が混在しているデータがあったとする。青と緑をふるいにかけることで、緑の顧客が一方に、青の顧客がもう一方に分かれる。ふるいがけによって分割されたデータは、元の集合体よりも「純粋な」データであるということになる。異なる変数を使用して同様のプロセスを繰り返すことによって、元のデータは、「葉」（元の青と緑のグループが分割されていってできたサブグループ）と「枝」（元のグループからどのように分割されてきたかを示す結合）で構成される木のような構造に分解される。

　例を挙げてわかりやすく説明しよう。**図表9.3**は、アースリンクがSAS Enterprise Miner（注5）を使用して作成した決定木の最初の2つの枝分かれを示している。一番上の全数はダイヤルアップ接続サービスの顧客で、最初の枝分かれの変数は、「ブロードバンド接続のサービスを利用できるか？」と電話をかけて聞いてきたかどうかだ。聞いてきた顧客が左側、聞いてこなかった顧客が右側に配置される。ここでのトリガーイベントは、顧客がコールセンターに電話し「ブロードバンド接続のサービスを利用できるか？」と聞くことだ。

　決定木の一番上の項目に属する顧客、つまりダイヤルアップ接続サービスの全顧客の5.2％が60日以内に解約し、94.9％は解約しなかった。しかし、最初の枝分かれの左右を比較すればわかるように、電話をかけてきた顧客と

図表9.3 SAS エンタープライズ・マイナーを使用して作成されたアースリンク社の決定木分析。各囲みの中の数字は、解約しなかった顧客の割合 (0)、60日以内に解約した顧客 (1)、各枝の顧客数 (N) を示している。

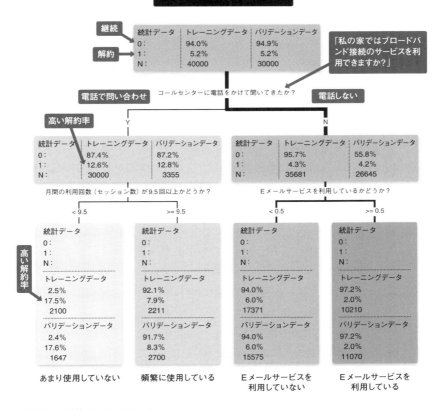

出所：アースリンク社　サム・マックフォール

電話をかけてこなかった顧客には、解約率に大きな差がある。電話をかけてきた顧客の解約率が12.8％なのに対し、電話をかけてこなかった顧客の解約率は4.2％だ（**図表9.3**の2段目を参照）。つまり、ブロードバンド接続サービスを利用できるかどうか電話をかけてきた顧客が解約する確率は、全顧客よりも246％高いのだ（12.8％÷5.2％で計算）。これが「解約率の高い」枝とな

る。右側は解約率が低い枝だ。ブロードバンド接続サービスが利用できるか聞いてこなかった顧客が解約する確率は全顧客より約20％低い。

　違う見方をすれば、決定木分析というのは、イベントを含む非常に複雑な変数を使用して顧客を詳細にセグメント分けしていることになる。マーケティングにとって大切なのは「どうしてこの2つのグループの解約率に差があるのか？」を考えることだ。左側の枝の解約率が非常に高くなっている原因を突き止める必要がある。この答えは、ブロードバンド接続サービスが利用可能か聞いてきた顧客は、ダイヤルアップ接続からブロードバンド接続へのアップグレードを検討していて、各社のブロードバンド接続サービスを比較検討している可能性が高いということである。

　この決定木の3つ目のレイヤーで、「ブロードバンド接続サービスが利用可能か？」と電話してきた顧客（左側のサブグループ）が、月間の利用回数（セッション数）というエンゲージメント指標でさらなるサブグループに分割されている。ブロードバンド接続サービスが利用可能かを電話してこなかった顧客（右側のサブグループ）は、同社がインターネット接続サービスに付帯して提供しているウェブメール機能の利用の有無を変数としてさらなるサブグループに分割されている。ダイヤルアップ接続にある程度満足している顧客にとってはウェブメール機能の利用の有無が、ブロードバンド接続へのアップグレードを検討している顧客にとっては利用回数（セッション数）が、解約率の高低に最も影響を与える変数として、決定木のアルゴリズムから抽出された。

　2つ目の枝分かれでは、解約につながる行動に関する重要な情報を読み取ることができる。左側の枝は、ブロードバンド接続サービスが利用可能かを電話で聞いてきた顧客の中でも利用回数が少ないユーザーだ。月間利用回数が9.5回未満であるこのサブグループは、全体よりも338％（17.6％÷5.2％）解約率が高い。これらの顧客は、色々なプロバイダーをチェックしており、かつ同社のダイヤルアップ接続サービスをあまり使用していない。すなわち、このセグメントに対しては、エンゲージメント、利用、ロイヤルティを促進するマーケティング・キャンペーンを行うべきなのだ。これと同じ枝に属する顧客（＝ブロードバンド接続サービスが利用可能かを電話してきた顧客）の中

で利用回数が多いユーザー（月間利用回数9.5回以上）の解約率の高さは、全体と比べ160％（8.3％÷5.2％）となる。

　ブロードバンド接続サービスが利用可能かを電話してこなかった顧客は、**図表9.3**の右側の枝に分類され、これらの顧客の解約率に最も影響する変数は、ウェブメール機能で利用しているメールアドレスの数である。ウェブメール機能でのEメールアドレスを1つも利用していない（利用しているメールアドレスの数が0.5未満、つまりゼロの）顧客層は、全体顧客よりも解約率が少し高い（全体顧客の解約率が5.2％なのに対して、当該顧客層は解約率が6.0％）。利用度合いの低さが解約率の高さにつながっていることがわかる。一方、ウェブメール機能でのメールアドレスを利用している（利用しているメールアドレスの数が1つ以上の）顧客層の解約率は2.0％と最も低いセグメントであり、全体の解約率5.2％の38％の水準だ。この顧客層は、各社のブロードバンド接続サービスを比較せず、アースリンクのウェブメール機能およびEメールアドレスを利用している層である。

　この分析結果を利用して、顧客リテンション・マーケティングにおいてターゲットにするべき顧客層を決めることが可能だ。解約率が最も高いのは、ブロードバンド接続サービスが利用可能か問い合わせてきて、ダイヤルアップ接続サービスをあまり使用していない顧客だ。スチュワート・ローゼルは、「顧客がブロードバンドサービスに移行するのを止めることはできませんが、特定の顧客層に対してアースリンクのダイヤルアップ接続サービスとウェブメール機能の利用を増やす目的でマーケティングを行うことにより解約率を下げることができます」と説明する。

　アースリンクでは、数週間おきに決定木分析を実施し、解約のリスクが高い顧客層の特徴を特定し直している。解約可能性が高いことが判明した顧客層には、特別なプレゼントも用意した。顧客に感謝を示すためにスターバックスの5ドルまたは10ドルのギフトカードを送ったり、優先サポート用コールセンターの電話番号を伝えたり、ブロードバンド接続サービスに関する割引を提案したりした。**図表9.4**は、ダイヤルアップ接続の顧客に対してこのマーケティング活動を行った結果を示している。当該マーケティングのメッセージを受け取らなかった比較対照用のグループと比較して、30日間で

図表9.4　ダイヤルアップ接続の利用顧客に対して、顧客維持のためのターゲット・マーケティング実施後30～120日の解約率

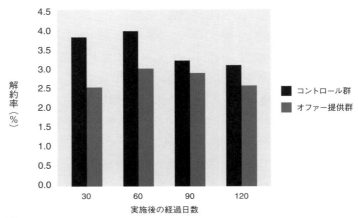

出所：アースリンク社

44％、120日間でほぼ20％の解約率削減が見られた。

　アースリンクでは、解約率の減少が利益とCLTV（顧客生涯価値）へ与える影響も定量化した。解約率が30％減少したとしても、短期的なインパクトは比較的小さい。しかし、長期間にわたってすべてのセグメントに繰り返し与える影響を定量化すると、解約率の低下によって顧客は維持継続され、利益率は20倍となる。毎月の利益が数百万ドル底上げされ、将来の顧客ロイヤルティの資産価値もさらに積み上がるのだ。解約率30％減がもたらす中長期的な影響は非常に大きい。

　アースリンクは、複雑で時間がかかった回帰分析モデルをやめて、現在ではより直感的に理解・利用できる決定木アプローチを採用している。その結果、数十もの異なる分析モデルを実行するのに数週間必要だったものが、数日に短縮された。これによって組織横断的なチームと共に、データの解釈や、新しい画期的なターゲティング／セグメンテーション構想、戦略の作成、戦略の実行により多くの時間を費やすことができるようになった。

　ただし、注意しなければならないことがあるとローゼルは説明する。

「この解析マーケティング・アプローチを実施するにあたり多くのマーケティング担当者が陥る罠があります。マーケティング施策を行ったグループと、それ以外の全体で比較して、マーケティングのインパクトを定量化してしまうことです。そうすると、測定されるインパクトは小さいことが多くなります。比較対照とすべきグループは、マーケティング施策を行わなかった残りの全体ではありません。本当の効果を知るためには、オファーを受け取った顧客を、オファーを受け取らなかった類似した顧客と比較することが必要です。これにより、マーケティングの効果の大きさをよく理解することができます」

アースリンクはどのようにこの取り組みを始めたのだろうか。ローゼルは次のように説明する。「4年前から基本的な指標は使用していましたが、個別のマーケティング施策の成果はほとんど計測していませんでした。データ・ドリブン・マーケティングを駆使する企業文化は存在せず、顧客を深く理解するための分析を行う代わりに、マーケティング担当者に活用されることはないたくさんの報告書を作成していました。そのため、一からやり直して、もっと洗練されたアプローチをとることにしました」。アースリンクの新しい取り組みはTIAD（Today Is Another Day）と名づけられた。まず社内に働きかけ、真のニーズを特定し、才能のある解析アナリストを採用し、解析マーケティングに役立つツールやITインフラを整えていった。

新しいツールを使いデータを検証・分析したアースリンクの解析マーケティング・チームは、いくつかの大きな成果をあげ、自らの存在意義を示した。顧客リテンション・マーケティングでは、比較対照グループに比べ、解約率を30％削減することに成功した。収益性分析によって、テレマーケティングはコストが高く効率の悪いマーケティング・チャネルであることが判明したため、顧客へのコミュニケーションは大幅にコストが低いEメールに変更されることになった。さらには、適切なタイミングで、適切な顧客に、適切なオファーを行ったことから、オファー応諾率（第4章の重要指標⑤）は大幅に向上した。これらの成果を合計すると、マーケティングの実施コストを60％削減させることができ、かつ、効果は大幅に向上した。

この成功体験により、アースリンクのマーケティング部門の文化はステップアップした。たとえば「顧客の解約率は？」という表層のデータに関する質問をする文化から、「なぜこのタイプの顧客の解約率が高いのか？」「解約率を削減するためには何ができるか？」「このマーケティング施策を行った場合、利益にどれくらいの影響を与えられるのか？」といったビジネスのアクションと成果につながる質問を投げかける企業文化に変わったのだ。

　データ・ドリブン・マーケティングを駆使する企業文化に変革するための一番のカギとなったのが、カスタマー・エクスペリエンス（顧客体験）委員会を設立したことだ。この委員会は、ローゼルを含むシニアのマーケティング担当者と製品マネジャーをメンバーとする経営幹部による運営委員会と、各部門のマーケティング担当者40名による広範囲な作業部会で構成された。カスタマー・エクスペリエンス委員会は月例ミーティングを実施し、それぞれの活動、ベスト・プラクティス、新しいモデルに関しての情報を共有する。「パイロットテストが繰り返され、キャンペーンが行われ、測定され学習するというサイクル・文化が、カスタマー・エクスペリエンス委員会によって強化されている」とローゼル氏は説明する。

　決定木アプローチは、アクション可能な形で顧客をセグメント分けする非常に優れた方法なのだ。このアプローチは幅広いケースに適用することが可能で、「この商品・サービスを購入した顧客は、他にどのような商品・サービスを購入するのか？」「新商品や新サービスを顧客が購入しそうかを示唆するのは、どのイベントか？」「どのようなイベントまたは行動が、顧客の解約可能性を示唆するか？」などの質問に答えることが可能となる。決定木分析から得た仮説モデルを実行し、決定木分析が重要変数と示すイベントや特性を持つ顧客をターゲットにしてマーケティングを行う。決定木分析は毎日、週に1度、月に1度、さらにはリアルタイムなど、あらゆる頻度で構築することが可能だ。顧客とコンタクトするたびにリアルタイムで決定木分析を走らせる方法については次節で紹介する。

　しかしほとんどのマーケティング担当者は、データマイニングをしたり、SASクエリーを設計したりするスキルを持っていない。そのため、ほとんどの場合で、誰か解析スキルを有しているスタッフを別に採用する必要がある。

大事なことは、これらの手法がもたらす効果の大きさを知り、データの解釈の方法を理解し、アクションを実行することである。複雑に思えるだろうが、データマイニングのアウトプット自体はかなり単純であり、解釈も比較的簡単だ。

タイミングがすべて
イベント・ドリブン・マーケティングの事例

　適切なオファーを、適切な顧客に提供することで、マーケティング効果は大幅に向上する。ここまで紹介してきた傾向分析モデル、アソシエーション分析、決定木分析は、動的セグメンテーションおよびターゲティングを実施するためのツールだ。さらに、これらの分析に基づいたターゲティングを、適切なタイミングで行った場合にその効果は劇的なものとなる。新しい洗濯機の広告オファーが圧倒的に効くのは洗濯機がちょうど壊れてしまった消費者であり、洗濯機を購入したばかりの顧客にはまったく効かない。ここで言う「効く」とは、オファー応諾率および利益率のことだ。282ページ以降で、イベント・ドリブン・マーケティングにより業績が改善されたケーススタディを紹介している。

> **補足：回帰分析モデルと決定木アプローチ**
> 　MBAの意思決定理論の科目では、回帰分析を徹底的に学ぶが、本書ではあまり重視していない。回帰分析とは、たとえばマーケティング活動やその他の活動を変数として売上を線形モデルで予測するものである。クリーンなデータが大量にあり、変数を解釈する自信がある場合には有効な手段だ。しかし、データが欠けていたり、極端な外れ値が存在したりする場合、回帰分析モデルは機能せず、すべてのデータが無駄になってしまう。決定木アプローチはより柔軟だ。データが欠けていても、極端な外れ値が存在しても機能する。また、回帰分析モデルでは、相関関係のない単純線形モデルを前提としている。決定木アプローチは母数に一切の前提を設けないノンパラメトリック手法であるため、データの分布に特段の前提・仮定が存在せず、変数の相互関係を自動的に解析・発見し、最適なインプット変数を選択する。そのため、

回帰分析のような予測モデルにおける2つの大きな弱点を、決定木アプローチでは気にしなくてよいのだ。

　もちろん、決定木アプローチにも欠点はある。一番大きな欠点は、使用されるデータに決定木モデルが過剰に適合してしまう点だ。どういうことかと言うと、テストデータに対して決定木モデルが完全に整合するようになり、その決定木モデルは新しいデータとはうまく整合しなくなってしまうのだ。この欠点を解消するためには、モデルを最終化する前に小さなテストと大きなテストを行う必要がある。これは、多くのアルゴリズムで自動化されている。もうひとつの欠点は、決定木モデルの、はい・いいえ、高い・低い、などのアウトプットとなるステップ関数であるため、モデルから予測される値も段階的な値になってしまうことだ。回帰モデルは連続関数であるという利点がある。しかし、決定木モデルも多くの分岐を行えば線形関数に近くなるため、分岐を多く行える決定木モデルであれば連続関数に近くなる。これは決定木アプローチが大きなデータセットの場合に向いている理由のひとつだ。

　回帰モデルがダメというわけではない。実際、メレディスのEメール・マーケティングの傾向分析モデリングにおいて回帰モデルは力を発揮し、この場合は決定木モデルよりも有効であった。決定木分析の利点は、外れ値等を除いてデータを完全にきれいにする必要がない点と、分析結果をマーケティング担当者がより理解しやすい点だ。

ディレクTV

　ディレクTV社は年間売上170億ドルの衛星放送事業者（訳注：2015年にAT&T社に買収された。日本にも進出していたが、撤退した）で、1994年にヒューズ・エレクトロニクス社によって設立された。従業員数は7500人で、米国では1800万人、中南米では500万人の顧客にサービスを提供している。ディレクTVもアースリンクと類似した課題を抱えていた。解約する可能性のある顧客を保持することだ。

　ここまで紹介してきたのと同様の分析が行われたが、ディレクTVは、マーケティングと顧客サービスをさらに進化させた。システムを自動化し、ほぼリアルタイムのデータ収集と分析を実現したのだ。このシステムは、1日に6000万件のトランザクションデータを取り込み分析する。たとえば、

このシステムによって、サービスをキャンセルするために電話をかけてくる可能性が高い顧客も特定することが可能だ。ディレクTVのシステムは15分ごとにモデルを保存する。このモデルで解約可能性が高いと特定された顧客には、顧客維持チームが3時間以内に特別オファーを用意して連絡する。

この施策の結果は驚異的なものであった。解約リスクのある顧客の25％が解約を思いとどまる結果を生み、ディレクTVの2008年の全体の解約率は19％から16％に低下、業界で最も低い数字となった。年間解約率が3ポイント減ったことは大きな成果には見えないかもしれないが、年間売上が170億ドルの企業にとっては、毎年5000万ドル以上の効果になるのだ。

ナショナルオーストラリア銀行

従来、銀行といえば、ターゲットを絞らないマス・マーケティング・キャンペーンを実施してきたため、顧客にとっては自分のニーズとはマッチしないマーケティング・オファーが送られてくることが少なくなかった。テクノロジーを活用して、より適切な顧客／タイミングを見出す方がアプローチとして優れている。たとえば、大手銀行が、顧客の口座を分析し、ある顧客が16万ドルを普通預金口座に入金したことを特定したとする。16万ドルという大金が普通預金口座に入金されたことは、その顧客の口座で初めてのことだった。銀行員が24時間以内にその顧客に電話をかけたところ、その入金は家族や友達から集めた起業資金だったことが判明した。その結果、その場で小企業用の小切手口座、クレジットカード、融資枠の設定が実現した。

ナショナルオーストラリア銀行は、金融業界における、イベント・ドリブン・マーケティングの第一人者だ。年間売上は140億ドル、オーストラリア最大のリテール銀行である。また、同行のイベント・ドリブン・マーケティングは、2008年に国立データベース・マーケティング・センターからプラチナ賞を受賞している。顧客データベースには270万人のデータがあり、「イベント探知機」が毎日この膨大な顧客データベースをスキャンしている。これによって、年間300万件のマーケティングのチャンスが特定されている。これをもとに、銀行員が年間50万件のアウトバウンドの電話をかけるのだが、

顧客のオファーの応諾率はなんと40％を超える。

　ナショナルオーストラリア銀行が近年買収した英国のヨークシャー銀行やクライスデール銀行など（現在はナショナルオーストラリア銀行グループのヨーロッパ部門）への影響は非常に興味深いものであった。ナショナルオーストラリア銀行による買収が行われる以前は、マーケティングと顧客管理の連携が十分にとれていなかった。問題をさらにややこしくしていたのが、顧客の担当部署・担当者が明確に決まっていなかったことだった。同じ顧客に対して銀行内の別の部署が異なるオファーを提供するケースも発生していた。こういった重複によって、多くの無駄な労力が発生していたし、顧客も混乱してしまっていた。

　ナショナルオーストラリア銀行はオーストラリア本社での経験を生かし、ヨーロッパのグループ銀行の顧客データをデータウェアハウスに集約統合し、データマイニングおよび分析を使用してターゲティングおよびイベント・ドリブン・マーケティングを行った。顧客へのメッセージ／オファーは、どのチャネルでも一貫して同じものが出されるようになり、重複や齟齬はなくなった。キャンペーンの目的は、顧客のニーズ、行動、CLTVに焦点が絞られるようになった。アウトバウンドでのオファーの提供はタイムリーに行われるようになり、顧客から問い合わせが入った場合には24時間以内に折り返しの連絡が行われるようになった。マーケティングが各顧客のニーズにより一層合ったものとなり、かつ、パーソナライズされたということだ。

　結果は驚くべき水準であった。オファーに対する反応率はすぐに30倍（3000％！）となり、アジャイル・マーケティングのやり方で繰り返しチューニング・調整することで、その後も毎年15％上昇した。解約率は17％減少し、インバウンドとアウトバウンドのマーケティングで連携をとることで、オファー応諾率はさらに20％増加した。さらには、アウトバウンド対象の候補顧客数は全体では22％減少したが、コンバージョン率が15％上昇した。これは、より絞られた良質の顧客にアプローチできたということである。

ピンゴルフ社

　最後の事例として、リアルタイム対応を進めて、マーケティングの成果はもちろん、それ以外の面でも成果を出した企業、ピンゴルフ社を紹介する。ピンゴルフはカスタマイズされたゴルフクラブを製造する中規模の非上場企業だ。クラブはプレイヤーに合わせて、色、長さ、シャフトの柔軟性、グリップのサイズがカスタマイズされ、注文を受けてから48時間以内に発送される。1日の受注数は約3000件、取扱い店舗数は約1万店舗、取扱い卸業者は20社という規模であり、オーダーを受けてからジャストインタイム方式で組み立てるため、なかなか複雑だ。さらに、部品調達のリードタイムに3～12週間を要し、売上が季節・時期によってバラつき、年間売上の40％超が第2四半期に集中しているといった点が、課題を一層複雑にしていた。

　イベント・ドリブン・マーケティングのために整備したリアルタイムのデータウェアハウスおよびアナリティクスを活用することで、この複雑な課題を解決することができた。コールセンターでは15～20人が1日1000～3000件の電話に対応し、平均で1日2000件の受注を処理できるようになった。システムには、1200万件超の部品のシリアルナンバーが保存され、顧客はコールセンターまたはウェブで前と同じクラブを即座に再注文できるようになった。リアルタイムに注文・在庫確認、受注処理が可能となったことで、同社のコールセンターは同規模のコールセンターの中では最大のパフォーマンスを発揮し、高い顧客満足度（CSAT）につながった。イベント・ドリブン・マーケティングのために整備したアナリティクスとデータウェアハウスのITインフラによってマーケティングの成果だけでなく、マーケティング以外の面のパフォーマンスも大幅に向上させることが可能なのだ。

解析マーケティングのビジネスケース
（稟議のための財務計画）

　解析マーケティングは、クロスセルやアップセル、顧客リテンション（解約率の削減）向けに多用される。これらのマーケティング活動はすべて、目

図表 9.5 解析マーケティング用の ROMI テンプレート。(a) はシミュレーションモデルの前提、(b) は ROMI 分析。

前提					
	顧客数	400,000	ゴールド顧客の四半期平均消費額		$13,500
	プラチナ顧客の割合	5%	シルバー顧客の四半期平均消費額		$1,650
	ゴールド顧客の割合	10%	四半期平均消費額の予想増加率		5%
	シルバー顧客の割合	85%	プラチナ顧客の粗利益率		70%
	プラチナ顧客数の予想年成長率	5%	ゴールド顧客の粗利益率		50%
	ゴールド顧客数の予想年成長率	12%	シルバー顧客の粗利益率		2%
	新規オファーの応諾率	2%	税率		38%
	オファー応諾率の上昇率(予測)	5%	加重平均資本コストWACC(割引率r)		14%
	潜在顧客1人にコンタクトするためのコスト	$0.50	キャンペーン頻度		四半期
	プラチナ顧客の四半期平均消費額	$23,750			

システムコスト		
	ハードウェア	$1,500,000
	ソフトウェア	$2,500,000
	プロフェッショナルサービス	$3,000,000
	投資費用=償却対象	$7,000,000

(a)

単位:ドル

ベースとなるケース	時点0	1年目	2年目	3年目
プラチナ顧客からの新規売上		35,625,000	96,781,250	101,620,313
ゴールド顧客からの新規売上		97,200,000	270,864,000	303,367,680
減算:プラチナ顧客についての新規売上原価		(10,687,500)	(29,034,375)	(30,486,094)
減算:ゴールド顧客についての新規売上原価		(48,600,000)	(135,432,000)	(151,683,840)
減算:ゴールド顧客についてのコンタクトコスト		(25,000)	(26,250)	(27,563)
減算:シルバー顧客についてのコンタクトコスト		(120,000)	(134,400)	(150,528)
支払金利前税引前利益(EBIT)		73,392,500	203,018,225	222,639,968
減算:税金		(27,889,150)	(77,146,926)	(84,603,188)
旧キャッシュフロー		45,503,350	125,871,300	138,036,780

解析マーケティングによる改善ケース	時点0	1年目	2年目	3年目
プラチナ顧客からの新規売上		37,406,250	101,620,313	106,701,328
ゴールド顧客からの新規売上		102,060,000	284,407,200	318,536,064
減算:プラチナ顧客についての新規売上原価		(11,221,875)	(30,486,094)	(32,010,398)
減算:ゴールド顧客についての新規売上原価		(51,030,000)	(142,203,600)	(159,268,032)
減算:ゴールド顧客についてのコンタクトコスト		(23,810)	(25,000)	(26,250)
減算:シルバー顧客についてのコンタクトコスト		(114,286)	(128,000)	(143,360)
減算:メンテナンス費		(1,166,667)	(1,166,667)	(1,166,667)
減算:減価償却費		(2,333,333)	(2,333,333)	(2,333,333)
支払金利前税引前利益(EBIT)		73,576,280	209,684,819	230,289,352
減算:税金		(27,958,986)	(79,680,231)	(87,509,954)
純利益		45,617,293	130,004,588	142,779,398
加算:減価償却費		2,333,333	2,333,333	2,333,333
新キャッシュフロー	(7,000,000)	47,950,627	132,337,921	145,112,731
キャッシュフロー増加分	(7,000,000)	2,447,277	6,466,621	7,075,951
正味現在価値(NPV)	4,898,655			
内部収益率(IRR)	45.8%			

(b)

www.agileinsights.com/book よりダウンロード可能(英語のみ)。

に見える新規売上や、解約率の減少の場合は顧客が解約することで失われていた売上の復活という形で結果が出る。マーケティング活動の成果が直接売上として出てくるため、効果測定指標にはマーケティング投資収益率（第5章で説明したROMI）が非常に適している。

　図表9.5では、解析マーケティングにおけるROMIの計算方法と、投資が妥当かを判断する方法の例を示している。このテンプレートは、40万人の顧客を有する企業のアップセル・マーケティングに使用されたものだ。この例では、顧客を、シルバー、ゴールド、プラチナの3つのランクに分けている。アップセルによってシルバーの顧客をゴールドに、ゴールドの顧客をプラチナに押し上げることを目指してマーケティングが設計されている。**図表9.5（a）**は仮の数字を記載したテンプレートなので、あなたの会社に合わせて簡単に変更することが可能だ。**図表9.5（b）**のROMIテンプレートの上部がベースケースの数字だ。すなわち、従来通りのマーケティングを行った場合の業績へのインパクト見込みである。**図表9.5（b）**のROMIテンプレートの下部は、解析マーケティングを実施した場合の効果試算だ。すなわち、解析セグメンテーションおよびターゲット・マーケティングを実施することによる効果見込みである。

　アナリティクスのインパクトとしては、⑴マーケティング・オファーの応諾率の上昇（ここでは5％向上と仮定）、⑵アップセルによる一部の顧客の次のランクへの引き上げ（＝顧客の消費額の増加）、の2つがある。データウェアハウスとアナリティクスの投資には約700万ドルかかる見込みで、それが一番下に記載されている。記載されているのは仮の数字なので、あなたの会社の実際の数字を入れて試算してみてほしい。また、ランク（シルバー、ゴールド、プラチナ）を変更することも可能で、必要に応じてクロスセル、アップセルまたは解約率削減に絞って試算することも比較的簡単にできる。

　解析マーケティングによってオファー応諾率と売上がどれくらい向上するかの見込み値は、業界ごとのベンチマーク・データを使用するのがベストだ。テンプレートに記載されている数字は、かなり控えめな数字だ。しかし、記載されているコストおよび売上の数字はあなたの会社と比べると大きい可能性がある。ITインフラの必要投資額は、顧客数の規模および企業ごとの要

件の複雑さによって変わる（第10章参照）。

　図表9.5のテンプレートは、どのような規模の投資にも利用できる。たとえば、最初のステップとして、数十万ドルを一部の顧客データのみに向けIT投資する場合などは、投資の大きさに合わせて数字を縮小させればよいだけだ。限られた顧客データベースでも、解析マーケティングによって目に見える成果が得られるはずだ。小さく始めることには利点がある。実際のデータ・経験によって自分の仮説・仮定を検証することができ、実績を出すことで組織内での信用力が上がり、今後のマーケティング投資収益率（ROMI）の予測が信頼されやすくなる。解析マーケティング用のROMIに関するより詳しい事例を知りたければ、ハーバード大学のGSTのケース（注6）を参考にしてほしい。

　図表9.5の例では、内部収益率（IRR）は45.8％、正味現在価値（NPV）が490万ドル、投資回収期間は2年未満となっている。これが効果的な投資であることは、ROMI指標を見るとわかる（NPV＞0、IRR＞r、投資回収期間＜2年）。しかし、第5章でも説明したように、感度分析を実施し、想定される最高と最低のシナリオ・結果、また予期されるシナリオ・結果の数値を試算する必要もある。主なリスク要素は、オファー応諾率と顧客の消費額の上昇が実際にどの水準になるのか、また必要なIT投資額がどれほどになるかという変数である。

　次の章では、ITインフラの視点で「何が必要か？」を見ていくことにする。アジャイル・マーケティングで結果を出し、能動的にリスク管理するためにIT部門と協働するための戦略を紹介する。

この章のポイント

- イベント・ドリブン・マーケティングは、アジャイル・マーケティングを一段階上に進めたものだ。データを解析し、適切なオファーを、適切な顧客に、適切なタイミングで提供するようにターゲティングすることで、オファー応諾率（重要指標⑤）を5倍以上向上させることも可能だ。

- 解析マーケティングには3つの定石が存在する。（1）傾向分析モデルで購入可能性を予測する、（2）アソシエーション分析ですぐに活用可能なアソシエーションルールを生成する（この商品を購入した顧客は他に何を購入するか？　などという問いに答えられる）、（3）決定木アプローチにより、イベントや顧客の特徴を変数とした動的セグメンテーションを行う。

- 解析マーケティングのビジネスケース（稟議のための財務計画）は単純だ。重要な財務指標ROMI、つまり重要指標⑦正味現在価値（NPV）、重要指標⑧内部収益率（IRR）、重要指標⑨投資回収期間を使って投資リターンを定量化すればよい。その時の重要変数は、オファー応諾率（重要指標⑤）の上昇幅と、増える注文からの利益（重要指標⑥）の増加額である。

第 **10** 章

データ・ドリブン・マーケティングに必要なITインフラ

何が必要でいくらかかるのか？

本当に必要なデータは何か？

　データ・ドリブン・マーケティングを進めるのに、数百万ドルの予算をかけてITインフラを構築する必要はなく、エクセルなどの簡単なツールを使って始めることができると何回も強調してきた。実際その通りではあるが、エクセルなどではできないこともあるので、ITインフラへの投資が必要になることもある。もちろん、「何が必要でいくらかかるのか？」という問いに対しては、何事もそうであるように「ケースバイケースだ」としか答えようがないのも事実だ。

　たとえば、顧客のライフサイクルを把握する（第3章）ことがデータ・ドリブン・マーケティングの目的の場合には、エクセルを使って始めることができる（注1）。この場合に必要なのは、ブランド認知度、顧客満足度（CSAT）、試乗（お試し）、オファー応諾率（第4章）、マーケティング投資収益率（ROMI）関連の指標（第5章）、新時代のインターネット関連の指標（第7章）のバランス・スコアカードとなる。しかし、能動的に解約率（第4・6章）を管理したい場合や、顧客生涯価値ベースのマーケティング（第6章）をしたい場合、イベント・ドリブン・マーケティング（第9章）をしたい場合には、データウェアハウスと解析基盤が必要となる。それぞれのケースに必要なITインフラの規模やコストもケースごとに異なるが、マーケティング担当者として理解しておく必要があるポイントを説明する。

　マーケティング担当者とマーケティング用のデータベースとテクノロジーの話をすると、「どのようなデータをデータウェアハウスに保管する必要があるのか？」と聞かれることがよくある。しかし、この疑問に答えるためには、まず「ビジネス要件は何か？」を考える必要がある。すなわち、データベースとテクノロジーを使ってどのようなビジネス観点での質問・疑問に回答したいかである。そして顧客数だ。必要なデータ、つまりデータ要件は、回答したい質問・疑問により決まる。

　航空会社を例に考えてみよう。ビジネス観点での質問例は「30〜49歳の上得意客のうち、先月シカゴ〜ワシントンD.C.間のフライトの利用をやめ

図表10.1 情報をアクションにつなげる

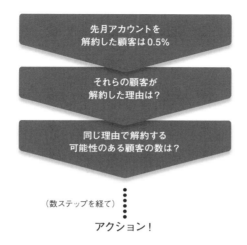

た顧客は何人か？　フライトの利用をやめた理由は？　利用をやめた客の特徴と類似していて、今後離反する可能性が高い高価値顧客層はどの顧客か？　このような離反可能性が高い高価値顧客層の解約率を抑制するためのマーケティングを行った場合のインパクトはどれほどになるか？」などになる。これらの質問に答えるためには、全顧客データベースを検索して該当顧客を抽出できるようになっていなければいけないし、そこから類似するターゲット顧客層を特定できるようになっていなければいけない。その後に発生する質問・疑問に答えるためには、さらなるデータが必要になる。フライトと顧客の属性に関する情報が必要なのはもちろん、顧客生涯価値（CLTV：第6章）を算出するためには企業内に散在するデータを集める必要がある。

　ビジネス観点での質問を1つ設定すると、多くの場合その後に付随した質問・疑問が生まれる（**図表10.1**参照）。たとえば、最初のステップで「先月にアカウントを解約した顧客は何人か？」という質問を設定し、「0.5％」という回答を得たとする。最初のステップは、「何が起きたのか？」というタイプの質問である。次のステップでは、「なぜそれが起きたのか？」というタイプの疑問となる。「顧客はなぜアカウントを解約したのか？」という質

問を通じ、その出来事が発生した理由を追究する。3つ目のステップでは、「同じ理由でアカウントを解約する可能性のある顧客は何人存在するのか？」という質問となり、未来に何が起こるかを予測する。この質問に答えるために、さらにいくつかのステップが繰り返され、様々なデータが収集・分析され、最終的には、収集・分析した情報をもとに、アクションを決める。

第6章の顧客生涯価値（CLTV）を算出するには、顧客との全タッチポイント（接点）における費用・売上関連のデータが必要となる。小売業の場合、タッチポイントには、店舗、ウェブ、カタログ、再販業者などが含まれる。コストに関しては、製造コスト、保証コスト、サービスコスト、返品、顧客獲得コスト、顧客維持コスト、割引などが含まれる。また、ダイレクトメール、Eメール、ウェブサイトなど個々の顧客にマーケティングするためのコストもある。これらのデータはほとんどの場合、企業内の複数のデータベースに点在している。質問に答えるためには、各データベースのデータを中央のデータベースに集約し、解析できるようにする必要がある。この中央のデータベースが、エンタープライズ・データウェアハウス（EDW）と呼ばれる。

図表10.2は、CLTV分析に必要なデータを示している。この図を見れば、顧客別収益性を算出するために必要なデータがいかに多くの部門に散在しているかがわかる。これらのデータは複数の異なるデータソースからのデータである。したがって、CLTV分析をするには複数の異なるデータベースからデータを収集・統合する必要があり、それはかなり複雑で大変な作業となる。

しかし、最も重要なのは、作業ではなく、思考プロセスの流れである。まず、マーケティング／ビジネス面で解決しようとしている問題を把握し、その問題を解決するために回答する必要がある質問・疑問を設定する。設定した質問・疑問によって、必要なITインフラとデータの要件が決まってくる。また、顧客数、詳細データの必要性、クエリーと分析の複雑さの度合い、想定していなかった分析への対応可能性などの要素も、ITインフラとデータの要件に大きく影響を与える。

図表10.2　顧客生涯価値（CLTV）を算出するには複数部門のデータが必要

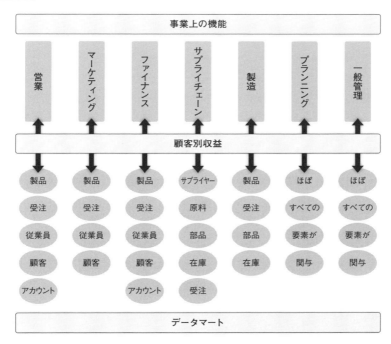

出所：www.wintercorp.com（リチャード・ウィンター）

必要なインフラは戸建て住宅の規模か、高層ビルの規模か？

　データベース・インフラの規模は、2つの軸により決まる。1つの軸は顧客数、もう1つの軸は要件の複雑さの度合いだ。顧客数はEDWの大きさに直接関係する。というのも、顧客関連のデータは、顧客との各種コミュニケーション（購入、コールセンターへの電話、返品など）によって生成され、それらのデータはCLTV分析のために3〜5年保存する必要があるため、顧客数が多い場合、データ量はすぐに膨大になる。それに加えて、2つ目の軸である要件の複雑さの度合いとの相乗効果により、ITインフラにかかる費

図表10.3 データウェアハウスのITインフラの規模比較表

	小規模	中規模	大規模
たとえ	戸建て住宅	中規模オフィスビル	高層ビル
床面積 （平方フィート）	2,277（米国の新築 戸建て住宅の中間値）	26,300（3階建ての オフィスビルの平均値）	2,158,000
規模（倍）	1	12	948
顧客 データウェアハウス	地元小売店 10店舗	地方チェーン 400店舗	大規模小売企業 5,000店舗
顧客数	100,000	1,000,000	100,000,000
データ量（TB）	1	10	1000
システム導入費用 （予測）	5万〜25万ドル	50万〜250万ドル	5000万〜2億5000万ドル

出所：www.wintercorp.com（リチャード・ウィンター）、www.agileinsights.com（マーク・ジェフリー）

用や求められる複雑さが増大していく。これに関しては、後で詳しく説明する。

　図表10.3は、小、中、大の3つの規模の企業のITインフラを比較した概念的な表だ。規模が大きくなると複雑さの度合いが増しているのが理解してもらえるだろう。小売業を例として説明しているが、他の業種にも当てはまる。規模と複雑さの度合いによるITインフラ構築の困難さの違いを理解するには、規模の異なる建物の建造を想像すればイメージしやすくなるだろう。データ・ドリブン・マーケティングのITインフラを建物にたとえると、小企業は戸建て住宅、中企業は中規模オフィスビル、大企業は高層ビルとなる（**図表10.3**参照）。

　図表10.3での小規模企業は、店舗数10店、顧客数10万人の地方小売店だ。この規模の事業に必要なデータウェアハウス・インフラの規模を、戸建て住宅の規模だとする。米国の国勢調査によると、米国の戸建て住宅の平均床面積は2277平方フィート（211平方メートル）だ。10万人の顧客を抱える地方小売店のデータ量はおよそ1TBになる。このデータ量の見積もりは、顧客1人につき10MBのデータ量が発生するという前提で計算している。この顧客

1人あたりのデータ量は、現実的な平均値（注2）である。分析の複雑さの度合いに関する要求水準が平均的なものであるとすると、この量のデータを保存・分析するシステムを構築するには、データベース・インフラのハードウェアとソフトウェアに5万ドルから25万ドルを投入する必要がある。ただし、この費用はラフな概算であり、規模による費用の違いの相対感を理解するための参考程度と考えてほしい。

次に、中規模の小売店チェーンのITインフラは、中規模オフィスビルにたとえることができる。平均的な中規模オフィスビルの床面積は2万6300平方フィート（2433平方メートル）であり、戸建て住宅の12倍だ。小売店の規模としては、店舗数400店、顧客数100万人の地方チェーン店だ。データ量は10TB程度となり、小規模の小売店の10倍となる。より大規模なITインフラが必要になり、分析の複雑さの度合いにより、その費用の幅は50万ドルから250万ドルとなる。これもあくまでも参考のための概算であることを忘れないでほしい。

3番目の規模は、全国に5000店舗、顧客数が1億人の小売全国チェーン店となる。これは最大規模の小売チェーン店であり、床面積215万8000平方フィート（20万485平方メートル）のエンパイア・ステート・ビルのような高層ビルにたとえることができる。高層ビルは、戸建て住宅の1000倍近くの床面積になる。データ量は1000TBになり、地方小売店の1000倍である。この規模のデータとクエリーを扱うには、5000万ドルから2億5000万ドルを投入した高性能な業務用データベース・インフラが必要になる。ただし、これも費用の相対感を持ってもらうための概算だ。

ビジネス観点のどのような質問・疑問に回答できるシステムにするか、すなわちデータ要件によって費用は大きく変わるわけだが、その費用は戸建て住宅の規模の数十万ドルから高層ビルの規模の数千万ドル以上といった大きな幅があるということだ。大規模データウェアハウスの設計およびアーキテクチャーの専門家であるウィンターコープ社CEOのリチャード・ウィンターは次のように説明する。

「建物の建設に投資決定をする際に建物の規模や複雑さの概要を理解す

る必要があるのと同様に、データウェアハウスへの投資決定をする際には、データウェアハウスの規模と複雑さの概要を把握しておく必要があります。戸建て住宅を建設しようとしているのか、超高層ビルを建設しようとしているのかを認識しておく必要があり、それにより、設計、エンジニアリング、建設の管理の仕方が変わってきます。データウェアハウスは目に見えないため、経営幹部は戸建て住宅のようなデータウェアハウスを建設するつもりで、実際は超高層ビルの規模と複雑さのデータウェアハウスの構築に着手してしまっていることがあります。こういった場合、大きな失敗につながります」

　このような悲劇は、システム部門が戸建て住宅規模のシステム構築の経験しか持っていない場合に起こりやすい。「ハンマーを持つ人には、すべてが釘に見える」という格言があるが、これはITにも当てはまり、戸建て住宅の設計の経験しかない場合、マーケティング用のITシステムすべてが戸建て住宅規模に見えるのだ。ここで問題になるのはシステムの拡張性だ。顧客が増えた場合、システムを拡張することは可能だろうか。つまり、少ない顧客数に適したシステムで、多数の顧客にも対応できるかどうかだ。
　システム拡張性に関する失敗は想像よりも多く発生しており、世に知られてしまうことも多い。2001年、AT&T社は、モバイルワイヤレス関連の総合サービスmLifeのために新しいブランディング・キャンペーンを立ち上げた。このキャンペーンには2000万ドルが投入され、2001年のスーパーボウル期間中に実施された。TVコマーシャルは非常にシンプルで、白地の背景にwww.mLife.comの文字が映された。しかし、このTVコマーシャルを見たスーパーボウルの1億人超の視聴者をがっかりさせる結果となった。ウェブサイトへのアクセスが増えすぎて、サイトが落ちてしまい、mLifeが何を意味しているのかも、AT&Tのサービスであることもわからないまま、終わってしまったのだ。これはマーケティング部門とシステム部門のコミュニケーションがとれていないプロジェクトの典型例だ。
　別の事例として、店舗数数百店、売上100億ドルの食料品チェーン店が、欠品防止用の新システムの導入を試みた際の失敗も紹介する。この食料品

チェーン店では有機栽培の生鮮食品を販売しており、市場調査を通じて欠品を防げば利益と顧客満足度が大幅に向上することがわかった。POS（ポイント・オブ・セールス）データを分析し、補充する必要がある製品（たとえば、果物、ヨーグルト、魚、牛肉など）を毎日特定するという構想を計画した。夜9時に閉店した後、深夜から朝5時までの間に流通センターの倉庫で特定された製品をトラックに積み込み、朝6時には店舗に到着するようにすれば欠品は防げるという算段であった。

システム部門が構築したエンタープライズ・データウェアハウス（EDW）は、実際には使いものにならないシステムだった。数百の店舗を分析するどころか、1店舗分のデータを分析するのにシステムの全キャパシティが必要になってしまい、計算に一晩かかってしまうのだ。必要だったのは、数百の店舗のデータを夜9時から真夜中の12時までの3時間で分析できるシステムであったのに。論理的な流れは正しかったが、莫大なデータ処理に必要なキャパシティについては誰も考えていなかったため、役に立たないシステムになってしまった。経営陣はシステム要件を正しく把握していなかった。ウィンターは次のように説明する。

> 「データウェアハウスの拡張性の問題は、最悪のタイミングで表面化します。問題の原因は、データベースの設計、エンジニアリング、構築といった段階で発生します。曖昧な要件や、適切でないプラットフォームの選択といったことが原因です。しかし、問題が表面化するのはシステムが大規模に本格運用されてからなのです。早い段階で判明したシステム拡張性の不備は容易に修正できますが、後になって表面化したシステム拡張性の問題は、プロジェクトや担当者のキャリア、時には企業そのものをダメにしてしまいます」

マーケティング部門の幹部は、ITが専門分野ではないため、ITに対して苦手意識を持っているケースも多い。しかし、データ・ドリブン・マーケティングのリーダーであることは、サッカーチームのオーナーであることに似ている。選手をトレーニングしたり、プレイの指示を出したりはしないが、

チームの運営に必要な金銭面を管理し、チケットを売ってスタジアムを満員にすることが仕事だ。

マーケティング担当者である読者は、どのようにマーケティングのためのITインフラ構築に関わるべきか。あなた自身が詳しい分野であればどのようにしているかを考えてみてほしい。マーケティング部の同僚・部下が、非現実的な売上目標のマーケティング・プランを提示した場合どうするだろうか。恐らく、その目標が達成可能かどうかを徹底的に質問するだろう。「前提は？　市場調査のデータは？　実行するステップは？」などといった質問だ。データ・ドリブン・マーケティングのITインフラに関しても考え方は同じだ。

もしシステム部門の能力に疑問を感じたら、システム拡張性にどのように対応するかのプランを提示するように求めるのだ。前出の食料品チェーン店の例におけるビジネス観点での問いは、「500店舗からのPOSデータをEDWに集約し分析を真夜中までに終わらせ、必要な食料品を朝5時までにトラックに積み込めるか？」だ。このシステムがうまくいくと考える根拠を、エンジニアリングの観点から説明してもらうのだ。計画を評価するのに外部の専門家を活用する手もある。

サッカーチームのオーナーは、ゴールポストが正しい場所に設置されているか、チームが正しい課題に取り組んでいて、得点をするための合理的なプランがあるかを確認する必要がある。これと同じだ。解決しようとしている課題の規模を理解している必要があるのだ。そうすることで、データ・ドリブン・マーケティングに必要なITインフラが戸建て住宅の規模なのか、高層ビルの規模なのかを把握することができる。データ・ドリブン・マーケティングにとってテクノロジーは非常に重要であるため、システム部門だけに任せてはいけない。

要件の複雑さの度合い

顧客数の規模によって必要なデータウェアハウスの規模が決まることは見

図表10.4 課題の種類の定義——規模と要件の複雑さ

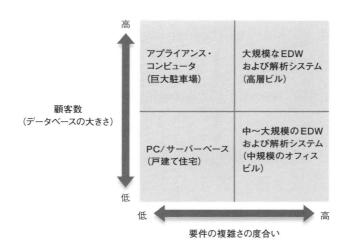

てきた通りだ。次に重要な軸は、要件の複雑さの度合いだ。**図表10.4**は、必要なデータウェアハウス・インフラを検討するためのフレームワークである。顧客の規模と要件の複雑さの度合いの2軸に基づいている。すでに説明したように、データ要件の複雑さの度合いは、どのようなビジネス観点での質問・疑問に回答できるようにしたいかによって決まってくる。

小売店を例にとって説明しよう。複雑さの度合いが低い場合、**図表10.5**のようなデータの関係図になる。このような場合、ビジネス観点での質問・疑問はシンプルなものが想定されている。「何が、どこで、いつ、売れているのか？」だ。必要なデータは売上トランザクション関連のものだけで、分析する軸は製品、顧客、店舗、日付の4つのみだ。分析は非常にシンプルで、一晩で行うことができる。もし知りたいことがこれだけで、顧客ベースが少ない場合、システムは安価で、前出の戸建て住宅の比喩に該当する。大きい顧客ベースを抱えている場合でも、データの関係性が**図表10.5**のようにシンプルであれば、大量のデータに対応するためのシステムの拡張は容易だ。この場合、莫大なトランザクションが発生する可能性はあるが、分析はシンプルで、データのテーブルは1つだけであるので、データマート・アプライ

図表10.5 複雑さの度合いが低い小売の販売データ関係図

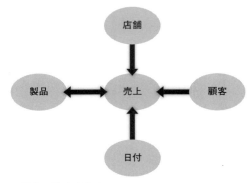

出所:www.wintercorp.com（リチャード・ウィンター）

アンス（訳注:特定の部門の目的別に構築されたデータベースのシステム）で対応することができる。

　データマート・アプライアンスは、単機能の電子レンジのようなものである。そのような電子レンジには、食べ物を温める機能しかないように、データマート・アプライアンスは、機能が限られている低価格のITシステムだ。マーケティング用のデータマート・アプライアンスは、比較的シンプルな関係のデータ（**図表10.5**は典型例）用であるが、大量のデータを扱うこともできる。**図表10.4**で左上にあたる、複雑さの度合いが低くデータ量が多いケースだ。この場合は、戸建て住宅にたとえるより、2.5平方キロメートルの巨大な駐車場のような、非常に大きいが単純な構造物を建設しているとたとえた方が適切だ。キャパシティを拡張するためには、同じ形状・スペックの駐車スペースを追加すればよいだけだ。

　ビジネスの観点での質問・疑問に回答するのに様々な場所で保管されているデータを必要とし、データベースへのクエリーが複雑になる場合に、要件の複雑さの度合いは増加する。**図表10.6**は、小売業におけるCLTVのデータの関係図の例だ。この場合、分析する問題も関連するデータテーブルも複数存在し、関係性は入り組んだものとなる。非常に複雑なデータ関係図では、数千を超えるデータ項目と関係性が関わってくる。

図表 10.6　複雑さの度合いが高い顧客生涯価値（CLTV）を算出するために必要なデータの関係性

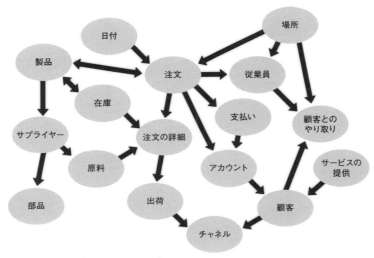

出所：www.wintercorp.com（リチャード・ウィンター）

　必要なインフラストラクチャーの規模は、顧客数よりも要件の複雑さの度合いに、より影響される。**図表10.4**の右下の部分にあたるのが、顧客数は比較的少ないが複雑さの度合いが高いケースだ。B2B顧客100万社を有する大手メーカーを例として考えてみよう。顧客関連のデータ量は1TBのみであるため、複雑さの度合いが低ければ、戸建て住宅の規模のITインフラで十分だ。

　しかし、この企業には1万人の営業マンが所属しており、それぞれの営業マンはクライアントのマネジャーを専属で担当しているため、そのマネジャーが異動もしくは転職すると担当営業マンとしてついていくというのが、この企業の営業のルールだ。

　営業マンがクライアントのマネジャーを人レベルで担当することで、営業マンはクライアントと長期的な関係を築くことができる。しかし、営業マンが複数の製品と顧客を抱えることになるため、データの関係図は非常に複雑になる。

100万社の顧客企業についての顧客データそのものの量は1TBだ。しかし、複雑な関係についてのデータの量は10TBとなる。ということは、複雑さによって実際のデータ量は11TBになる。複雑さの度合いを上昇させているのは、100万社の顧客企業、1万人の営業マン、10万を超えるクライアントのマネジャーとの特別な関係、1万点を超える製品などの組み合わせや順番だ。「今四半期のX地区におけるY製品の販売量の見込みは？」という質問は、一般的には地域、製品、顧客に関連するデータがあれば回答できるシンプルな問いであるが、この企業の場合、数多くの組み合わせや順番を考える必要があり、悪夢のような複雑な作業となるのだ。

　複雑さの度合いについて最後にもう1点。要件に「リアルタイム性」が入ってくると、複雑さの度合いは10倍になる。たとえば、第6章での事例、ロイヤル・バンク・オブ・カナダ（**図表6.7**）のように、コールセンターが顧客とやりとりする際に、その場で顧客生涯価値（CLTV）分析が行われて、CLTVに応じた臨機応変の対応をする場合だ。**図表10.4**の右上の部分にあたるのが、エンパイア・ステート・ビルのような超高層ビルの規模のITインフラである。顧客数が多く、要件が非常に複雑だと、このようなITインフラが必要になる。このレベルのデータ・ドリブン・マーケティングのITインフラを構築するには、5000万〜2億5000万ドルがかかる。

　ここまで紹介してきたITインフラの検討方法だが、数千万ドルの投資が必要になる可能性があると考えると腰が引けてしまうかもしれない。しかし、確実に勝てる戦略が存在する。データの関係図を事前によく検討してほしい。データの関係図は、ビジネス観点での質問・疑問に答えるために何が必要かを考える地図のようなものだ。ビジネス要件によって、必要なITインフラが戸建て住宅の規模なのか、超高層ビルの規模なのかは決まる。超高層ビルが必要となっても、いきなり超高層ビルを建設する必要はない。成功している企業は、小さな規模で始めている。最終的に必要なデータの関係図をあらかじめ理解しながら、少しずつ積み上げていくのだ。まず、価値の80％を生む20％のデータについてのシステムを構築する。そうすることで、**図表10.5**のようなシンプルなデータの関係図から始めることができる。まずそこで成果を出してから、**図表10.6**のような複雑なデータの関係性に対応で

きるITインフラへと発展させていくのだ。

　重要なのは、最終的に必要なデータの関係図が**図表10.6**のような複雑さの度合いを持ち合わせているケースでは、あらかじめ計画をしておく必要があるということだ。たとえば、アマゾンはインターネットでの書籍販売の事業から始まったが、その理由は、品番のバーコードを簡単にスキャンできる商品として書籍の品番数が非常に多く、かつ、書籍は保管・出荷が扱いやすかったことだ。現在ではアマゾンはありとあらゆる物を販売しているが、前もって計画してきたため、全システムを再構築する必要がなかったのだ。

データウェアハウスへ既存のデータベースをそのまま移すべきか、データベースを再構築するべきか？

　コンチネンタル航空は1995年の時点で社内に45のデータベースが散在していたが、これらのデータベースを1つのデータウェアハウス（EDW）に集約し、年間500万ドルの経費削減に成功した。コスト削減は様々な面からもたらされた。データベースのベンダーとの契約を集約することによる外注費の削減や、システムの物理的なスペースが減ったことによる間接費の削減もあったが、データベース管理者の人数が減ったことによる人件費の削減が最も大きかった。複数の異なるデータベースを1つのEDWに統合することによって削減できるコストの試算はシンプルである（注3）。しかし、そのビジネスケース（稟議のための財務計画）を考えるにあたって、避けなければいけない落とし穴がある。それは、新しいデータウェアハウスへ既存のデータベースを移すだけにするか、それとも新しいデータウェアハウスを作る際にデータベースを再構築するかという検討を十分にしないで新しいデータウェアハウスへの移行を決めてしまうことだ。

　既存のデータベースをそのまま移す場合は、小さなデータベース内の既存データを取り出し、そのままの状態でEDWに移行する。独立したデータマートが50存在している場合、構築されるEDWの内部には50の独立したデータベースが存在することになる。統合された1つのシステムの中にデータベースが存在するので、データベースの維持費と人件費は大幅に削減され

るが、データは前と同じままとなる。そのため、複雑なビジネス観点での質問・疑問に答えることはできないままとなるのだ。

　ここまでの話をシステム部門の領域の話と思うかもしれないが、マーケティング部門もデータマートの統合については理解しておく必要がある。というのも、データをデータウェアハウスに集約したのに、マーケティング観点での基本的な質問・疑問への回答も得られないことに業を煮やすマーケティング部門幹部が非常に多いのだ。なぜそのような事態になるかというと、IT部門はデータウェアハウスへの集約によるコスト削減にしか興味がなく、ビジネス観点での質問・疑問を考えようとはしないからだ。それを考えると、データベースの再構築が必要となり、コストが増えてしまうからだ。

　データベースの再構築とは、複雑なクエリーやデータの入り組んだ関係性を考え抜き、データの関係図を最適化し、全社的な視点で重要なマーケティング観点での質問・疑問に回答できるようにすることである。データベースの再構築にはかなり費用がかかるが、効果も莫大になり得る。とある大手金融機関のために、データベースの単純移行と再構築の違いを計算したところ（注4）、再構築のNPV（正味現在価値）が単純移行の場合のNPVの4倍にもなることが判明したことがある。

失敗パターンを予習して失敗を回避しよう

　大規模なITプロジェクトが失敗して頓挫することはよくあり、データ・ドリブン・マーケティング用のEDW構築プロジェクトも例外ではない。毎年数千件のITプロジェクトを調査しているスタンディッシュ・グループ社によると、ITプロジェクトの72%でスケジュールが遅れたり予算がオーバーしたりする。つまり、計画通りシステムが完成する可能性は、たった28%だ。さらに、EDWの場合、他のITプロジェクトよりも難しい。バーバラ・ウィクソムおよびヒュー・ワトソン（注5）によると、新しいデータウェアハウス・システムが成果を出していないと考える経営陣は55%にのぼる。

　この芳しくない数値を見ると、EDWではなく、別のアプローチを選びた

くなるかもしれない。しかし、失敗のパターン・原因は解明されている。ウィクソムとワトソンによると、重要なリスク要因は次の通りだ。

- EDWを導入する目的がしっかりと定義されておらず、フォーカスとビジョンが欠けている。
- 経営陣からのサポートと十分な予算を得られていない。
- プロジェクトを推進し、ヒト・モノ・カネ・情報、社内政治に関して支援をしてくれる経営幹部がいない。
- 社内政治と社内文化に関する問題。
- 予算、時間、人材などリソースの欠如。
- システムの拡張性の問題。超高層ビル級のITインフラが必要なのに、戸建て住宅級を構築してしまった場合など。
- 開発技術の問題。新しい技術を使用したシステムや、間違った技術を選択してしまった場合など。
- スキルの欠如。開発チームが必要なスキルを有しておらず、必要なスキルを身につけるのに適切なトレーニングも受けていない。巨大なEDWプロジェクトを成功させるには、非常に優秀なプロジェクトマネジャーと経験豊富な開発チームが必要だ。
- 既存のデータベースの質。この後に説明するが、驚くほど大きな問題だ。
- 外注開発先への依存。開発に外注を使用するケースが多いため、社内システム部門は納品されるものを受領するだけで、その納品物がマーケティング担当者が求めているシステムでなかったり、外注開発先がいなくなった後に社内システム部門でメンテナンスできなかったりする。
- 必要なスキルの変化および人事異動。大プロジェクトの重要人物がチームを離れる事態は頻繁に発生する。外部に委託している場合は、契約で縛ることは可能。
- エンドユーザーが参加しないことで発生する、ニーズ・要件に関する理解不足。開発にマーケティング・チームが関与しなければ、データ・ドリブン・マーケティング用EDWのITプロジェクトは始まる前から失敗している。

- トレーニングの欠如。システムを構築した後に、システムの使用方法に関するトレーニングが提供されない。

　このリストは、実践に役立つチェックリストなので、活用してほしい。どのリスク要因も気をつけなければいけないが、特に、ビジョンや経営陣からのサポートの欠如、社内政治、リソースの欠如、システムの拡張性、データベースの質には気をつけなければならない。ビジョンが欠如しているケースは、驚くべきことに頻繁に発生する。ある大企業では、EDW の構築に3000万ドルを投資してシステムを構築したものの、そのデータを使用して何をするのか具体的に考えていなかった。そのため構築したシステムはビジネス側のニーズを満たすものとはならなかった。これこそが、まず小さな規模で始めて実践で学ぶことが大切な理由だ。巨大なシステムを構築する前に、第1章で紹介したデータ・ドリブン・マーケティング戦略を立てる必要がある。

　データの質も特に悩ましい課題だ。多数のデータベースが社内に散らばっている大企業の場合、各データベースに保存されているデータのフォーマットが異なっている可能性が高い。そうすると、データベースのレコードが重複したり異なったりしてしまうため、1人の顧客について複数のデータやデータ記述が存在することになってしまう。さらに同じ内容・対象をデータベースによっては異なる名称で保存していることがあり、これが問題をさらにややこしくする。こういった点により、データをクリーニングし、抽出してEDW にデータ移行するのは、非常に難しく、時間・手間がかかる。ある企業では、顧客データが入った70の社内システムを分析したところ、実際の顧客数は2000万人だったのだが、顧客 ID はなんと2億件にもなっていた。

　別の例を紹介しよう。コンチネンタル航空は、上得意客の誕生日にお祝いの手紙を送るキャンペーンを企画した。手紙では、顧客と同社のつきあいの年数を強調する予定であった。しかし、このキャンペーンのためにデータをクリーニングすることは容易ではなかった。日付のフォーマットが、ヨーロッパとアメリカで異なるばかりでなく、顧客獲得日の記録が1990年代後半からしかなかったため、データには大きな空白があったからだ。

　こういった話でデータ・ドリブン・マーケティングの実現は難しいと諦め

ることはない。しっかりと取り組めば、大規模なデータ・ドリブン・マーケティングのITインフラの構築も可能である。すべての問題を一度に解決しようとしない方がよい。データ・クリーニングの課題は、たとえば150の対象分野がある場合、整理してデータの中身を確認し、そのデータで何をしたいのかをしっかりと定義して対応すべきだ。重複データ、欠損データ、誤データ、誤単位などが存在すると必ず問題が発生する。先に分析を行ってどのような問題があるかを明らかにし、対象分野を絞ってデータの統合を行う。たとえば6カ月に3分野を統合するといったペースでだ。本書の他の箇所でもたびたび述べているように、段階的に価値を生み出しながら、明確な最終目標に向かうためのロードマップを描いておくことだ。

実務経験の少ない専門技術者は、データ統合を論理と順序にきっちり従って進めがちである。というのは、彼らはエンジニアであるからだ。しかし、論理的・技術的に正しい方法というのは、ビジネスにおいても正しいとは限らない。たとえば、もしウィスコンシン州で顧客の流出が起こっている場合、ウィスコンシン州のデータの統合と分析を最優先する必要がある。繰り返すが、データ関係図やデータ管理は、非常に大切であるため、エンジニアだけに任せておくことは避けなければいけない。

EDWを進めるにあたって、社内政治は避けることのできない課題だ。それは、EDWというものが、社内各部門のデータに関係し、各部門に部門内データの管理を手放してもらわなければいけないシステムであるからである。社内政治がうまくいかないと、縄張り争いや抵抗が生まれ、部門によっては合意・協力が得られず、データの統合が困難になり、推進・完了させるためのリソースが不足する。これを防ぐために、経営陣の支援とリーダーシップが非常に大切となる。

第2章では、データ・ドリブン・マーケティングの5つの障壁と、社内政治を乗り越え経営陣のサポートを得るための戦略を紹介した。その内容を振り返ると、早く結果を出し、データ・ドリブン・マーケティングの方法で多大な効果を定量化して示すことで、経営陣の支援と後ろ盾が得られる可能性は高くなり、取り組みを拡大していくことができる。第2章と6章では、ロイヤル・バンク・オブ・カナダとコンチネンタル航空の事例を通じて、その

プロセスを説明したが、次の節では、ハラーズ・エンターテインメント社がカジノ業界向けの超高層ビル級のITインフラを構築した際の事例を解説する。

ハラーズ・エンターテインメント社（カジノ）データ・ドリブン・マーケティング用ITインフラのシステム構成

カジノゲームは米国で人気のエンターテインメントで、遊技人口は数千万人と非常に多い。ハラーズ・エンターテインメントは世界最大のカジノ企業として、米国と英国を中心に、カジノホテル、波止場や川の遊覧船上でのカジノ、ネイティブアメリカン・カジノ施設など約50件のカジノ施設を所有・運営・管理している。ブランド名は、バリーズ、シーザーズ、ハラーズ、ホースシュー、リオなどだ。2005年、94億ドル相当の現金、株式、債券で、競合のシーザーズ・エンターテインメント社を買収。これにより、MGMミラージュ社とマンダレー・リゾート・グループが合併した競合企業よりも規模の大きい、世界最大のカジノ企業としての地位を確立した。その後2008年に、TPGキャピタル社とアポロ・グローバル・マネジメント社の関連投資会社がレバレッジド・バイアウト（LBO）でハラーズ・エンターテインメントを買収し、ハラーズは非上場となった。

TPGキャピタルとアポロ・グローバル・マネジメントによる買収前の数年間、上場していたハラーズ・エンターテインメントは、非常に素晴らしい業績を残している。業界内だけでなく他業界からも最高と評されるデータ・ドリブン・マーケティングのITインフラを構築していたのだ。昔の話にはなるが、2004年までに同社が行ったITインフラ構築の経緯から、今でも当てはまることが多く学べるので、ここで紹介する。

1990年代初頭にいくつかの州でギャンブル関連規制が緩和されたのに伴い、ハラーズは事業を急拡大した。しかし、1990年代中盤には競争が激化し、同社は苦戦を強いられた。そこで、経営陣はデータ・ドリブン・マーケティングと顧客ロイヤルティ（注6）に基づく新たな戦略を策定したのだった。

米国のカジノ業界において、同社は当時から現在に至るまで、どの競合他

社よりも多様な地域にカジノを展開している。これが同社の競争優位性につながる可能性があった。第1章で紹介したように、マイケル・ポーターによると、企業の持続可能な競争優位性とは模倣が困難な一連の活動から生まれるものである。今回のハラーズのケースでは、同社の地域展開が競争優位性につながる可能性があった。しかし、この優位性が収益につながるかは不明であった。

　1990年代半ば、CEOのフィル・サートルとマーケティングサービス部シニア・バイス・プレジデント兼CIOのジョン・ブーシーは、異なる地域間でのカジノ利用の促進（クロスマーケット）に大きなチャンスがあることに気づいた。というのも、米国では、成人の4人に1人が、年に1度以上カジノで遊び、そのうちの4人に1人が年に2度以上、複数の地域でカジノゲームをしているのだ。たとえば、ペンシルベニア州フィラデルフィアに住むある顧客は、年に数回はニュージャージー州アトランティックシティに行き、ハラーズのカジノで遊ぶ。この顧客はギャンブル好きで、年に1度はラスベガスへ、1、2度はニューオリンズに行き、カジノを楽しみ、旧友や親戚とも再会する。

　とはいえ、アトランティックシティでハラーズのカジノを利用しているからといって、他の都市でもハラーズのカジノを利用するとは限らない。特にラスベガスには巨大な噴水を有するベラージオや、火山噴火ショーで有名なミラージュ、ピラミッド型のルクソールなど、面白いカジノホテルが多く存在するのにラスベガスのハラーズのホテルは、ずっと地味だ。観光客を引き込むような豪華なアトラクションは存在しない。

　ここで、第9章で紹介したロウズ社の事例を思い出してほしい。ロウズで材料を購入してデッキを完成させた顧客は、その次に高い確率でバーベキューグリルを購入する。しかし、ライバルの小売店は他に多く存在するため、バーベキューグリルもロウズ社で購入するとは限らない。そのため、同社はデッキの材料を購入した直後の顧客をターゲットとしてダイレクトメールなどを送付したのだった。

　ハラーズが当初データ・ドリブン・マーケティングのシステム・体制構築に可能性を見出したのは、ロウズの事例のようなマーケティングについて

だった。もしハラーズが顧客一人ひとりの価値を識別して、複数の地域でカジノをする顧客を特定することができたら、異なる地域にある店舗の利用（クロスマーケット）を推奨するターゲット・マーケティングを行うことができる。顧客別の価値を把握できれば、顧客の維持・離反防止のマーケティングも顧客価値に応じて行うことが可能となる。戦略を推進するためのデータの重要性は、1996年の取締役会で2000年に向けたビジョンを策定している時に掲げられた。「ハラーズは、カジノ業界を独占しています。当社のシステムとプロセスは業界で最も競争力が高いものです。最高の顧客データベースを活用して、顧客を一人ひとりの個客としてもてなすことができます」と発表されていた。

ハラーズは、カジノ業界初の「マイレージカード」を開始し、「トータル・リワード」と名づけた。全スロットマシンとPOSシステムをネットワークでつなげ、トランザクション・データを各顧客のトータル・リワード番号と紐付けするITインフラの構築に、最初の2000万ドルが投資された。カジノゲームでの実際の勝敗金額のみならず、カジノの運営元であるからこそ算出可能なカジノ収益の期待値・理論値と実際の利用金額から各顧客の顧客生涯価値（CLTV）が計算される。

勝ち負けの確率がランダムであるため、実際の勝敗金額のみからカジノビジネスでのCLTVを予測することは難しいということが判明した。しかし、たとえばスロットマシンは運営元に「有利」に設定されており、運営元は理論的・確率的に勝つようにできており、当該ゲームでの個々の顧客からの期待収益値が算出可能だ。ランダムである実際の勝敗金額よりも、理論的・確率的な期待収益額を利用してCLTVを計算するようにしたのが、この頃のハラーズが生み出したイノベーションのひとつだ。

ハラーズのカジノ施設で遊んだ後、CLTVが基準値以上の顧客は、そのカジノ施設から帰ってすぐに別地域にあるカジノ施設の利用を推奨するオファーを受け取ることになった。CLTVが高ければ高いほど、価値の高いオファーが提供される。この施策の結果は素晴らしいものであった。複数の地域でのカジノ施設の利用が5年で68％以上増加し、データ・ドリブン・マーケティングへの投資リターン（ROI）は、オファーのコストも含め24％とい

う結果となった。データ・ドリブン・マーケティングの推進を勢いづける最初の大勝利であった。

1998年までに、ハラーズは統合顧客データベースと3年分のトランザクション・データの整備を進め、複数地域でのカジノ施設の利用が大幅に増加していることをデータで明らかにした。コンサルタントであったゲイリー・ラブマンは、1998年にハラーズ社の最高執行責任者（COO）となった（さらに2003年にはCEOに）。サートル、ブーシー、ラブマンの経営陣は、豊富な顧客データを使用しハラーズを次のレベルに進める非常に大きなチャンスを認識していたのだった。

複数の地域間でのカジノ利用（クロスマーケット）の促進に成功したハラーズは、次にポイントプログラムに取り組んだ。1999年、トータル・リワードのメンバーをゴールド、プラチナ、ダイアモンドに区分し、メンバー区分によって異なるサービスを提供することを始めた。メンバー区分によりチェックインの列が異なり、無料特典のレベルが異なるため、顧客はメンバー区分の違いを意識するようになり、他社でしていたカジノ利用をハラーズに集約させるインセンティブを持つようになった。顧客価値、顧客1人あたり売上の分布に構造的な変化が生まれたのだ。ITインフラへの追加投資は140万ドルとなり、その投資に対するROIは35%となった。

次のステップは、特典プログラムとウェブサイト（www.Harrahs.com）をつなげることであった。まずは、ホテルをオンラインで予約できるようにすることで、予約サービスを低コストで提供し、コールセンターを通じた予約よりもコストを大幅に削減するのが狙いであった。後に、顧客がトータル・リワード・ポイントをオンラインで管理し、オファーを確認することができるようにしたのだが、これによりハラーズはメールを使ったマーケティングが実施できるようになった。顧客獲得とセルフサービスでの予約の実現を主な目的として、990万ドルが投入された。新しいITインフラでは、カジノ・スロットマシーンのシステムとホテルのシステムがインターネットで接続・統合された。この投資のROIは18%となった。ここまでの最初の3つのデータ・ドリブン・マーケティング関連の施策（複数の地域間でのカジノ利用・クロスマーケット促進、トータル・リワードの会員区分・ポイントプログラム、ウェ

図表10.7　1部屋あたりの利益を最大化してホテルの客室在庫を最適化するための収益管理モデル

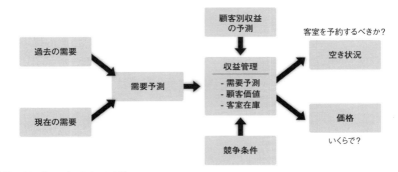

出所：ハラーズ・エンターテインメント社

ブサイト）は、ハラーズにとって比較的容易に大きな成果を得られる施策となった。次はホテル宿泊からの収益を最適化することに取り組んだ。

　宿泊料を固定的な価格に設定するのではなく、収益管理モデルに基づいたダイナミックな価格設定モデルが採用された。このモデルでは、すべての商品・サービスからの収益を合算した顧客別収益、市況、空き部屋状況などを変数として宿泊料がダイナミックに決定される（**図表10.7**参照）。宿泊料には効率的フロンティア（訳注：投資理論において、リスクとリターンが最適となるポートフォリオをプロットした曲線）が存在するのだ。すなわち、最適な宿泊料と予測されるカジノゲームからの収益の組み合わせでトータルの収益を最適化していくということだ。「適切な」顧客に「超格安で」ホテルルームを提供することが、利益最大化につながるということは時々発生する。

　この収益管理の仕組みを実現するには、顧客別のCLTVが算出・参照できるシステムとホテルの予約・業務システムを統合した新しい収益管理システムが必要になる。適切な顧客に、適切な部屋を、適切な価格で提供するためにシステムを設計し、**図表10.7**のモデルに基づいた分析で、個々の顧客へ価格を4秒以内、すなわちほぼリアルタイムに提示できる要件を満たす必要があった。この取り組みの成果はまたしても素晴らしいものとなった。2000年と比較して、2003年の1部屋あたりの部屋単価は172ドルから224ド

ルへと30％も増加し、売上高としては400万ドル超の増収となったのだ。収益管理システムへの追加投資額は800万ドル、ROIは18％であった。

　システムが本格始動すると、予想していなかったチャンスも生まれ始めた。全顧客についての豊富なトランザクション・データにより、新しい可能性が開けたのだ。たとえば、長期的な顧客満足度（CSAT）調査の顧客別データを、長期的な顧客別収益と紐づける機能が追加された。2001年、ハラーズは5万1000件の顧客満足度（CSAT）のアンケート結果を収集し、第4章で紹介した方法で顧客満足度（CSAT）を測定した。その結果、「ぜひ友人に勧めたい」と回答した顧客は、「勧めない」と回答した顧客よりもカジノゲームにおいて6％多い売上をもたらしていることが判明した。そこで、ハラーズは、カジノの敷地内で顧客満足度（CSAT）向上活動を行い、通常測定が難しい顧客満足度向上施策の財務的なインパクトを測定した。

　当時、顧客体験の向上とシステム開発を統括していたオペレーション担当シニア・バイス・プレジデント兼CIOであったジョン・ブーシーは、こう説明する。「すでに構築していたITインフラがあり、追加的な投資額が5万ドルに過ぎなかったことを考えると、ROIは無限大でした。事実、顧客満足度向上の取り組みにより収益性が増加したことを経営陣に対し確固とした数字で示すことができました」。ちなみにブーシーは、後にハラーズの最高統合責任者（チーフ・インターグレーション・オフィサー）となりシーザーズ社とハラーズの経営統合を統括し、後にはアメリスター・カジノ社の最高経営責任者（CEO）に就任した。

　図表10.8（a）は特に興味深いヒートマップだ。このヒートマップでは、ハラーズのカジノフロアにおけるカジノ売上の分布を示している。濃い色（赤）が高売上、薄い色（白）は売上なしを意味する。カジノフロアで収益が生まれる様子がリアルタイムの動画で確認できる。この動画から、重要な情報を得ることができる。このカジノフロアは、20年以上の経験を有するカジノ業界の専門家がレイアウトしているのだが、動画を見たその専門家は、下部と左上部にあるスロットマシンの色がいつも薄いことに気がついた。色が薄い部分のスロットマシンを顧客が利用するゲームに変更する必要があると考えた。

図表10.8　(a) スロットマシーン売上の動的ヒートマップ。濃い色が高い売上を、白が売上なしを示している。(b) 顧客の年齢層を重ねたヒートマップ。

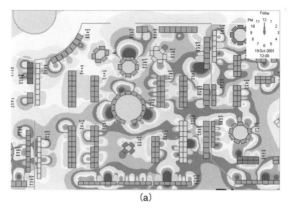

(a)

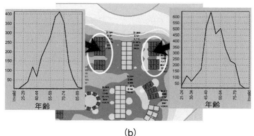

(b)

出所：ハラーズ・エンターテインメント社

　しかし、それだけではない。**図表10.8 (b)** では、10セント・スロットと50セント・スロットの各コーナーにおける利用顧客の年齢層を示している。図の右側の50セント・スロットを利用する顧客の平均年齢は50歳、左側の10セント・スロットを利用する顧客の平均は70歳近い。

　ハラーズが提供するものはエンターテインメントであり、エンターテインメントの店舗設計は食品スーパーの店舗設計とは根本的に異なる。食品スーパーでは、牛乳は必ず店舗の奥に陳列される。そうすることで、顧客は牛乳を購入するために店全体を歩き、別の商品を購入する可能性が高まるのだ。しかしカジノでは同じ方法は使えない。たとえば「50歳と70歳の顧客は隣り合って座るべきか？」など、製品・サービス設計のポイントから考える必

要がある（ちなみに、50歳と70歳の顧客は隣り合って座る必要は特にないだろう）。エンターテインメントの製品・サービス設計は、ディズニーランドから学ぶことができる。ゲームを利用顧客のデモグラフィック属性をもとにクラスター分けし、デモグラフィック属性別に好むゲームをデータで分析するのだ。このような分析をしてみて、興味深いことに、75歳以上の顧客が好むゲームのひとつの重要な特徴が判明した。トイレへの近さである。

　オハイオ州デイトンで行われたNCRシニア・オープン・ゴルフ・チャンピオンシップで基調講演を行ったことがある。デイトンは1884年にジョン・パターソンが創立したNCR社（訳注：キャッシュレジスターの世界最大手企業）以外には、特に何もない土地だ。しかし、飛行機発祥の地でもある。1900年代初頭、自転車屋を営んでいたライト兄弟が最初の飛行機を発明した（注7）。現在は、ライト・パターソン空軍基地が存在する。

　講演の後、50代後半の非常に健康そうな白髪の男性が近づいてきた。肩に4つの星が並んでいることころを見ると、米国空軍の将官のようであった。彼は、ハラーズのITインフラとヒートマップ分析の話に対し、「それこそ私たちに必要なものだ！」と力説した。私が伝えたいのは、ハラーズのアプローチは他の業界にも応用が利くという点である。

　ハラーズのダイナミック・ヒートマップは、構築するために350万ドルが投入され、このヒートマップによって、カジノフロアにおけるスロットマシンの選択と配置に関する意思決定に必要な情報を得ることができるようになるという価値をすぐにもたらした。これらの投資・取り組みの成果のROIは104％と測定された。ハラーズの一連の事例は、各段階でそのつど投資を検討・決定し、ROIも追いながら、段階的に機能を強化・統合してうまくいっている好例だ。このようなアプローチでは、データ・ドリブン・マーケティングのインフラを逐次的に追加構築していくことになる。しかし、ITアーキテクチャーの観点からは、このアプローチには難しい点がある。

　図表10.9（a）は、1997〜2001年のハラーズのITインフラの構成概要を示している。段階的に増築していくアプローチは、各段階で素早く成果を出すのには向いているが、ITインフラの土台がしっかりしていないと増築を繰り返していくうちにシステムが管理不能となってしまう。ハラーズの場合、

図表 10.9 （a）ハラーズ社の IT インフラ（1997〜2001年）、（b）ハラーズ社の IT アーキテクチャーと IT インフラの変革（2002〜2003年）

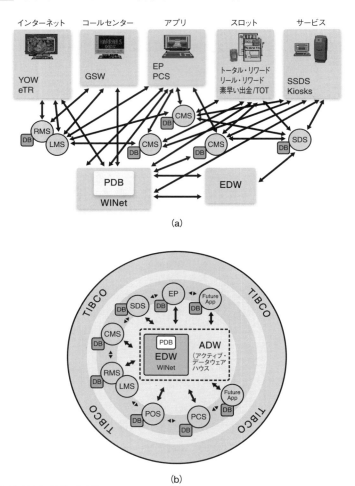

出所：ハラーズ・エンターテインメント社

2001年には、**図表10.9（a）**に示されているようにシステムが非常に複雑になってしまい、結果、メンテナンスと拡張性に年々悩まされるようになっていった。

　ブーシーは、「ビジネスの結果をもたらす機能に集中して追加開発してい

くやり方で、大きな成功を収めましたが、予期していなかった結果も副次的にもたらしました。システムの複雑さの度合いが非常に高くなり、機能追加の開発プロジェクトが長引いて、メンテナンス費が膨らみ続けたのです」と説明する。2002年、ハラーズは1億ドルを投入し、ITインフラの完全な再構築（**図表10.9（b）**参照）に取り組んだ。超高層ビル級のITインフラへの刷新である。

　しかしながら、このITインフラへの1億ドルの投資も、システム面での必要性だけをその理由にしておらず、ビジネスケース（稟議のための財務計画）によって投資対効果を事前に見極めた上で行われている。このビジネスケースでは、ポイントプログラム「トータル・リワード」の強化によって異なる地域間（クロスマーケット）の利用をさらに促進し、解約率を削減し、マーケティング予算を最適化することが狙いに含まれていた。2002年に行われたこのITインフラ刷新のROIは60％を超えた。この強力なITインフラに、ハラーズの全国的な知名度とクロスマーケット戦略が加わることで、ライバルが容易に模倣できない持続可能な競争優位性が生み出されたのである。

　ここで理解しておきたいのは、データ・ドリブン・マーケティングのITインフラの構築を始めるためには、確実な金銭的リターンを示すビジネスケースが必要になるということだ。第5・9章では、マーケティング投資収益率（ROMI）を具体的に示すためのビジネスケースの詳細な例を紹介した。投資後は、実際のリターンを測定する必要がある。「スコアを付ける」という活動だ。ハラーズでも、1995年に自社のマーケティング活動の投資リターンの測定を開始して以来、定期的に測定している。

　追加で投資を行う場合も、投資前にビジネスケース（稟議のための財務計画）を作成することと、投資後に実際のリターンを測定することが必要だ。ただし、注意するべき点がある。ハラーズの事例ではビジネス面での価値を追加で生み出すことに重点を置きすぎたため、システムの複雑さとITインフラの費用が上昇し続けてしまう点を把握しきれておらず、最終的にはシステムをすべて再構築する必要が発生した。ブーシーは、「もう一度初めからやり直すことができるなら、全プロジェクトにおいてITアーキテクチャー

を重要な要素として考慮します」と言う。

　データ・ドリブン・マーケティングのITインフラ関連のプロジェクトにおいて、経営陣によるサポートと予算・リソース配分が得られないことは大きなリスクである点を本章の前半で説明した。ブーシーも、「もし経営陣からの予算・リソースを得ることができなければ、このプロジェクトは実現していませんでした。システム面の目的が主なプロジェクトでも必ずビジネスケースを作るようにし、その結果経営陣からの予算・リソースを得られました」と続ける。ハラーズの事例から、データ・ドリブン・マーケティングのITインフラを成功させるための重要な4つの要素を学ぶことができる。(1)投資前の定量化されたビジネスケースの作成と投資後のROIの測定、(2)ビジネス部門の幹部がシステム部門と協力して進める意志を持っていること、(3)ビジネス部門の幹部とシステム部門の両方からのROIへのコミットメント、(4)ITアーキテクチャーとロードマップだ。

　繰り返すが、大きく構想し、小さく始めて、素早くスケールアップすることが大切だ。素早くスケールアップするためには、成功に向けたITインフラとロードマップが必要となる。「知識は力なり」だ。本章で説明してきたデータ・ドリブン・マーケティングのITインフラに関する考え方を習得した読者は、システム部門に対して適切な質問をできるようになり、それは成功の確率を大幅に引き上げることになるだろう。これで取り掛かるための知識はビジネス側としては十分なはずだ！

この章のポイント

- バランス・スコアカード、マーケティング投資収益率（ROMI）分析、インターネットデータ解析は、最初から最後までエクセルなどのシンプルなツールで行うことが可能だ。しかし、解約率管理や、CLTV（顧客生涯価値）マーケティング、イベント・ドリブン・マーケティングには、IT インフラを構築する必要がある。

- マーケティング担当者は、データ・ドリブン・マーケティングで実現しようとしていることの要件やスケールを理解する必要がある。そうすることで、プロジェクトを理解し、技術チームに対する要求も明確になる。

- データ・ドリブン・マーケティングに必要な IT インフラは、顧客数と要件の複雑さの度合いによって決まる。要件の複雑さの度合いは、回答したいビジネス観点での質問・疑問によって決まる。

- 顧客数が少ない場合と多い場合、データ要件が簡単な場合と複雑な場合という組み合わせによって、必要な IT インフラは、戸建て住宅級になることもあれば超高層ビル級になることもある。前者に必要な予算は数十万ドルで、後者だと数億ドルとなる。

- データ・ドリブン・マーケティングの IT インフラ関連プロジェクトのリスク要因は、よく知られているものであり資料化もされている。ビジョンや経営陣からのサポートの欠如、社内政治、リソースの欠如、システムの拡張性、データベースの質が、主なリスク要因になる。

- 大きなビジョンを描き、小さなステップから始め、素早く拡張する。そのためには、拡張可能な IT インフラとロードマップが必要だ。まず行き先を定め、段階的に機能を追加しながら IT インフラの道を作っていき、各段階でマーケティング投資収益率（ROMI）を測定する。

- データ・ドリブン・マーケティングの技術は非常に重要であるため、エンジニアに任せきりにしてはいけない。

第 **11** 章

マーケティングの予算、テクノロジー、プロセス

上位企業と下位企業の大きな違い

「最高レベル」と「良いレベル」を隔てるものは何か

　ちょっとした違いが、「最高のもの」と「良いもの」の差になる。たとえば、最高のワインと良いワイン、最上級ステーキと中の上のステーキ、オリンピックの優勝と2位、アルマーニのスーツとそこそこのブランドのスーツの仕立。しかし、最高のマーケティングと良いマーケティングの違いはちょっとしたものではない。本章では、最高のマーケティングと良いマーケティングを隔てることになる、いくつかの「事実」を紹介する。

　クリエイティビティの扱いはどうなるのか？　という疑問が聞こえてきそうだが、ほとんどの企業（72％）がマーケティングのクリエイティブな要素に関して外注している旨を、既に説明してきた。クリエイティビティはコモディティ化しており、多くの企業が同じレベルのクリエイティビティへのアクセス可能で外注できることから、持続可能な競争優位性になり得ないのだ（代理店で働いている読者は、怒る前に本章の最後の節を読んでみてほしい）。組織内プロセス（キャンペーンの選択、実行、結果の測定）と、そのプロセスをサポートするテクノロジーの活用の仕方が、最高のマーケティング組織と、良いマーケティング組織の差を生み出すことになる。

　本章では、上位企業と下位企業を隔てることになる重要なマーケティング・プロセスとテクノロジーが果たす役割について、筆者が行ったリサーチから得た知見を紹介する。また、マーケティング・キャンペーン・マネジメント・プロセスのレベルを上げていくための段階的なアプローチを紹介する。もちろん、クリエイティビティの重要性を軽視するわけではなく、最後の節では、「クリエイティブXファクター」について説明する。クリエイティビティとデータ・ドリブン・マーケティングを組み合わせることで、キャンペーンの成果を100倍にもすることが可能だ。

調査手法についての補足
仮説
　次の4つの仮説を検証することが、この調査の正式な目的であった。

1. マーケティングの組織能力のレベルに応じて、マーケティング・キャンペーン・マネジメント（MCM）のレベルが異なる。
2. マーケティングのレベルが非常に高い組織は、業績も目に見えて良い。
3. マーケティングのレベルが非常に高い組織は、顧客データを集約して分析している。すなわち、高度なマーケティング・マネジメントと、データウェアハウス（EDW）の活用とは関連している。
4. 企業がマーケティングの効果を最大化しようとすると、同じような障壁が何回も現れる。まずこの種の障壁を乗り越えることに集中することが、マーケティングの成果の最大化につながる。

　同時に調査チームは、MCM組織能力のレベルは段階的に発展していくものなのかを調べた。MCM活用状況・レベルとMCM導入・実行のハードルに関する回答とを比較して、MCM導入・実行の際の一般的な流れ・段階を抽出した。また、MCM導入・実行を加速させるにあたり参考となる成功事例も抽出した。

アンケートおよびインタビュー
　大規模なアンケートおよびインタビューを行い、上記4つ＋1つの仮説を検証するために必要なデータを収集した。アンケートは「戦略的マーケティングROI：神話と現実」というタイトルで、アメリカのフォーチュン1000社のマーケティング関連の上層部を対象に、郵送およびウェブサイトで実施した。アンケートを郵送する前に、大企業における10人のマーケティング幹部にインタビューし、MCMを導入・実行する上でのハードルと成功事例について、詳しい事例を集めた。

回答件数と回答者属性
　得られた回答は252件。92％を超える回答者が、CMO（チーフ・マーケティング・オフィサー）、役員、マーケティング部長、またはその直属の部下であった。回答者のマーケティング・マネジメント経験の平均は12年であった。回答者が所属する企業の売上平均は50億ドルで、マーケティングにはその8％が費やされていた。年間マーケティング予算の合計は回答者全体で530億ドルとなった。

調査チーム

当初のインタビュー、仮説の設定、アンケート調査を行ったのは、ケロッグ経営大学院のマーク・ジェフリーとサウラ・ミシラだ。後にアレックス・クラスニコフがチームに参加し、ミシラとともに、MCMの組織能力と企業の業績の関係を検証した。

マーケティング・キャンペーン・マネジメント（MCM）業界の現状

　本章では主に、マーケティング予算とマーケティング・マネジメントのプロセスを紹介する。このプロセスというのが、データ・ドリブン・マーケティングで成果をあげるためには必要不可欠な要素である。この後で見ていくように、データ指標を集めたり、技術的ツールを購入したりするだけでは不十分なのだ。本章で紹介する知見は、年間マーケティング予算の合計が530億ドルにもなる252社の調査結果に基づくものだ（調査手法については補足欄を参照してほしい）。

　マーケティング部門の上層部は、他部門に対してマーケティングの透明性を高めようとしている。財務と戦略の用語を使ってマーケティングを説明することが必要だと理解しており、マーケティング部門の活動が事業戦略と整合するようにできる限り努めている。このように組織内でやるべきことはわかっているのだが、実際に最適なマーケティング・マネジメントを組織内で実行することには苦労している。

　MCMサイクルは、キャンペーンの選択から始まり、投資決定、実行へと進み、効果測定で終わる。さらに、洗練されたMCMでは、キャンペーン終了後の学習とフィードバックプロセスが機能している（**図表11.1参照**）。企業でのマーケティング・キャンペーン・マネジメント（MCM）の実態に関する驚くべき調査結果を以下に紹介する。

キャンペーンの選択
- 73％──投資決定の前に、キャンペーンが重要事業目的に沿っているかを評価するためのスコアカードを使用していない。

図表 11.1 マーケティング・キャンペーン・マネジメント（MCM）のループ

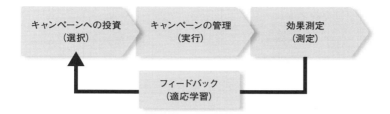

- 68％──キャンペーン選択の指針・参考となる小規模な実験、パイロット・マーケティングとコントロール群の比較による効果定量化を行っていない。
- 61％──キャンペーンの選定、評価、優先順位付けを行うプロセスが定義されておらず文書化もされていない。
- 57％──マーケティング・キャンペーンの投資を検討する際に、ビジネスケース（稟議のための財務計画）を使用していない。
- 53％──キャンペーンを選択する際に、投資収益率（ROI）、顧客生涯価値（CLTV）、または顧客満足度（CSAT）などの指標を使用していない。
- 44％──キャンペーン選択の時点で、複数のキャンペーン間で生まれるシナジーを考慮していない。

キャンペーンの実行
- 63％──1つのマーケティング・キャンペーンの中に段階を設定しておらず、指標を使って各段階で成果を検証していない。
- 53％──キャンペーン実施期間中の途中評価に基づいて、パフォーマンスの悪いキャンペーンを能動的に軌道修正したり終了させたりしていない。

効果測定
- 43％──マーケティング・キャンペーン終了後に（目標値と比較した）成果を積極的にトラッキングおよびモニタリングしていない。
- 40％──効果を測定できるようにキャンペーンを設計しておらず、キャン

ペーンの成功を測定するための指標を定義していない。

学習とフィードバック
- 43％──将来のマーケティング・キャンペーンの選択と管理の指針・参考とするための、各種指標を活用していない。
- 36％──将来のマーケティング・キャンペーンの選択と管理の指針・参考とするための検証をキャンペーン実施後に行っておらず、過去のキャンペーンの成功と失敗に関するチームの見解と洞察が蓄積されていない。
- 34％──過去のキャンペーンのデータ分析を通じて得たインサイトを将来のイノベーションに活用していない。

これらのデータから、多くの企業でマーケティング・キャンペーン・マネジメントの最適化ができていないことがわかる。あなたの企業がそのような企業の1つでも心配することはない。このような企業でも、リーダー企業と同様の結果を出していくための手法が存在するのでこれから紹介する。

マーケティング・プロセス、テクノロジー、業績との関係についての調査

重要なマーケティング・マネジメント・プロセスとは何だろうか。その重要なプロセスを習得した企業は習得していない企業よりも業績は良いのだろうか。調査のために行ったインタビューにより、このプロセスはどのようであるべきかに関する考察を得た。インタビューからマーケティング幹部の代表的な発言を紹介しよう。

「優れたマーケティング戦略と事業戦略が必要ですが、それだけでは不十分です。戦略が機能するには、すべてのマーケティング活動が目的に沿って進んでいるかをモニターするプロセスが必要です」

「すべてのマーケティング・キャンペーンの足並みをそろえる必要があります。複数のキャンペーンを行う場合は、同じ地域の同じ顧客を対象

> **マーケティング・キャンペーン・マネジメント（MCM）機能**
> 現場での定義
> 　MCMは、個々のマーケティング施策およびマーケティング施策全体のリターンを向上させることを目的としていて、マーケティング・キャンペーンおよびプログラムの開発、モニタリング、効果測定、コントロールを行うためのプロセス、メソッド、ツールの組み合わせである。マーケティング・キャンペーンには、すべての直接的間接的なマーケティング活動が含まれる（プロモーション、広告、CRM、製品・サービスの専門家との関係など）。

にした、同じシナリオのキャンペーンを並行して実行することはできる限り避けるべきです。しかし、これを実現するためには、ポートフォリオ全体最適化の徹底と部署・スタッフ間の調整に多くの労力を割く必要があります」

「当社では、マーケティング施策を世界全体でポートフォリオとして捉えています。すべてのマーケティング施策を社内で俯瞰できるようにし、部署を超えて細部まで管理し、顧客体験を最適化しています」

「継続的な改善にフォーカスしたプロセスが存在しています。特定のマーケティング施策に予算を確保し進めていく際には、その施策がうまくいっているかをチェックする必要があります。9カ月後に判明する新しい顧客機会をあらかじめ予期できる千里眼の持ち主など当社にはいないのですから、マーケティング活動を迅速かつ精緻に評価することが必要なのです。昨年または一昨年に予算を投入したエリア、現在の戦略、現場からのフィードバックに基づき、何を変えずに、何を変え、何が欠けていて何を足す必要があるかを特定するために常に努力しています」

実施したインタビューから、マーケティング・キャンペーン・マネジメント（MCM）の組織能力を、次の4つに分解・特定した。(1)選択、(2)ポートフォリオ最適化、(3)モニタリング、(4)適応学習である。

4つに分解されるMCM組織能力のプロセスは次ページの通りである。

1. 選択

マーケティング・キャンペーンを選定し投資を決定する文書化されたプロセス。ビジネスケース（稟議のための財務計画）および事業戦略に沿っているかを判定するスコアカードが含まれる。

2. ポートフォリオ最適化

実行するマーケティング・キャンペーンの選定に利用する、全体的なポートフォリオ観点での評価。たとえば、キャンペーンAは、キャンペーンBと組み合わせるよりも、単独で行った方が効果的な場合がある。こういったキャンペーンを組み合わせた際のシナジー効果を含めた評価がポートフォリオ最適化であり、キャンペーンの選定に必要な観点だ。

3. モニタリング

キャンペーンの進捗の効果測定と評価のことだ。簡単に言えば、本書で紹介している指標を利用して「スコアを記録する」組織能力のことだ。

4. 適応学習

過去のキャンペーンや施策から学習し得た洞察を、将来のキャンペーンに生かす組織能力。

これら4つがMCMの重要プロセスであり、効果的にマーケティングを管理するために必要な組織能力だ。これらに加えてサポート組織能力が1つ存在する。それがテクノロジーだ。

5. テクノロジー

意思決定に使用するための、データウェアハウス（EDW）、マーケティング・リソース・マネジメント（MRM）、解析ツールなどのテクノロジーやITインフラ。

今回の調査では、これらの組織能力がどのように関係しているのかを見た。

図表11.2 マーケティング組織能力と業績との関係。実線の矢印は統計的に有意（p < 0.05）。点線は有意ではない。

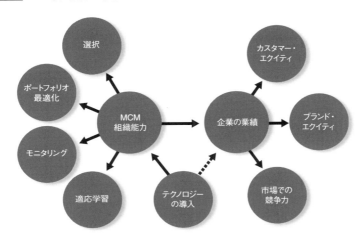

図表11.2はその関係性の概要を示している。この図は、構造方程式モデルと呼ばれるものだ。回帰方程式をより強化したバージョンだと考えてほしい。このモデルでは、それぞれの組織能力がMCMとどのように関係して優れた業績を生み出すのかを示している。多少複雑に見えるかもしれないが、この組織能力と業績の関係性・構造は理解する必要がある。

図表11.2の左側の組織能力（選択、ポートフォリオ最適化、モニタリング、適応学習）は、より高次の組織能力であるMCM組織能力を構成する重要要素である。そして、MCM組織能力は、図表の右側にある企業業績（市場での競争力、ブランド・エクイティ、カスタマー・エクイティ）とつながっている。

この図表は何を意味しているのだろうか。MCM組織能力の構成要素である選択、ポートフォリオ最適化、モニタリング、適応学習の組織能力と企業の業績に統計的に有意な関係があるということだ。すなわち、MCM組織能力を有する企業は株価、ブランド・エクイティ、カスタマー・エクイティが市場平均より高くなるということでもある。

図表11.2で行っている分析は、今回のアンケートで収集した1次データに基づいている。また、上場企業の財務指標のデータベースである

COMPUSTATの2次データを使用した分析も実施した。この分析によって、MCM組織能力と企業業績の間に統計的に有意な関係があることがわかった。使用した業績指標は、売上成長率、企業全体での投資収益率（ROI）、中長期での株主価値だ。4つのMCM組織能力を有している企業は、競合と比較して業績が良いことが判明した。また、指標を設定しスコアを記録（モニタリング）することが、最も大切な組織能力のひとつであることがわかったのは、特に重要な発見だ。

　一部の読者はお気づきかと思うが、データ・ドリブン・マーケティングに必要なテクノロジーに関してまだ説明していない。**図表11.2**で興味深いのは、テクノロジーと企業業績の間をつないでいる線が点線であることだ。すなわち、この2つに有意な相関はないということだ。マーケティングに使用するテクノロジーは、企業業績と直接的には関係していないのだ。企業業績と相関するのはMCM組織能力である。

　この分析結果は、マーケティング用テクノロジーに投資するだけでは業績は上がらないという、重要なポイントを示唆する。テクノロジーは、管理プロセスをサポートするものだ。マーケティングによって企業業績を向上させるには、テクノロジーへの投資だけでは不十分で、選択、ポートフォリオ最適化、モニタリング、適応学習という4つの重要なMCMの組織能力も必要なのだ。これは、業種を問わず当てはまり、また、企業の事業戦略やマーケティング戦略が異なっていても当てはまる。つまり、MCM組織能力とは、マーケティングの成果向上を求める企業すべてが導入すべき汎用的な組織能力なのだ。

　本調査によって、企業のマーケティング・プロセスのレベルには大きなバラつきがあることもわかった。**図表11.3**は、企業のMCM組織能力の分布を示している。一番右の部分は、4つのMCM組織能力を完璧に習得している企業を意味する。左の方に位置する企業では、まだ多くの組織能力の習得が未熟な段階である。MCM組織能力が高い企業は、MCM組織能力が低い企業と比較して、業績、ブランド・エクイティおよびカスタマー・エクイティ、中長期の株主価値において有意に優っている。

　また、4つの重要プロセス（選択、ポートフォリオ最適化、モニタリング、適

図表11.3　調査回答企業における MCM 分布

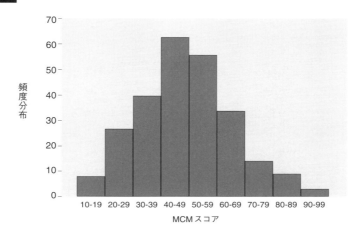

応学習）と、それをサポートする技術インフラへの投資が大切であることが判明した。これは業種を問わず当てはまり、MCM プロセスの4つの核となる組織能力はあらゆる企業や業種において求められるものであることを示す。さらに、ここまで説明してきたように、本書で紹介した重要15指標によって MCM 活動の全分野の成果を向上させることができる。指標によって最も優れたマーケティング・キャンペーンを「選択」し、キャンペーンがうまくいっているかを「モニタリング」し、試行錯誤しながら「適応学習」をするのだ。

B2B、B2C それぞれにおけるマーケティング投資の内訳 上位企業と下位企業との比較

　MCM プロセスのレベルが企業の業績に影響しているのは、業種を問わず共通であることがわかった。しかし、マーケティング予算の投資の仕方には、B2B 企業と B2C 企業で違いがある。資産運用をする際に分散投資を行ってポートフォリオで運用するのと同じように、マーケティング予算の投資も、色々な分野へ分散投資をするポートフォリオのようなものだと考えてほしい。

第1章でマーケティング・ポートフォリオの5つの重要な分野について次のように定義した。

1. ブランディング

ブランド資産を生み出し、顧客に製品・サービスがすぐに想起されるようにするためのマーケティング。例としては、かっこいい、おしゃれ、リラックスしているなどの製品イメージおよび体験にフォーカスをした広告や、他の優れたブランドのイメージと自社の製品・サービスを関連づける活動（たとえばナイキが広告でトップアスリートを採用するケース）などだ。第4章で紹介した重要指標①のブランド認知率を使用して成果を測定する。

2. カスタマー・エクイティ

カスタマー・エクイティを生み出すためのリレーションシップ・マーケティング。例としては、優良顧客への特別オファーの提供や、B2B企業の場合の特別イベントやパーティ、ポイントカードなどがある。成果を測定するには、第4章で説明した重要指標③の解約率、重要指標④の顧客満足度（CSAT）、第6章の重要指標⑩顧客生涯価値（CLTV）を使用する。

3. 需要喚起

短期間で売上を伸ばすためのマーケティング。クーポン、セール、期間限定価格など。成果を測定するためには、第5章で取り上げた重要指標⑥の利益、重要指標⑦の正味現在価値（NPV）、重要指標⑧の内部収益率（IRR）、重要指標⑨の投資回収期間を使用する。Eコマースなどで多用される検索連動型広告も需要喚起型マーケティングの一種だ。そういったインターネット広告では、成果の数値化に、重要指標⑪のクリック単価（CPC）、重要指標⑫のトランザクションコンバージョン率（TCR）、重要指標⑬の広告費用対効果（ROAS）を使用する。

4. 市場形成

製品・サービスに対して顧客が持つイメージを変えたり、第三者機関のレ

ビューを利用して顧客が持つイメージに影響を与えたりするマーケティング。例としては、影響力の高いブログ記事を発信しているコミュニティへのスポンサーシップによるソーシャルメディア・マーケティングや、B2B企業においては製品・サービスの専門家との関係構築・維持などが挙げられる。これらの成果の測定に使用する重要指標は、第4章で説明した①のブランド認知率、②の試乗（お試し）、第7章で取り上げた⑮の口コミ増幅係数（WOM）になる。

5. ITインフラと組織能力

最後のカテゴリーは、データウェアハウス（EDW）、解析ツール、マーケティング・リソース・マネジメント（MRM）などのITインフラへの投資だ。これらのITインフラは、幅広いマーケティング活動に利用できる。ITインフラ投資のためのビジネスケース（稟議のための財務計画）の作成方法は、第9章で紹介している。営業およびマーケティング・チームのスキルを向上させるためのトレーニングもここに含まれる。

第1章では、マーケティング予算の配分の仕方に、上位企業と下位企業の差、すなわちマーケティング格差が発生していることを説明した（**図表1.6**参照）。下位企業は、需要喚起型マーケティングにより多く投資し、上位企業はブランディング、カスタマー・エクイティ（顧客資産）、そしてデータ・ドリブン・マーケティングをサポートするためのITインフラにより多く投資している。

図表11.4は、調査対象のうち明確にB2B企業もしくはB2C企業と区別される企業における、上位企業と下位企業のマーケティング予算の分類だ。ここではMCMスコアの上位20社を上位企業、下位20社を下位企業としている（**図表11.3**参照）。B2BおよびB2Cどちらでもマーケティング格差が存在する。

B2B企業とB2C企業の違いは、それぞれのカテゴリーに投じる予算の割合にある。B2Cの上位企業は需要喚起型マーケティングにあまり予算をかけず、ブランディングとITインフラにより予算を費やしている。B2Bの上

| 図表 11.4 | 上位企業と下位企業におけるマーケティング予算のポートフォリオ配分。(a) が B2C 企業、(b) が B2B 企業。両者とも平均で売上の6% をマーケティングに費やしている。

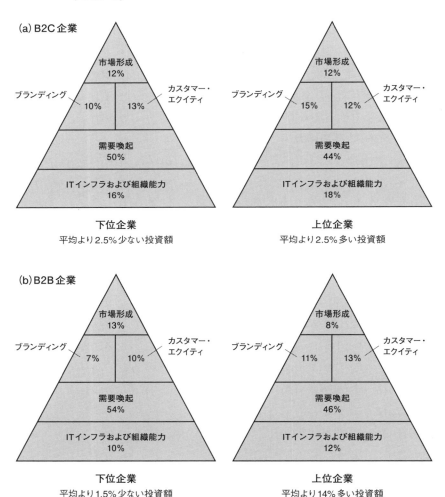

位企業は、需要喚起型マーケティングにあまり予算を投じないのは B2C 上位企業と同じであるが、その分の予算の振り分け先は、ブランディング、カスタマー・エクイティ、IT インフラとなっている。B2B の上位企業は、需

要喚起型マーケティングの予算を減らした分をまずカスタマー・エクイティに振り分け、次にブランディングに振り分けている。

　市場形成は、マーケティング予算の5つのカテゴリーの中でも興味深い。この分類は筆者の同僚であるモハン・サハニが考案した。なぜ興味深いかと言うと、調査結果が事前予想とは異なったからである。市場形成は上位企業がより重視している分野であると予想していたが、結果はそうならず、特にB2B企業においてはまるで反対の結果となった。B2C企業における市場形成のマーケティング予算配分のパーセンテージは上位企業でも下位企業でも変わらなかった。ただし、B2Cの上位企業はマーケティング全体に25％多く投資するため、その分必然的に全カテゴリーにおける投資金額は大きい。しかし、B2B企業ではマーケティング予算の中で市場形成に配分する割合は、明らかに上位企業の方が小さく、金額でも小さいのだ。

　B2B企業にとって市場形成とは基本的に当該製品・サービスの専門家との関係構築・維持であり、業界の専門家に製品やサービスに良い印象を持ってもらうことである。たとえば、IT業界では、ガートナー社のマジック・クアドラントが「実行能力」と「ビジョンの完全性」という2軸で、複数の企業の製品を評価している。ITベンダーにとって、実行能力とビジョンの完全性を身につけてマジック・クアドラントに高く評価されることは容易ではない。一部の企業では、専門家に影響を与えて高いレーティングを得ようとかなりの努力をしている。

　図表11.4（b） は、B2B企業の専門家との関係を通じた市場形成マーケティングが過大評価されている可能性を示唆している。つまり、上位企業は全体平均で14％多くマーケティングに投資しているにもかかわらず、市場形成カテゴリーに投資している金額は下位企業よりも上位企業の方が少ない。上位企業が優先させているのは、ブランディングとカスタマー・エクイティである。市場を形成し、専門家に影響を与えるには、ブランディングとカスタマー・エクイティだけで十分なのかもしれない。

　まとめると、下位企業と比較して上位企業はB2BおよびB2Cどちらの分野でも類似したマーケティング予算配分となっている。需要喚起型にあまり

予算を費やさず、ブランディングとITインフラにより多くを費やしている。B2BとB2Cの違いとしては、上位企業においてカスタマー・エクイティおよび市場形成の分野への予算配分の仕方がある。

ただし、**図表11.4**のデータはあくまでもアンケート調査の結果なので、注意してほしい。この調査では、マーケティング責任者に、マーケティング予算全体の5つの分野に対するおおよその配分を聞いたものであって、実際のマーケティング予算を詳細に調査・分類したデータではない。しかし、250人という回答数は統計的に有意なサンプル数であり、抽出される傾向も正しいと考えられる。

本調査結果に基づき**図表11.4**のマーケティング予算配分をそのまま踏襲するべきだと私は言いたいわけではない。**図表11.4**はひとつの指針として使用してくれれば十分だ。たとえば、あなたの勤める企業がブランディングまたはITインフラに数パーセントしか予算を配分していない場合、それで問題ないのかを考えてほしい。また、マーケティング予算配分がどれか1つの分野に大きく偏っている場合、バランスが取れていないと考えてほしい。

4つの壁を乗り越えて、成果の出るマーケティング・プロセスを実現する

本調査をしてみて発見したことの中で特に興味深いのは、MCMが業績に大きく影響を与えるにもかかわらず、有効なMCMを導入している企業がほとんどないことだ。なぜだろうか。

この調査での回答から4つの壁が浮き上がっている。

(1)経営陣からのサポートの不足、(2)信頼の不足、(3)部門間協力の不足、(4)スタッフのスキル不足だ。

1. 経営陣からのサポートの不足

a. 69%──上層部が基本的に感覚や直感に頼ってマーケティング・キャンペーン予算関連の意思決定を行っている。

b. 69%──すべてのマーケティング・キャンペーンの成果を財務的なROI

で測定できるわけではないことを上層部が理解していない。
- c. 50％——マーケティング・キャンペーンの指針となる、ROIなどの指標・数値を伴う戦略的目標を経営陣が示していない。
- d. 49％——CEOがマーケティングのことを戦略的競合優位性の主要な要素であると考えていない。

2. **信頼の不足**
   - a. 56％——上層部の多くがマーケティングを「必要悪」と捉えていると感じる。
   - b. 54％——マーケティング部門の幹部と他部門の幹部との間に相互尊重が足りていないと感じる。
   - c. 32％——事業戦略の意思決定者がマーケティングのことを正しく理解していない。

3. **部門間協力の不足**
   - a. 48％——マーケティング・キャンペーンの予算を配分するにあたり、他部門の上層部の意見を聞こうとしない。。
   - b. 25％——自社内において、マーケティングが事業活動に必ずしも必要不可欠な要素ではないと捉えられていると感じる。
   - c. 21％——マーケティング機能・部門を自社組織に欠かせない重要なコア機能・部門だとは考えていない。

4. **スタッフのスキル不足**
   - a. 64％——複雑なマーケティング・データを追跡・分析するために必要なスキルを持った従業員を十分に確保できていない。
   - b. 47％——マーケティング・スタッフが全般的に、ROI、NPV、CLTVなどの財務的な指標に関する十分な実務知識を有していない。

どのようにして1番目の壁を乗り越えて、経営陣からのサポートを得られるだろうか。上層部からのサポートを得るには信頼と理解が必要だ。信頼は、

約束したことを実現してきたという実績から生まれる。第2章では、結果を出して上層部のサポートを得るための戦略を紹介した。すなわち小さく始めて、早く結果を出し、その結果を示すことで上層部の支援を取り付けるのだ。マーケティング担当者は、上層部が理解できる用語・方法で、プロジェクトの成功が事業にもたらす意味を説明し、伝える必要がある。状況に応じて、ビジネス用語、ファイナンス用語、データなどを使い分けて説明するのだ。本書で紹介しているデータ・ドリブン・マーケティングのアプローチをとれば、組織内での信頼を獲得し、1番目と2番目の壁は突破できるであろう。

この章の後半では、4つのMCMプロセスを通じた管理方法によって、3番目の部門間協力の不足の壁を乗り越える方法を紹介する。

4番目のスタッフのスキル不足の壁に関しては、インタビューでも何度も出てきた。マーケティング組織として結果を出すには、トレーニングが必要なのだ。マーケティング・マネジメントを最適化し、最高のMCMを行うためには、スタッフに新しいアプローチ、ツール、テクニック、スキルを習得してもらわなければならない。上層部のサポートとマーケティング・スタッフのスキルに加え、マーケティング・キャンペーンを管理、設計、実行するために洗練されたツールとテクニックを活用することも大切だ。たとえば、MCMを最適化するにあたり欠かせない要件の1つが、すべてのマーケティング・キャペーンの投資判断はデータに基づいて行うという点だ。これにより、堅実な投資判断のプロセスとなる。しかし、回答者の83％が、マーケティング・キャンペーンの効果を予測することは困難であると感じている。

効果予測は困難であるが、MCM最適化のための複雑なデータの収集・分析ツールを活用することで、比較的容易となる。データベースの集約、顧客関係管理（CRM）、マーケティング・リソース・マネジメント（MRM）などのツールだ。調査結果からは、こうした高度なツールの利用状況と、マーケティング投資収益率（ROMI）との間には相関関係があることがわかっている。

特にデータウェアハウス（EDW）を使用して、マーケティング・キャンペーン、企業の各種資産、顧客との関係をトラッキングしている企業は、競合よりも売上・市場シェアを伸ばし、ブランド価値を高めている。また、こういった企業は、マーケティング・リソース・マネジメント（MRM）など

の自動化ソフトウェア、イベント・ドリブン・マーケティングのためのデータベースなども活用している。

　しかし、高機能なツールを実際に活用できている企業は非常に少ない。この状況を調査結果のデータで示してみよう。

- 57％——マーケティング・キャンペーンをトラッキングおよび分析するためのマーケティング関連のデータベースの集約を行っていない。
- 70％——顧客と企業および各マーケティング・キャンペーンの関係・やりとりをトラッキングするためにデータウェアハウス（EDW）を構築・運用していない。
- 71％——どのマーケティング・キャンペーンを実行するか選択する際に、データウェアハウス（EDW）や分析ツールを使用していない。
- 79％——自動化したイベント・ドリブン・マーケティングを統合したデータベースに基づいて実施していない。
- 82％——マーケティング・リソース・マネジメント（MRM）などの自動化ソフトウェアを使用して、マーケティング・キャンペーンやマーケティング資産のトラッキングとモニタリングをしていない。

　高機能なツールの導入および活用を促進し、これらのギャップを埋めていく必要がある。しかし、高機能なツールおよび手法の導入を阻んでいるのは、資金的な余裕だけではないことを理解する必要がある。導入した後でも、ツールを使いこなす能力は組織によって大きく異なる。そのため、新しいツールやプロセスを導入・活用するためには段階的なアプローチが大切だ。段階的なスケジュールを組み、マイルストーンを明確に設定することが、既存の組織で新しいツールを使いこなすためのコツだ。マーケティング・マネジメントを惰性で行ってきた組織が、洗練されたMCMプロセスをスムーズに導入・活用していくようにするためには、段階的なアプローチが必須となる。

マーケティング・キャンペーン・マネジメント・プロセスの改善 3段階アプローチ

ここまで紹介してきたように、マーケティング・キャンペーン・マネジメント（MCM）の最適化は1回どんと進めて完了するようなことではなく、慎重に計画し段階的に進めていく必要がある。段階的なアプローチをとることによって、導入が尻切れトンボになることなく、上層部にはマーケティング・キャンペーン・マネジメント（MCM）の改善が有効であるという確信を与えてその支持が手厚くなり、部門間協力の計画や調整も進めやすくなる。そして、従業員にはスキルを習得し安心してこれらのツールを使いこなすための時間が十分与えられる。

MCM運用の組織能力は、初級、中級、上級の3つのレベルに分類される（**図表11.5**）。アンケート項目を各レベルの特徴を表す項目に分類し、振り分けた。アンケート項目に対する肯定的な回答の数に基づいてMCMのレベルを0～100のスコアとして回答者別に算出した。このスコアの分布に基づき、回答者のレベルが分類された。全回答者のMCMスコアの分布は、**図表11.6**の通りだ。MCMが上級レベルである企業は11％のみであり、90％近い企業は初級または中級レベルであった。

レベル1：初級

平均的・典型的な初級レベルの組織は、全社的な目的およびゴールを使用してマーケティング・キャンペーンの選択および管理を行うための業務プロセスを開発中である。このレベルの組織は、データベースを集約し、すべてのマーケティング・キャンペーンおよびマーケティング・アセットの成果をトラッキングしている。過去のキャンペーンの成功や失敗からの知見を、今後のキャンペーンの選択・管理に生かそうとする、適応学習の組織文化がわずかながら存在する。

つまり、レベル1は、組織がすべてのマーケティング活動を管理するためのプロセスを確立する段階だ。このプロセスが確立できることの利点は、シ

図表 11.5　MCM 組織能力の3つのステージ

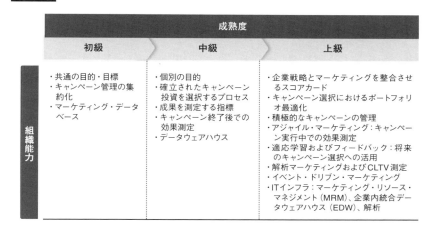

図表 11.6　マーケティング部門の MCM 成熟度の分布

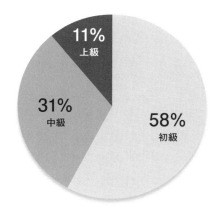

ンプルだ。マーケティングの資産、投資、リソースに関しての見方・評価が統一され、意思決定が明解になるのだ。モニタリングされていないマーケティング費用がなくなり、リソースの活用が効率化し、全社的な目的および目標を立てることで計画や管理のやり直しが減少する。最後に、過去の失敗から学習しやすい業務環境となるため、マーケティング管理職によるマーケ

ティング・マネジメントは時間が経つにつれて向上する。

レベル2：中級

　レベル2の平均的・典型的な組織は、マーケティング・アセット、投資、リソースを集約して管理できるようになっている。

　また個別の目的・目標を設定してマーケティング・キャンペーンの選択・管理をし、過去の失敗から学習できるようになっている。レベル2のMCMは、マーケティング投資に対するリターンに関して綿密な目的・目標を積極的に設定しており、マーケティング投資の計画、管理、評価には高度な指標を導入している。データウェアハウスを利用して顧客と企業および各マーケティング・キャンペーンの関係・やりとりをトラッキングしている。最後に、どのキャンペーンに投資するかを選択する際には、チームメンバーの意見だけでなく分析データが使用される。つまり、マーケティング活動を管理するために必要な、中級レベルのルーティーンのプロセスが確立されている。

　このレベルでは、マーケティング予算と企業戦略の足並みを合わせることで、途中で打ち切られるようなマーケティング投資を削減・排除し、財務指標を使用して企業の財務部門や経営幹部とのコミュニケーションをスムーズに行い、競合他社と結果を比較することが簡単になる。成果を頻繁にレビューすることで、スコープ、予算、戦略整合性が計画から乖離している場合に問題を検知でき、早い段階での軌道修正が可能だ。

レベル3：上級

　上級のレベル3の企業では、マーケティングのキャンペーンおよびアセットをマーケティング・リソース・マネジメント（MRM）などの自動化ソフトウェアを使用してモニタリングしていることが大きな特徴だ。キャンペーンの選択にあたっては、重要事業目的に関するスコアカードで点数をつけ、すべてのキャンペーン候補を同じ土俵の上で比較・評価し、ポートフォリオ管理手法によって、予算を投入すべき最適なキャンペーンの組み合わせを決

定する。さらに、イベント・ドリブン・マーケティング（第9章参照）を実施しており、アジャイル・マーケティングの手法（第8章参照）を採り入れ、キャンペーンの実施中に常に利益およびキャンペーンの価値（すなわちマーケティング投資収益率［ROMI］）をモニタリングし、柔軟にキャンペーンを軌道修正する。このような企業には、学習を重視する企業文化が存在し、キャンペーンの測定結果がしっかりフィードバックされ将来のキャンペーンに活用される。

　これらの企業は、個々のキャンペーンのマーケティング投資収益率を向上させるだけでなく、企業戦略と整合したマーケティング・キャンペーンをポートフォリオとして管理・運営し、全体のリターンを最大化している。要するに、MCMが上級レベルの組織では、高度なインフラ、プロセス、人材により、真のアジャイル・マーケティングを実践することが可能なのだ（第8章参照）。

　このMCM進化の3つのレベルは、アンケート結果およびインタビュー先の人物の体験の共通項をもとに定義した。もちろん、すべての項目において1つのレベルが当てはまるという企業は少ない。通常は、2つまたは3つのレベルの項目が混在していることが多いが、主に当てはまるレベルは1つであるというパターンが多い。この3つのレベルを、目標とする組織能力として使用することもできる。しかし、どのように次のレベルに上がることができるのだろうか。まず、MCMのあらゆる面において組織のレベルを評価するためのスコアカードを用意することが第一歩となる。それによって重要な課題を抽出し、その課題に取り組むためのロードマップを用意することが次にすべきことだ。

　優れたロードマップには、目指すべき姿・ゴールの明確な記述、高度なツールと手法を段階的に導入するためのスケジュール、従業員が変化に対応できるようにするトレーニング、といった要素が含まれている。また、ゴールを達成するため必要なリソースの適切な見積もりとその確保方法も含める必要がある。成功させるのに最も重要なコツは、焦点を絞り、そこで早期に成功実績を作って信頼を獲得し、成功体験から勢いを得て導入を加速させることだ。

調査からの学び
複雑さをコントロールする

　組織が複雑であることも、マーケティングを難しくしている。多額のマーケティング予算で、数百、時には数千のキャンペーンを実施する場合もある。そのため、体系的・組織的なアプローチを用いなければ、効率が悪く無駄が重なる一時しのぎのマーケティングになってしまいがちだ。

　上層部がどのように情報を得てどうやって意思決定をするのか、シンプルなルールを設定して運営する必要がある。この経営プロセスこそが、MCM組織能力であり、すなわち選択、ポートフォリオ最適化、モニタリング、適応学習のプロセスとなる。アンケートとインタビューを通じて、MCM組織能力を育てるための成功事例と成功のコツを明らかにしてきた。

　MCMは、スコアカードを利用し事業部門の参加を促すという統合プロセスから一般的に始まる。MCMがうまくいくと、事業戦略とマーケティングの足並みがそろう。優先順位のバランスがしっかりと確立されるからだ。さらに、軌道に乗ると、スタッフが部門を超えて協力して共通の指標（本書の15の重要指標など）を定義するようになり、キャンペーンの効果測定と計画立案のスキルが向上していく。

　高度なツールを使用することは、もはや好みや選択の問題ではなく、必須の時代となってきた。データウェアハウスおよび解析ツールの活用で、キャンペーンのスコアをつけることが可能となる。MRMによって、マーケティングのプロセスはデジタル化され、洗練される。こうしたITインフラを導入することで、リアルタイムでマーケティングの軌道調整ができるようになるのだ。ただし、最初からITインフラに手をつけようとしてはいけない。まずはプロセスを定義し、結果を出し、その後プロセスを標準化・自動化するためにITインフラに投資するという順番で進めるべきだ。

　MCMは経営陣の共同責任で導入・推進すべきだが、マーケティング幹部はマーケティング・プロセスと指標を決める部分を主体的にリードする必要がある。CMOが成功するには、他部門の経営幹部と協力関係を構築することも必要だ。さらに、新しい業務プロセスや手法を導入するのに伴って発生

する変化を、スタッフが積極的に採り入れ対応するように、CMOはスタッフをサポートする必要がある。

　最後になったが、信頼できるメンバーでチームを構成することももちろん非常に大切だ。CMOとして成功するためには、業務プロセス、財務知識、キャンペーン管理に関するスタッフ向けトレーニングなど、必要なリソース・予算を確保する必要もある。レベルアップを促進する適切な報酬体系を用意し、優秀な人材にインセンティブを与え、辞められないようにすることが重要だ。

　第5章では、企業内での予算配分に関して簡単に説明した。優れたマーケティング案は多数存在する一方で、マーケティング予算には限りがあるのだ。多くの組織でありがちなのは、声の大きい幹部が推すキャンペーンに予算が配分されるというパターンだ。マーケティング予算を最適に配分し、投資に見合うリターンを得るためには、この節で説明した経営プロセスがカギとなる。経営プロセスとMCMプロセスの導入がうまくいけば、経営陣の予算会議はデータに基づく生産的な会議に生まれ変わる。

　私はこれまで多くの企業がMCMおよびデータ・ドリブン・マーケティングを導入・改善することを、コンサルタントとして支援してきた。最初に聞くことは、プロセスが文書化されているかどうかだ。MCMプロセスを定義するためにマーケティング部が文書化したすべての資料を見たいとお願いする。この依頼への反応は、ほとんどの場合次の2つのうちどちらかとなる。1つ目の反応パターンは、「担当者に連絡してパワーポイントを入手する必要がある」という答えだ。この反応には大きなヒントが隠されている。正規のプロセスを担当者しか把握しておらず、マーケティング部門が組織として把握していないということは、プロセスが浸透していないということだ。そのような状態でMCM組織能力があると言えるだろうか。効果的かつ標準化された運営のためにはプロセスを文書化し、社内に広める必要がある。

　2つ目の反応のパターンは、マーケティング・プロセスが書かれた資料が入っている分厚いバインダーの束を渡されるケースだ。大抵の場合、この分厚い資料はコンサルティング会社からプロジェクトの納品物として渡されたものだ。この分厚い資料を渡してくるほとんどの企業では、マーケティング

担当者は、このプロセスに従っていないか、この分厚い資料が存在することも知らないかだ。マーケティング・マネジメント・プロセスは、マーケティング部門が主体的に作成し、シンプルでわかりやすい資料で共有される必要がある。

　MCM組織能力が中級や上級の企業では、キャンペーンを評価し優先順位を付けて選択する意思決定のプロセスが文書化されている。さらには、スコアカードや成果を測定するための重要指標が資料にまとめられており、マーケティング投資に関するビジネスケース（稟議のための財務計画）用のテンプレートも存在する。データ・ドリブン・マーケティングへの組織変革を始めるのと並行して、プロセスを資料化し、常に更新していくことを勧める。資料はわかりやすく、すぐに参照できるようになっていることが重要だ。マーケティング担当者にとって読みやすく、かつ実際に従いやすいように、重要なプロセスを10〜15ページ程度に短くまとめる。また、ビジネスケース（稟議のための財務計画）に使用するマーケティング投資収益率（ROMI）を算出するためのテンプレートも用意すべきだ。これは必要な数字を記入すれば自動的に算出されるようなわかりやすいテンプレートとして共通化するのがよい。

　この節の話をまとめよう。最高のマーケティングを実現するには、データ・ドリブン・マーケティング用のITツールを購入すればよいというものではない。MCMプロセスとマーケティング人材・組織のスキルレベルを向上させる必要がある。MCMプロセスは改善に取り組みやすいように4つの要素（選択、ポートフォリオ最適化、モニタリング、適応学習）に分割して考察した。また、15の重要指標は本書で紹介してきた。調査では、より高度なデータ・ドリブン・マーケティングとMCMプロセスの組織能力を有している企業は、ライバル企業と比較して市場での競争力、カスタマー・エクイティ（顧客資産）、長期的な株主価値が高いという結果が出ている。段階的なアプローチで、組織能力を徐々に積み上げていき、段階ごとに成果を出し、スタッフが従いやすい実行可能な業務プロセスを作っていくことが成功のコツだ。

クリエイティブＸファクター

　本書は、マーケティング・パフォーマンスを劇的に改善させるための指標、データ、プロセスについての本である。紹介してきた戦略やアプローチの多くは、マーケティング以外の分野に応用することも可能だろう。しかし、マーケティングが他分野と決定的に異なるのは、メディアでのクリエイティビティの要素である。

　本調査を終えた直後に、クラフトフーズ社のCEOでありマーケティングのプロであるベッツィ・ホールデンとミーティングを行った時のことだ。業績を向上させるデータ・ドリブン・マーケティングと業務プロセスについて私が説明すると、ホールデンはマーケティングにはもうひとつの側面「クリエイティブＸファクター」もあると言い、異なる視点・軸を提示した。これを聞いた瞬間、多くの素晴らしいマーケティング・キャンペーンにクリエイティブＸファクターが関係していることに気がついた。

　例を示そう。YouTube動画シリーズ「これは砕けるかな？ （Will It Blend?）」（注1）を覚えている人はいるだろうか。ユタ州に所在する非上場のミキサー会社、ブレンドテック社によるマーケティング・キャンペーンだ。同社は、創業者であるトーマス・ディクソンが、馬力の大きいモーターを使って食材をすりつぶして混ぜ合わせたことから生まれた。元来は飲食店向けの業務用ミキサーを製造・販売していたが、家庭向けのミキサーも製造している。同社のエントリーレベルのミキサーは1.8馬力/10アンペア、一番強力なミキサーは20アンペアで、これは競合を含めこの製品ジャンルの中で最も強力なミキサーである。

　ディクソンは、バイラル・マーケティング・キャンペーンを生み出した。ミキサーの中に物体を入れて、「これは砕けるかな？ （Will It Blend?）」とディクソンが問いかけて実際にやってみる動画だ。この動画シリーズはYouTubeに投稿された。ゴルフボール、ビー玉、熊手、携帯電話、キュービックジルコニア（訳注：ダイヤモンドに似た人工石）は砕けて、硬貨とバールは砕けないということが判明した。個人的には、iPhoneを粉々に粉砕し

た回が好きだ。iPhoneを粉砕した動画を制作するのには数千ドルしかかかっていないが、その動画は700万回以上再生された。これはクリエイティブXファクターの好例だ。

ディクソンは説明する。

「この動画がインターネットにアップされたのは2006年の11月の初めでした。わずか数日のうちに、数百万回再生され、キャンペーンは即座に軌道に乗りました。売上にも確実に影響が出ています。『これは砕けるかな？（Will It Blend?）』の動画シリーズキャンペーンは、業務用製品にも家庭用製品にも驚くべき影響を与えています。このキャンペーンの目的はブランド認知を高めることであり、ミキサーと聞いて第一に思い浮かぶブランドとなって、トップのミキサーメーカーとしての地位を確立させることでした（注2）」

ブレンドテック社のこの事例は、クリエイティブXファクターによるマーケティングであるが、その実行方法は非常にシンプルなものであった。突飛な動画をYouTubeにアップし、ロゴとURLを動画の背景に掲載するだけだ。

より洗練された事例として、クリエイティブXファクターをデータ・ドリブン・マーケティングと組み合わせた、日産キャシュカイの新製品発売キャンペーンを次に紹介しよう。市場調査により、日産はヨーロッパにおいて小型四駆SUVにチャンスがあることを見出した。同社は新しいSUVのターゲットを若者とし、新製品発売マーケティングのコンセプトを、「都会の証」として、キャシュカイで都市を埋め尽くすことを狙った。キャシュカイはイギリスで製造され、ヨーロッパ、オーストラリア、日本で販売された（ただし米国では販売されなかった）。TVコマーシャルでは、まるでスケートボードに乗るかのようにキャシュカイの上に大きな足が乗る映像が使われた（注3）。

この新製品発売マーケティングは、2006年9月6日のプレス向け発表が幕開けであった。22カ国から450人の記者が参加し、イベントは大好評となり、

「日産がハッチバック車を革新」といった見出しがメディアを賑わせた。140万人が訪れた2006年9月29日のパリ・モーターショーで、一般向けに初めて公開され、キャシュカイの動画は会場内でBluetoothを使用して2万2000回ダウンロードされた。発売前のDMにはヨーロッパ全土で3万9444人から反応・応募があり、発売前のウェブサイトのトラフィックは予想を200％上回った。

　日産は、データ・ドリブン・マーケティングのやり方で、発売前のマーケティングの効果をトラッキングしていた。しかしこのキャンペーンが稀にみる成功を遂げたのには、クリエイティブXファクターが効いている。都会で遊ぶ新しいスポーツとして、キャシュカイゲームというのを発表したのだ。このゲームは、キャシュカイを使ってスケートボードのようなスタントアクションを行っている「素人」動画でできている。スタントで使用する技には、ランプマウント、アリエルバナナ、アクセル360フリップなどの名前も付けられた。本物のように見える動画だが、実際には特殊効果を使用して作られている（注4）。チームアンドロメダなどといった変わった名前を持つチームが動画に登場する。また、Tシャツなどのキャシュカイゲーム関連グッズを購入できる、ファン向けのウェブサイトも作られた。さらには、キャシュカイゲームのキャラバンを組んで多くの都市を回り、一部の都市ではBMXスタントショーを開催した。

　ウェブにアップされた動画シリーズは口コミで広がり、2200を超えるウェブサイトに掲載され、動画の再生回数は1100万回を超えた。キャシュカイは2007年3月に販売開始され、6週間で7万台が売れ、マーケティングの成果に製造台数が追い付かない状況となった。2009年6月、キャシュカイのヨーロッパでの販売台数は33万台となり、日産にとって、世界で最も成功した車種のひとつとなった。

　この日産のキャシュカイの事例は、クリエイティブXファクターがデータ・ドリブン・マーケティングと連携した好例である。このキャンペーンでは、すべての要素が見事に統合され、ターゲットも明確にジェネレーションXとYに絞られていた。ネットでの口コミ要素を、オフラインや対面イベントと結びつけ、口コミの広がりをPRおよびメディアで加速させた。クリエ

イティブなアイデアとデータ・ドリブン・マーケティングを結びつけることで、低コストで100倍の成果をあげることができるのだ。このキャシュカイ発売キャンペーンの予算は、キャシュカイの設計および製造にかかった費用の約1％に過ぎなかった。

　一般的な反応率の広告ではなく、クリエイティブXファクターにトライするようにクリエイティブ担当のチームを触発してみてほしい。新旧のメディアをデータ・ドリブン・マーケティングの考え方で統合して組み合わせ、素晴らしいクリエイティブなコンセプトが加わった時に、ものすごい結果が出るのだ。

すべての要素を統合する

　本書では、マーケティングのための15の重要指標を定義してきた（第1章、3〜7章）。これは、従来からの10の重要指標と、インターネット時代の重要指標5つから構成されており、この15の重要指標によってほとんどのマーケティング活動を定量化することができる。

　では、指標を活用することでどうやってマーケティングの成果を向上できるのか。まずはスコアカードを使って成果を測定する。測定することで、マーケティングをコントロールすることが可能となる。効果のないキャンペーンをやめて、効果のあるキャンペーンに予算配分できる。

　次の段階では、アジャイル・マーケティング・アプローチを採り入れる。キャンペーンを柔軟に変更できるようにすることで、キャンペーンが失敗なら損失が小さいうちに修正できるようになり、効果の高いキャンペーンであればそれを拡大して効果を増幅させることができるようになる。効果測定を組み込んだキャンペーン設計と、柔軟に軌道修正ができるアジャイル・マーケティングを組み合わせると、キャンペーンの成果を5倍以上にすることが可能だ。

　効果測定と柔軟性を導入した次には、解析マーケティングを導入することで、動的なターゲティングやセグメンテーションが可能となる（第6、8、9

章)。顧客価値ベースのセグメンテーションをイベント・ドリブン・マーケティングと組み合わせ、適切な商品を適切なタイミングで提案することで、さらに5倍以上成果を向上させることが可能だ。解析マーケティングを行うためにはITインフラを整備することが必要で、顧客データ数と要件の複雑さにより、必要なITインフラの性質・大きさは大きく変わってくる(第10章)。

しかしながら、成果をあげるのにITインフラとツールを導入するだけでは、十分ではない。キャンペーン・マネジメント・プロセスを向上させる必要があるのだ。この最終章では、4つのプロセスについて説明した。(1)選択、(2)ポートフォリオ最適化、(3)モニタリング、(4)適応学習の4つのプロセスが、マーケティング・ポートフォリオを効果的かつ適切に管理するのに重要なのだ。また、ITインフラやツールは、データに基づくマーケティング・マネジメント・プロセスの基盤ともなる。このプロセスは、非常に複雑な環境をコントロールするための管理方法と言える。これらを効果的に運用するには、マーケティング・チームを教育し、新しいスキルとアプローチを身につけてもらう必要がある。

最後に、クリエイティブXファクターを成果につながるように活用する。インターネットやモバイルを使って顧客データを収集し、データ・ドリブン・マーケティングをクリエイティブな素晴らしいアイデアと結びつけることで、さらに5〜100倍の成果を得ることができる(第7〜9章)。このように、データ・ドリブン・マーケティングのアプローチを実施することで、マーケティングの成果は異次元のレベルに成長する。

既にデータ・ドリブン・マーケティングのアプローチを実施している企業は、マーケティングによって持続可能な競争優位性を獲得し、競合企業よりも優れた業績を実現しており、マーケティング格差における勝ち組企業になっている。

難しいように感じるかもしれないが、ここまで紹介してきた事例や、フレームワーク、ロードマップを参考にしてほしい(第1〜3章、8〜10章)。小さく始めて、早く成果を出し、その結果を見せて、経営陣のサポートを獲得し、取り組みを拡大させる。データ・ドリブン・マーケティングのアプロー

チをとれば、15の重要指標を利用してマーケティング投資収益率（ROMI）を測定でき、将来のマーケティング投資を正当化することができる（第5〜9章）。

> **この章のポイント**
> - マーケティング・キャンペーン・マネジメント（MCM）の組織能力は、企業がマーケティングを通じて競争優位性を獲得するのに重要な組織能力である。
> - MCMは、4つの重要なプロセスに分解される。(1) キャンペーンの選択、(2) ポートフォリオ最適化、(3) モニタリング、(4) 適応学習だ。これらのプロセスは、ITインフラやツールが基盤となっている。
> - MCM組織能力を有する企業の方が、業績が良い。
> - マーケティングのITツールやインフラへの投資は、企業の業績向上に直結しない。MCM組織能力の側面支援をするだけだ。つまり、テクノロジーに投資するだけでは、マーケティングの成果を出すことはできず、4つの重要プロセスを組織として習得し運用する必要がある。
> - 上位企業と下位企業には、マーケティング予算の分野別の配分に違いがある。上位企業は、ブランディングおよびITインフラにより多く投資しており、需要喚起型マーケティングへの投資は抑えめだ。上位のB2B企業は、カスタマー・エクイティ（顧客資産）、CRMにより予算を費やしている。
> - MCMプロセスの導入を成功させるには、いきなり上級レベルを始めようとするのではなく、まず初級、次に中級と、段階的にMCM組織能力を開発・習得していくアプローチがよい。
> - クリエイティブな素晴らしいアイデアとデータ・ドリブン・マーケティングには、魔法のような相乗効果がある。クリエイティブXファクターは、データ・ドリブン・マーケティングと組み合わさることで、成果を100倍にもしてしまう。

原注

第1章

1. Mark Jeffery and Justin Williams, *DuPont-NASCAR Marketing* (Harvard Business School Press, Prod. #: KEL166-HCB-ENG, 2007).
2. このシアーズ社の事例は、Kマート社による買収の前の2001年時点のものであり、本書出版時のマーケティング方法とは異なる可能性がある。
3. Philip Kotler and Kevin Keller, *Marketing Management*, 13th ed. (Upper Saddle River, NJ: Prentice Hall, 2008).
4. M.E. ポーター（1995）『競争の戦略』ダイヤモンド社。
5. 賢明な読者は、「市場形成」への予算配分が上位企業と下位企業で逆であることにお気づきだろう。直販型か代理店販売型かという事業モデルによっても最適配分は異なる。B2B企業、B2C企業それぞれにおけるマーケティング投資の配分の考え方については、第11章で詳述する。
6. McGraw-Hill Research, *Laboratory of Advertising Performance Report 5262* (New York: McGraw-Hill, 1986).
7. Recession Study, Penton Research Services, Coopers & Lybrand, and Business Science International, 2003.
8. Matt Kinsmann, "Defying downturn, Hanley Wood continues to invest," *Folio B2B*, November 6, 2007.

第2章

1. Mark Jeffery, "Return on investment analysis for e-business projects." In Hossein Bidgoli (ed.), *The Internet Encyclopedia*, 1st ed., vol. 3 (Hoboken, NJ: John Wiley & Sons, 2004), 211-236.
2. Mark Jeffery and Ingmar Lelivelt, "Best practices in IT portfolio management," *Sloan Management Review*, 45(3) (Spring 2004, Reprint 45309): 41-49.
3. ゴードン・ベスーン、スコット・ヒューラー（1998）『大逆転！ コンチネンタル航空奇跡の復活』日経BP社。
4. 例外のない原則はない。第4章では、財務指標を使ったブランド価値の概算方法について論じる。
5. コンピュータのメモリ量による制約はあるが、エクセル2010では公式な行数の上限は存在しない。ただし、エクセルが大規模なマーケティング・データベース用途に向けて設計されているわけではないということは理解しておくべきだろう。
6. John Kotter, "Leading change: Why transformation efforts fail," *Harvard Business*

Review, March-April 1995.

第3章

1. ロバート・S・キャプラン、デビッド・P・ノートン (2011)『バランス・スコアカード──戦略経営への変革』生産性出版。
2. Arnold and Lane, *MasterCard International: World Championship Soccer Sponsorship* (HBS Case 500036, 1999) から事例を抜粋。

第4章

1. www.agileinsights.com/book（英語のみ）で実際のラジオCMを聞くことが可能となっている。
2. この事例は、静的な市場をはじめ複数の前提条件を置き、説明用に簡略化されたものである。実際の解約率は、事業特性や顧客ベースによって変動する。
3. レーシック手術は万人向けとは言えない。検討に際しては、専門医としっかり相談することをお勧めする。
4. Frederick F. Reichheld, "The one number you need to grow," *Harvard Business Review*, December 1, 2003.
5. 顧客生涯価値（CLTV）は顧客獲得に必要な費用を反映しており、当該顧客の収益性や、どのようなマーケティング施策を行うべきかを判断するための指標として最適である。詳しくは第6章を参照されたい。

第5章

1. たとえば、次を参照：Morris Engleson, *Pricing Strategy: An Interdisciplinary Approach* (Portland, OR: Joint Management Strategy, 1995); and Thomas Nagle and John Hogan, *The Strategy and Tactics of Pricing: A Guide to Growing More Profitably*, 4th ed. (Upper Saddle River, NJ: Prentice Hall, 2005).
2. これに対し、52万ドルを一括で受け取って投資・運用することで61万4000ドルを上回ることを目指すと言う学生が多い。しかし、金銭的な意思決定を行う際に認識すべきなのは、投資による期待リターンと割引率は同一であるはずだという点だ。これらが同じ年率である限り、2つの数字の相対関係は常に変わらない。そして、年率 r = 10％で投資する前提においては、10年後の61万4000ドルは今日52万ドル受け取って投資し続ける場合よりも大きな価値を持つのだ。
3. これはあくまで教科書的な回答だ。現実には、投資に充てられる資金には必ず限りがあるだろう。資金の配分や、マーケティング投資のポートフォリオについては第11章で詳述する。
4. リチャード・A・ブリーリー、スチュワート・C・マイヤーズ (2014)『コーポレート・

ファイナンス 第10版』日経BP社。
5. 当該企業に有利子負債がある場合には、企業価値から有利子負債を差し引いて、発行済株式数で割ることで株価を算出する。
6. これはまったくの架空の事例であり、説明用に用意された数字だ。
7. NPVが0になる等式の両辺に $(1 + IRR)^n$ を掛けると、各年の利益である $B_n − C_n$ がIRRの率で増幅しているということがわかりやすいだろう。
8. 厳密には、年単位のrに対し、月単位の $r_{monthly}$ は、$\sqrt[12]{(1 + r)} − 1$ という数字になる。しかし、意思決定上、$r_{monthly}$ = r/12 というよりわかりやすい数値で問題ないだろう。IRRに関する年次と月次の関係においても、同様のことが言える。
9. たとえば、次を参照：Mark Jeffery and Saurabh Mishra, *Sony-FIFA Partnership Marketing Program: The Value of Sponsorship* (Harvard Business School Press, Prod. #: KEL195-PDF-ENG, 2006); and Mark Jeffery and Justin Williams, *DuPont-NASCAR Marketing* (Harvard Business School Press, Prod. #: KEL166-PDF-ENG, 2007).
10. より詳細な内容については、次を参照：Mark Jeffery, James Anfield, and Tim Ritters, *B&K Distributors: ROI for a Web Based Customer Portal* (Harvard Business School Press, Prod. #: KEL149-PDF-ENG, 2006).
11. Clyde Stickney, Roman Weil, Jennifer Francis, and Katherine Schipper, *Financial Accounting: Introduction to Concepts, Methods and Uses* (Florence, KY: Cengage Learning, 2009).
12. CFOがブランディングのためのキャンペーンにおけるROMIを尋ねてくる場合には、財務系指標は適用できないという点について理解してもらうための説明が必要となるだろう（第4章参照）。
13. 詳細な手順については、次を参照：Mark Jeffery and Chris Rzymski, *How to Perform Sensitivity Analysis with a Data Table* (Harvard Business School Press, Prod. #: KEL151-PDF-ENG, 2006).

第6章

1. このトピックは、従来カスタマー・リレーションシップ・マネジメント（CRM）の一要素として扱われることが多かった。しかし、顧客価値ベースのマーケティングという方が正しい捉え方であろう。

第7章

1. リスティング広告の素早いテストとその結果によるキャンペーンの調整を行うためには、分析プロセスのほとんどを自動化する必要がある。当章の後半で詳しく紹介する。
2. 現在では、グーグルページ順位アルゴリズムには直帰率（重要指標⑭）など、複数の

変数が使用されている。
3. GoToが2003年に米ヤフーに買収されオーバーチュアとなった。
4. 自然検索最適化については、*The Professional's Guide to PageRank Optimization*（www.seomoz.org）を参照のこと。
5. SEMのクリックデータ分析と最適化の詳細例については、Mark Jeffery, Lisa Egli, Andy Gieraltowski, et al., *Optimizing Google, Yahoo!, MSN, and Kayak Sponsored Search* (Harvard Business School Press, Prod. #: KEL319-PDF-ENG, March 06, 2009) を参照。www.agileinsights.com/book からクリックデータを入手して、当節で説明している分析を実際に行うことができる。
6. 同上。
7. 直帰率に関するこの考え方は、次を参照：Avinash Kaushik, *Web Analytics an Hour a Day* (Indiapolis, Indiana: Sybex, an imprint of John Wiley & Sons, Inc., 2007).
8. Gian M. Fulgoni and Marie Pauline Mörn, *How Online Advertising Works: Whither the Click?* Empirical Generalizations in Advertising Conference for Industry and Academia, Philadelphia: The Wharton School, December 4-5, 2008.

第8章

1. Mark Jeffery, Ichiro Aoyagi, and Ed Kalletta, *Marketing@ Microsoft: The Value of Customer Perception* (Harvard Business School Press, Prod. #: KEL189-PDF-ENG, 2006) より要約。
2. Mark Jeffery and Justin Williams, *DuPont-NASCAR Marketing* (Harvard Business School Press, Prod. #: KEL166-HCB-ENG, 2007).

第9章

1. ダイレクト・マーケティング用のロジスティック回帰モデルを構築する詳しい方法に関しては次を参照：Bruce Ratner, *Statistical Modeling and Analysis for Database Marketing: Effective Techniques for Mining Big Data* (Boca Raton, FL: Chapman and Hall/CRC 2003), 32-86.
2. 詳細は以下を参照。Michael J. A. Berry and Gordon Linoff, *Data Mining Techniques*, 2nd ed. (Hoboken, NJ: John Wiley & Sons, 2004), 287-320.
3. 同上、p.165-209。
4. 決定木データマイニング・アルゴリズムでは、データをあらゆる方法で分割し、最も純度の高い要素を抽出するために最適な分割の順序を決定する。そのため、単純なフィルター（データのふるい分け）よりも洗練されたアルゴリズムだ。
5. この分析を行うためのサンプルのデータはオンラインで入手可能。パソコン上のSAS JMPで分析を試してみることが可能だ。www.agileinsights.com/book を参照。

6. Mark Jeffery, Robert J. Sweeney, Robert J. Davis, *ROI for a Customer Relationship Management Initiative at GST* (Harvard Business School Press, Prod. #: KEL232-PDF-ENG, January 1, 2006).

第10章

1. 大企業では、キャンペーンのトラッキングおよびモニタリングを自動化する必要がある。マーケティング・リソース・マネジメント（MRM）と呼ばれるソフトウェアを使用して自動化する方法は次の章で説明する。SEMでは、OmnitureやCovaroなどのより高度なツールが必要になるが、第一歩はエクセルで始めることができる。
2. データは1と0（オンとオフのトランジスタ）を使用して保存される。1つの「1」または「0」は、ビットと呼ばれる。8ビットは1バイトである。つまり、1テラバイト = 1 TB = 1,000,000,000,000バイト = 8,000,000,000,000ビットとなる。
3. 次の論文を例として参照してほしい：Mark Jeffery, Robert J. Sweeney, and Robert J. Davis, *Teradata Data Mart Consolidation Return on Investment at GST* (Harvard Business School Press, Prod. #: KEL196-PDF-ENG, 2006).
4. Michel Benaroch, Mark Jeffery, Robert Kauffman, and Sandeep Shah, "Option-based risk management: A field study of sequential information technology investment decisions," *Journal of Management Information Systems* 24 (2) (2007): 103–140.
5. Barbara Wixom and Hugh Watson, "An empirical investigation of the factors affecting data warehousing success," *MIS Quarterly* 25(1) (March 2001): 17–41.
6. Gary Loveman, "Diamonds in the data-mine," *Harvard Business Review*, May 1, 2003.
7. ライト兄弟が一番最初に飛行に成功したのは1903年12月17日ノースカロライナ州キティホークの砂丘だった。この場所は、柔らかい地面が胴体着陸に適していたのと良好な風があったことから選ばれた。

第11章

1. 「これは砕けるかな？（Will It Blend?）」動画：www.youtube.com/watch?v=qg1ckCkm8YI；2009年8月7日公開。
2. Kate Klonick, "Will it blend?" *Esquire*, 2007年5月3日。
3. キャシュカイのテレビCM：www.youtube.com/watch?v=El6OVFhipwM；2009年8月7日公開。
4. キャシュカイのゲーム動画：www.youtube.com/watch?v=xuVB_dLNu3k&feature=fvw；2009年8月7日公開。

索引

【英数】

@Risk（ソフトウェア）　174-176
3M　199-192
5フォース分析　21
80対20の法則　29, 185
AMD　27
Bing　211, 218
CPM（インプレッション単価）　106-107, 209-210
DSW（靴小売店）　131-132
EBIT（支払金利前税引前営業利益）　286
iPhone　62, 77, 350
Kマート　18
Lose It　62
NASCAR　15-18, 74, 111, 259-260
NCR　317
NPV　正味現在価値（NPV）を参照
OEM　46-49, 91, 95, 111, 119
POS（ポイント・オブ・セールス）　299-300, 312, 318
QVC　251
ROMI　マーケティング投資収益率（ROMI）を参照
SAS（ソフトウェア）　54, 196, 203, 274-275, 280
SKU　190-191
SOX法　167
TIAD（Today Is Another Day）　279
VISA　87-89
Xbox　170, 243-244

【あ行】

アースリンク　9, 54, 126, 202, 267, 267-283
アクアンティブ　208
アサヒビール　47
アジャイル・マーケティング　iv, 76, 117, 226, 247-263, 285-289, 343-345, 352
アップル　73, 77
アトリビューション分析　209, 222-234, 246
アマゾン　i, 272, 305
粗利率　5, 20-21
アルテミス　228-229
アルバート・アインシュタイン　143
アレックス・クラスニコフ　6, 326
イプソス　104-109, 116
イベント・ドリブン・マーケティング　v, 8, 54, 79, 133, 251, 272-273, 281-285, 289
インヴォーク・ソリューションズ　51
インターネット百科事典　34
インテュイット　188
インテル　27, 78, 111, 119
インプレッション重視のディスプレイ広告　232
ウィンドウズ7　92-95
ウォルグリーンズ　37-39, 44
ウォルマート　5, 19, 92, 141, 191, 267
エールフランス　222
エクセル　vi, 7-10, 30, 39, 53-54, 67, 83, 135, 146-157, 169-177, 182-184, 196,

203, 208, 217, 230, 257, 292, 321
エドワード・メックラー　125
エドワード・ランパート　18
エリン・ホスキンス　269-272
エンタープライズ・データ・ウェアハウス（EDW）　8, 20-23, 56, 294-295, 299-300, 305-309, 318, 325, 331, 335, 340-343
オーガニック検索　213
オーバーチュア　210-211
オファー応諾率　82, 86-87, 134-138, 184, 216-225, 230, 246, 253, 269-273, 279-281, 284-289, 293

【か行】
カーニバル・コーポレーション　202
回帰分析　9, 271-283
解約（離反）　10, 79, 123, 128, 138, 222
価格戦略　142
カスタマー・エクイティ　24-26, 32, 141-142, 331-338, 348, 354
カスタマー・エクスペリエンス（顧客体験）委員会　280
カプコン　242
感度分析　155-156, 163, 172-173, 177, 288
キーワード入札　211, 214-221, 251
キャシー・バロウズ　36-37, 197
キャシュカイ　350-352
キャンペーン運用効率評価指標　82, 134
キャンペーン効果測定指標　17, 346
キャンペーンのマーケティング投資収益率（ROMI）　7, 21, 345
キャンペーン・マネジメント・プロセス　324, 342, 353
キリンビール　47

クイックブックス　188
クーパーズ・アンド・リブランド　27
グーグル　209-231, 251
口コミ増幅係数（WOM）　10, 13, 238-246, 335
クッキー　222, 227-228, 232
クラスター分析　191, 272-274
クリエイティブXファクター　349-354
クリスタル・ボール　174
クリック単価（CPC）　10, 209-230, 244-246, 334
クリック率（CTR）　82, 216-223, 230, 253
グルーチョ・マルクス　260
傾向分析モデル　56, 267-271
ゲイリー・ラブマン　313
決定木　9, 56, 199-201, 272-281
ケリー・クック　41, 59, 64
ケリー・タグトー　271
ケロッグ経営大学院　34, 62, 326
減価償却費　158, 167-169, 266
効果測定を前提とした設計　8, 91
広告投資収益性（ROAS）　10, 212-222, 230, 235, 246, 334
購買ファネル　73, 234
効率的フロンティア　314
ゴードン・ベスーン　40-41
コカ・コーラ　48-49
顧客維持率　183
顧客エンゲージメント　23, 115-116, 276
顧客獲得費用（AC）　135-136, 181-182
顧客価値ベースのマーケティング　45, 181-190, 200-205
顧客関係管理（CRM）　5, 23-25, 55-56, 119, 329, 340

顧客生涯価値（CLTV） v, 7-11, 42, 64, 85-87, 181-206, 278, 284, 293-294, 302-304, 312-314, 327, 334, 339, 343

顧客満足度（CSAT） 10, 80-81, 87, 129-133, 138, 187, 195-197, 238-239, 285, 292, 315, 327, 335

顧客ライフサイクル 202, 206

顧客リテンション 126, 277-279, 285

顧客ロイヤルティ 11, 124, 128, 138, 279, 310

コムスコア 231-232

これは砕けるかな？（Will It Blend?）ビデオ 349-350

コンチネンタル航空 22, 30, 40-42, 59, 86, 188, 193-195, 305, 308-309

【さ行】

サーキット・シティ 5

財務上のROI 45

サッポロビール 47

サブリナ・トゥッチ 109

サム・マクポール 126

サントリーモルツ 47-48

シアーズ 18-21, 31, 267

ジェイミー・ロバートソン 108

ジェームス・キム 237

ジェットブルー 129

ジェフ・ゴードン 15-18, 74, 259-260

試乗（お試し） 10, 78-80, 86-87, 117-123, 138, 205, 292, 335

シスコシステムズ 46

自然検索 210, 212

資本コスト 146, 286

収益管理モデル 314

重要な事業上の獲得目標（KBO） 90-91, 250

需要喚起型マーケティング 5, 24-26, 44-45, 76, 82-89, 134-135, 140, 154-155, 160-163, 176-177, 211, 222, 334-337, 354

需要予測 122, 314

正味現在価値（NPV） 7-10, 21, 64, 83, 147-177, 182, 266, 288-289, 306, 334, 339

ジョナサン・ペレーラ 252

ジョン・チェンバーズ 46

ジョン・ブーシー 238-239, 241

ジョン・ワナメーカー 5, 11

ジョンソン・コントロールズ 27

推奨 23, 73, 84, 92, 103, 129, 130-133, 201, 312

スコット・ベイカー 119

スチュワート・ローゼル 273, 277

スポンサーシップ・マーケティング 162

製品体験訴求型広告 93-95

製品ライフサイクル 122

セインズベリー 190-191

セグメンテーション 20, 29-30, 50-56, 201-203, 278-281, 287, 352-353

セルゲイ・ブリン 210

ソーシャルメディア 10-11, 23, 209, 234-246

【た行】

タイベック 14-18

ダブルクリック 208, 231-232, 243

チャールズ・ザッソー 125

直帰率 10-11, 209, 215, 221-226, 246

ツイッター 234-235, 239-241

ディスカバリー・エデュケーション 114

ディスプレイ広告 51, 210, 223-224, 231-239, 246

ディナ・ロイヒター 113, 115
ディレクTV 282-283
デヴィッド・ビルズ 74
デヴィッド・プライアー 117
データマート 295, 301-306
データマイニング 9, 20, 55-56, 203, 206, 237, 272-274, 280-281, 284
適応学習 327-333, 342-355
デュポン 14-18, 74, 111, 259-261
デル 22, 76, 92
デレック・アングレス 132
デンタル・ケア・パートナーズ（DCP） 125-126
伝統的なマーケティング指標 11, 31, 71-97
投資回収期間 10, 83, 142, 152-155, 162, 169-177
トータル・リワード 312-313, 318-319
トーマス・ディクソン 349
ドナルド・ジェイコブス 62
トランザクションコンバージョン率（TCR） 10, 82, 208-230, 253, 334

【な行】

ナイキ 74, 334
内部収益率（IRR） 10, 83, 142, 151-162, 168-177, 286-289, 334
ナショナルオーストラリア銀行 283-284
ナビスター 111, 120, 238
日産自動車 i, 159, 350-351
ニューズ・コーポレーション 28
ニューラルネットワーク 274
認知向上マーケティング 73
ネット・プロモーター・スコア 81, 130
ノードストローム 79

ノンパラメトリック 281

【は行】

ハードルレート 146, 152, 164-165, 171-172, 176
バーバラ・ウィクソム 306
パーム 239-241
パーム・セントロ 239-241
ハイパーターゲティング 234-238
バイラル・マーケティング 242-244, 349
ハラーズ・エンターテインメント 43-44, 57, 63, 86, 310-321
バランス・スコアカード 58, 85-90, 292
バリー・ジャッジ 5
ハンレイ・ウッド 27
ヒートマップ 212-213, 315-317
比較評価マーケティング 119-123
非財務系指標 11, 101-138, 160
ビジネスサイエンス・インターナショナル 27
ヒュー・ワトソン 306
ヒューレット・パッカード（HP） 22, 92, 141-142
ピンゴルフ 285
フィリップ・モリス 27
フィリップス 103-110, 116, 120
フィル・サートル 331
フェイスブック 234-240
ブライアン・コバック 126
プライバシー関連法規 30
プライバシーポリシー 31, 51
フランク・アントン 27
ブランディング iii, 4-5, 11, 18, 23-26
ブランド・エクイティ 102-103,

331-332
ブランド認知率　　10, 86-87, 90, 102, 105-109, 116, 150, 334-335
ブルーナイル　　129
フレッド・ライクヘルド　　130
プロクター・アンド・ギャンブル（P&G）　28, 266
ページビュー　　223-226, 256
ベースケース分析　　154
ベストバイ　　187-188
ベター・ホーム・アンド・ガーデン　56, 257, 270
ベッツィ・ホールデン　　349
ペプシコ　　28
ベライゾン　　28
ヘンリー・キッシンジャー　　60
ポートフォリオ観点　　330
ポルシェ・ノースアメリカ　　13, 117-119

【ま行】
マーク・ジェフリー　　ii, v, 197, 243, 296, 326
マーク・ハード　　141
マーケット・バスケット分析　　191
マーケティング・キャンペーン・マネジメント（MCM）　　325-354
マーケティング格差　　3-32, 141, 184, 208, 335, 353
マーケティング投資収益率（ROMI）　6-9, 17, 21-22, 42, 53, 83-84, 140, 144, 153-177, 183-185, 287-289, 292, 319, 341, 345, 348, 354
マーケティングリソース管理（MRM）　8, 330, 335, 340-346
マーシャル・フィールズ　　5

マイク・ゴーマン　　43, 195
マイク・フェルドナー　　39
マイクロソフト　　9, 22, 45-58, 92-96, 170, 208-211, 226, 252-261
マイケル・ポーター　　211, 311
マイスペース　　237
マグロウヒル・リサーチ　　27
マスターカード　　86-90
マッケベニー　　87
メイシーズ　　5
メディア・センター・エディション（MCE）　93-94
メテオソリューション　　240-243
メトロ　　30, 109
メレディス　　9, 56, 267-271, 282
モニタリング　　9, 60, 226, 231, 327-333, 341-348, 353-354
モハン・サハニ　　337
モンテカルロ法　　173-175

【や行】
ヤフー　　210-211, 218, 228-229, 232, 240

【ら行】
ラリー・ペイジ　　210
リアルタイムのデータ収集と分析　　282
リスティング広告（SEM）　　208-235, 253
リチャード・ウィンター　　54, 295-296, 302-303
リレーションシップ・マーケティング　334
ルクソティカ　　120-122
レイバン　　120-122
レクサス　　123-125, 129
レブロン　　27

ロイヤル・バンク・オブ・カナダ（RBC）
　36-37, 56, 196-201
ロイヤルティ・マーケティング　79, 84,
　123-128,
ロウズ　22, 266-267, 311
ロードマップ　66-67, 309, 320-321, 345,
　353
ロブ・グリフィン　234
ロブソン・グリーブ　240

【わ行】

割引率　146-159, 164-165, 168-169,
　183, 287

[著者]

マーク・ジェフリー(Mark Jeffery)
ノースウェスタン大学 ケロッグ経営大学院 非常勤教授。同校のテクノロジー&イノベーション研究センターのテクノロジー・イニシアティブ・ディレクター。エグゼクティブMBAコースで「戦略的データ・ドリブン・マーケティング」の講座を担当、複数のエグゼクティブ・プログラムを監督する立場にある。フォーチュン1000社のうち252社の戦略的マーケティング・マネジメントを調査するなど、その実証的な手腕で評価される。マイクロソフト、インテル、デュポンをはじめとする著名企業のコンサルティングにも携わっている。Agile Insights LLCのマネージング・パートナーを務める。

[訳者]

佐藤 純(さとう・じゅん)
デジタル時代のブティック・コンサルティング・ファーム、ブースト・コンサルティング合同会社 代表。ウェブ/データ解析コンサルティング・ファーム、株式会社プリンシプル 顧問。コンサルティング、スタートアップ投資、自社事業の3足のわらじ。東京大学経済学部卒業、カリフォルニア大学バークレー校ファイナンスディプロマ(最優秀)取得、ノースウェスタン大学ケロッグ経営大学院戦略的データ・ドリブン・マーケティング・エグゼクティブコース修了。ボストンコンサルティンググループにて経営コンサルタント(2000~2002年)。新生銀行にてインターネットチャネルの立ち上げ、収益チャネルへの成長に貢献(2002~2006年)。本書の全体監修を担当。

矢倉純之介(やぐら・じゅんのすけ)
東京大学経済学部卒業。ノースウェスタン大学ケロッグ経営大学院経営学修士(MBA)。大手飲料メーカーにてマーケティング、事業企画、クロスボーダーM&A業務を経験。現在は所属事業部門が本部を置くアメリカで経営企画業務に従事。本書の冒頭から第6章までの翻訳を担当。

内田彩香(うちだ・さやか)
和光大学人文学部卒業。編集プロダクションでの勤務の後、オーストラリアRMIT大学で通訳ディプロマ、翻訳学の修士課程を修了。以来メルボルンを拠点にフリーランスの翻訳者として活動。本書で第7章から第11章まで翻訳を担当。

データ・ドリブン・マーケティング
――最低限知っておくべき15の指標

| 2017年4月19日 | 第1刷発行 |
| 2022年9月30日 | 第11刷発行 |

著　者	マーク・ジェフリー
訳　者	佐藤 純／矢倉純之介／内田彩香
発行所	ダイヤモンド社
	〒150-8409　東京都渋谷区神宮前6-12-17
	https://www.diamond.co.jp/
	電話／03・5778・7233（編集）　03・5778・7240（販売）
装丁	小口翔平・上坊菜々子（tobufune）
本文デザイン	岸 和泉
DTP	中西成嘉
製作進行	ダイヤモンド・グラフィック社
印刷	八光印刷（本文）・加藤文明社（カバー）
製本	本間製本
編集担当	木山政行

©2017 Jun Sato, Junnosuke Yagura, Sayaka Uchida
ISBN 978-4-478-03963-2

落丁・乱丁本はお手数ですが小社営業局宛にお送りください。送料小社負担にてお取替えいたします。但し、古書店で購入されたものについてはお取替えできません。
無断転載・複製を禁ず
Printed in Japan

◆ダイヤモンド社の本◆

2045年、AIは人類を滅ぼす。
全米騒然の話題作、ついに上陸！

Google、IBMが推し進め、近年爆発的に進化している人工知能（AI）。しかし、その「進化」がもたらすのは、果たして明るい未来なのか？ ビル・ゲイツやイーロン・マスクすら警鐘を鳴らす「AI」の危険性について、あらゆる角度から徹底的に取材・検証し、その問題の本質をえぐり出した金字塔的作品。

人工知能 人類最悪にして最後の発明

ジェイムズ・バラット ［著］ 水谷淳 ［訳］

●四六判上製●定価（本体2000円＋税）

http://www.diamond.co.jp/